JN076699

学校制度の
臨界を見極める

日本教育政策学会・編

2020 | 日本教育政策学会年報 | 第27号

刊行にあたって

　日本教育政策学会年報第27号をお届けいたします。

　今号のテーマは、「学校制度の臨界を見極める」としました。これまで日本では、教育の基盤を学校に置き、学校制度を前提としてその整備拡充が図られてきました。本号では、昨今の教育政策をめぐる社会変動を、「学校制度」の存立そのものにまで問い直しを迫るものであると捉え、その外延の境界に位置する複数の事象を取り上げ、実際の変化の趨勢と課題を論究して頂きました。特に、教育の無償化の範囲や学校以外の場での公教育、外国の子どもの教育の保障、ICT技術の導入が学校の臨界を変える可能性等、今日、特に議論の対象となっている事象を取り上げて頂いております。

　特集2の「これからの地域と学校の関係性を考える：秋田での取り組みを踏まえながら」は、昨年度に秋田大学を会場としておこなわれた研究大会の公開シンポジウムを土台にした論稿です。このシンポジウムでは、全国でも先行して人口減少が著しい秋田県において、地域と連携した教育の取り組みが広く行われていることが報告された上で、地域と学校の今後の在り方が理論的に検討されました。論稿では、国の地域創生政策を相対化し、むしろ人口は増えないことを前提に、地域住民の生きがいと納得性を調達する在り方や、学校組織全体を主体的に再構成していく枠組みの必要性が示されています。

　特集3の「教育と福祉の統一的保障をめぐる教育政策の課題と展望」は、第9期の課題研究の2年目の論稿です。教育と福祉の統一的保障を研究対象に、「統一的」と捉えられる姿が、複層的且つ多様で、経年的な変化を経験してきていることを確認した上で、学校教育という括りを超えた新しい教育的価値の創造に向けて、我々が共有すべき課題への気づきや、更なる理解を促す内容となっています。

　年報第27号も、ご執筆いただいた方々をはじめ、編集委員、英文校閲者、幹事の皆様に支えられて発行することができました。本号は、新型コロナウィルスの感染が拡大し、社会の当たり前が問われているタイミングで発行されています。今後、これを契機として、通学型・対面型・集団的指導型を基本としてきた日本の学校システムの本格的な問い直しがなされる可能性がありますが、今号の特集および投稿論文の全てが、こうした論議に貢献しうる内容となっています。本年報が、教育政策研究の更なる活性化に資することを、編集担当者として強く願っています。

　最後になりましたが、本誌刊行にご尽力頂いた学事出版のみなさまに感謝申し上げます。

2020年4月22日

　　　　　　　　日本教育政策学会年報編集委員会　編集長　　貞広　斎子

日本教育政策学会年報2020（第27号）
—学校制度の臨界を見極める—　目次

Ⅰ　特集１　学校制度の臨界を見極める

Ⅱ　特集２　これからの地域と学校の関係性を考える
──秋田での取り組みを踏まえながら

Ⅵ　書評・図書紹介

I

特集 1

学校制度の臨界を見極める

特集1：学校制度の臨界を見極める

特集1　学校制度の臨界を見極める　企画趣旨

Exploring the transforming system of school education: current situation(s) and future direction(s)

日本教育政策学会年報編集委員会

　特集1のタイトルを「学校制度の臨界を見極める」とした。

　これまで日本では、教育の基盤を学校に置き、学校制度を前提としてその整備拡充が図られてきたが、昨今の教育政策をめぐる社会変動は、「学校制度」の存立そのものにまで問い直しを迫るものとなっている。

　教授・学習ニーズの多様化は、学校制度が基本要件としてきた標準性と一層の葛藤を見せている。公設民営学校の開校（2019年・大阪市）に見られるように、学校の設置・運営・負担をめぐる公私領域のゆらぎも高まっている。分権と選択を基調としたこの間の教育システム再編は、一方では国家の役割を後退させたが、評価・測定・基準などで新たな集権化をもたらしてもいる。と同時に、国際的な教育政策アクターの出現の中で、グローバルな潮流が国家を前提とした教育制度に変容を迫ってもいる。AI・ICTなどのテクノロジー、そしてそれと密接な関係にあるビジネスの欲望は、それ自体の論理に則った自律的な発展を遂げながら、教育との相互的な影響関係を生み出している。

　こうした状況は、学校制度の前提への再審を不可避的に要請するものであるが、変動の速さ・広さ・深さゆえ、その考察は各研究領域での個別的に行われることになりがちである。そこで、今回の特集では、「学校制度の臨界」——不可逆的とも言える激変の過程——に関わる複数テーマを取り上げ、最新の動向と、それが教育政策や学校制度にどのような影響を与えうるかについての論点を提示していただき、議論のプラットホームを形成することを企図した。刻々と変わりゆく事象を扱っていただくことになるが、特集論文であることを踏まえ、思い切った予測や提言なども歓迎することとした。

　取り上げたテーマは次の通りである。

　第一に、教育の無償化の問題である。無償化については、日本でも幼児教育や高等教育を巡って動きがあるが、無償とする範囲や段階、無償化の方法、学

校や社会への影響などについて議論が続いている状況である。ドイツの状況を手がかりに、教育の無償化や経費負担の論点について、長島啓記会員（編集委員）に論じていただいた。

　第二に、「学校＝教育を行う中心的な場」という前提のゆらぎをめぐる課題である。多様な教育機会を求める動きや、インターネットを用いた非通学型学校などの動きも活発化するなか、「学校」や「教育」の社会的な意味や機能に関する論点等についても再審が迫られている。これらを踏まえ、宮口誠矢会員に、米国ホームスクーリングの政策や実践を踏まえ、その論点や日本への示唆について論じていただいた。

　第三に、日本国籍を有さない、外国にルーツのある子どもたちの教育をめぐる課題である。出入国管理法の改正など、日本の多国籍化は加速度的に進展することとなる。他方、日本の学校制度は日本国籍を前提としており、実践的にも制度的にも重い課題が学校や教育政策には突きつけられている。多様化するニュー・カマーの教育ニーズへの対応の現状と課題について二井紀美子氏（会員外）に論じていただいた。

　最後に、ICT等の進展に伴う学校教育・教育政策の変容である。学校・教室・黒板・教科書といった物理的な条件を内破する可能性を秘める科学技術であるが、同時に学校や教師という存在の無効化にも道を開きうる危うさも秘めている。同時に、科学技術はそれを推進してきた経済界の論理とも接続する。村上純一会員にEdTechやプログラミング教育をめぐる政策について、最新の動向と論点を紹介いただいた。

付記
　以上の記述は、本特集を2019年9月に立ち上げた当初の企画文に概ね即したものである。また、各論者には2月を目安として脱稿していただいた。そのため、今般の新型コロナウイルス感染症の拡大や、それに伴う学校閉校や遠隔授業の隆盛といった状況は、論述の前提とはなっていない。しかし、本特集の各論文は、感染症禍がもたらすと考えられる様々な論点——権利論・負担論・格差問題を含めた制度編制の在り方、教育をめぐる政治の問題、学校教育の意味論的・存在論的イマジナリーの行方など——を考察していく上でもレリバントなものとなっていると考えられる。今回の特集が、今後の政策や実践をめぐる議論への橋頭堡となることを願っている。（文責：常任編集委員・仲田康一）

特集１：学校制度の臨界を見極める

高等教育の「無償化」をめぐって
——ドイツの状況を踏まえて

長島　啓記

はじめに

　2019年５月10日、通常国会で「大学等における修学の支援に関する法律」が成立した。2020年４月から、住民税非課税世帯およびそれに準ずる世帯の学生を対象とする授業料の減免制度が始まるとともに、日本学生支援機構による給付奨学金の支給が拡大される。同法成立に至るまで、政府による「新しい経済政策パッケージ」（2017年12月）、「経済財政運営と改革の基本方針2018」（2018年６月）などにおいて、大学等の無償化の方針が決定され、その財源に消費税引き上げによる増収分の一部を充てるとされた。これにより、高等学校の無償、幼児教育・保育の無償に続き、対象は限定されるが高等教育の領域にも「無償化」が及ぶこととなった。

　日本の大学の学生納付金は、国立大学（標準額）が入学料282,000円、授業料535,800円の計817,800円、公立大学が入学料393,618円、授業料538,633円の計932,251円、私立大学が入学料249,985円、授業料904,146円、施設設備費181,902円の計1,336,033円となっている（2018年）[1]。今回の修学支援制度が適用されると、住民税非課税世帯の場合、授業料等減免の上限額は、国公立大学の場合、入学金約28万円、授業料約54万円、私立大学の場合、入学金約26万円、授業料約70万円となる[2]。

　大学の授業で学生たちに、大学の授業料の無償化についてどう思うか、問いかけるとしよう。小中学校と同様に無償にすべきだと答える学生は少ないのではないか。多くの学生は、大学の授業料は無償にはできないだろう、あるいは無償化すべきではないと考えているようだ。無償化できないだろうというのは、財源が乏しいと考えているのかも知れない。無償化すべきではないというのは、国公私立の大学があり、その中でも有力大学とそうでない大学がありといったことを考えているのかも知れない。しかし、世界各国をみてみると、日本のよ

うに高額の授業料を徴収している国は、それほど多いわけではない。ここでは、授業料の廃止と導入を繰り返したドイツを取り上げ、高等教育の無償化、高等教育の経費は誰がどのように負担すべきかという問題を検討してみたい。

1．高等教育の経費負担

　国際人権規約A規約（「経済的、社会的及び文化的権利に関する国際規約（社会権規約）」）第13条2項は、（a）初等教育の義務・無償、（b）中等教育の無償の漸進的導入に続けて、（c）「高等教育は、すべての適当な方法により、特に、無償教育の漸進的な導入により、能力に応じ、すべての者に対して均等に機会が与えられるものとすること」と規定している。この（b）及び（c）の規定について日本が留保の撤回をしたのは、2012年9月であった。この留保の撤回に関する国連への通告には、「我が国は、社会権規約を批准した際、上記規定の運用に当たり、強調文字部分に拘束されない権利を留保」という注が付されている。「強調的文字部分」とは「特に、無償教育の漸進的な導入により、」という部分である[3]。

　さて、高等教育の経費負担の状況については、いくつかの分類がある。小林（2020）は、①ほとんどが公的負担の北および中央ヨーロッパ諸国、②家計（親）負担の日本、韓国、③個人（学生本人）負担のアメリカ、イギリス、オーストラリアなどと3つに分け、そのような状況の背後には、「教育は社会が支えるという福祉国家主義と日韓などの家族主義とアングロサクソン諸国の個人主義の教育観の相違がある」とし、「多くの国ではすべて1つの負担というよりこの3つを組み合わせている」とする[4]。OECDは、毎年刊行している教育インディケータ集 *Education at a Glance* において、授業料の水準と奨学金など学生に対する公的補助の水準によって、①低授業料・高補助の国、②高授業料・高補助の国、③高授業料・低補助の国、④低授業料・低補助の国の4つのグループに分類している[5]。グループ①に属するのはデンマーク、フィンランド、ノルウェー、スウェーデン、グループ②はオーストラリア、カナダ、イングランド、ニュージーランド、アメリカ、グループ③はチリ、日本、韓国、グループ④はオーストリア、ベルギー（フランス語圏）、フランス、イタリア、スペイン、スイスである（OECD（2019））。ただし、この分類については、高等教育機関の設置者（国立、私立など）を区別する必要がある。

　本論では、ドイツを取り上げる。*Education at a Glance* では、ドイツは上

記の分類には明確に位置づけられていない。しかし、グループ①に属するとしてよいであろう⁽⁶⁾。ドイツを取り上げる理由は、もともと大学では授業料を徴収していたのを1970年に廃止し、1990年代に長期在学者のみから授業料を徴収する州が現れ、連邦が授業料無償を統一的に規定したが憲法違反とされ、いくつかの州ですべての学生から授業料が徴収されるようになり、その後、それらの州も授業料の徴収を取り止めたという、込み入った動きがあったからである。大学の授業料を徴収する州と徴収しない州が混在し、授業料徴収の是非をめぐって対立が続いてきた。

2．ドイツにおける高等教育の授業料

　ドイツは、16の州から構成される連邦制の国家である。教育に関する権限は各州が有しており、各州に文部省（名称は様々、初等中等教育と高等教育を所管する省が分かれている州もある）が設けられている。高等教育機関は、大きく大学と専門大学から構成されている⁽⁷⁾。設置者別には州立、非州立（教会立）、私立に分けられる。ドイツの高等教育機関428校、学生数280万7千人のうち、私立は機関数ではおよそ3割を占めるが、学生数でみると1割以下である（2016年、表参照）。

表　設置者別にみた高等教育機関数・学生数（2016年）

	大学		専門大学		計	
	機関数（校）	学生数（千人）	機関数（校）	学生数（千人）	機関数（校）	学生数（千人）
州立	155	1,785.5	140	810.0	295	2,595.4
私立	26	25.6	107	185.9	133	211.6
計	181	1,811.1	247	995.9	428	2,807.0

＊州立には教会立を含む
出典）文部科学省「諸外国の教育統計」平成31（2019）年版をもとに作成。

　ドイツの州立高等教育機関では、1970年まで授業料が徴収されてきた。授業料（Studiengebühr）は、登録料（1回のみ30マルク）と学期授業料（基本授業料およそ80マルクと個々の授業ごとに徴収される聴講料）から成るが、学期ごとに250～300マルクであった⁽⁸⁾（ドイツの高等教育機関は冬学期と秋学期の2学期制）。1970年にハンブルクの大学で聴講料のボイコット運動があり、それ以来、聴講料が徴収されることはなかった⁽⁹⁾。また、1960年代末に後期

中等教育機関である技師学校が専門大学に昇格する際に、それまで技師学校では授業料を徴収していなかったことから、専門大学において授業料を徴収することができず、首相たちが授業料廃止を決議し（1970年4月16日）、西ドイツ学長会議がそれを後押しする（1970年6月3日）[10]という経緯があった。1970年に授業料は廃止され、その後紆余曲折はあったが、現在は、州により学籍登録料・除籍料等が徴収され、16州のうち8州で標準学修期間[11]を超えて長期間在学する学生から授業料を徴収しているという状況である[12]。

3．長期在学者からの授業料徴収

　1969年に連邦憲法である基本法が改正され、高等教育機関の新設・拡充は連邦と州の共同任務とされた。既存の大学の拡充だけでなく、ボッフムやコンスタンツなどの「新しい大学」が設立され、技師学校等は専門大学に格上げされた。このような政策により、高等教育機関の進学者／在学者は、1965年：85.7千人／384.4千人、1970年：125.7千人／510.5千人、1975年：166.6千人／840.8千人、1980年：195.0千人／1,044.2千人、1985年：207.7千人／1,338.0千人、1990年：278.2千人／1,585.2千人と増加を続けた。定員の増加はそれに追いつかず、一部の学修課程では「入学制限」が講じられたが、教育条件の悪化は避けられなかった。

　高等教育が拡大したことにより、多様な社会的背景、資質・能力を有する者が進学するようになった。また、学生が自らの計画・責任により学修を進める、いわゆる「学修の自由」の伝統も、在学期間を長期化させる要因のひとつであった。1985年の領域別の在学期間と修了時の平均年齢は、言語・文化科学は14.0学期（28.7歳）、体育は13.6学期（27.9歳）、法学・経済学・社会科学は12.6学期（27.8歳）、数学・自然科学は14.0学期（27.5歳）、農学・林学・栄養学は11.8学期（27.0歳）、工学は13.6学期（27.6歳）、芸術は13.4学期（27.8）であり、平均すると13.4学期（27.9歳）となっていた[13]。このように、1980年代半ばのドイツの大学では、およそ6〜7年在学し、修了時には27〜29歳に達しているというのが一般的であった。

　このような状況を背景に、1980年代半ばから、長期在学者から授業料を徴収することにより、在学期間の短縮、教育条件の改善を図ろうとする動きが活発になった。各州の財務大臣やニーダーザクセン州政府の動きがあり、当初、西ドイツ学長会議はこれに反対した[14]。また、連邦と各州、研究機関の代表者

により組織され、勧告等を通してドイツの学術研究の枠組みや方向を示す重要な役割を果たしている学術協議会は、「高等教育に関する10のテーゼ」（1993年）の草案を公表した際、財政難と学生の意欲喚起などを理由に、州立高等教育機関のすべての在学者から1学期当たり1,000マルクの授業料徴収を提案したが、各政党や学生からの反発は強く、長期在学者からの授業料徴収へとトーンダウンした。また、各州文部大臣会議は、2000年5月、マイニンゲンで開催された会合で、最初の職業資格を付与する修了までの学修、それに続く第二の職業資格を取得する修了までの学修は原則として無償であること、標準学修期間内に修了することを可能にするために学資ローン[15]を導入することができること、標準学修期間に加えて少なくとも4学期を超えた者について授業料を徴収することは各州に委ねられることなど7項目に関する決議を行った（マイニンゲン決議）が、州間の協約にまで至ることはできなかった。

　長期在学者からの授業料徴収を最初に法制化したのは、バーデン・ヴュルテンベルク州である。1997年4月24日に州議会で可決、同年5月5日施行され、1998/99年冬学期から、標準学修期間に4学期を加えた期間を超えて在学する学生から1学期当たり1,000マルク徴収することとなった。その後、ニーダーザクセン州、ラインラント・プファルツ州、ノルトライン・ヴェストファーレン州、ザールラント州がこれに続いた。

4．高等教育大綱法第6次改正法と連邦憲法裁判所判決
（1）高等教育大綱法第6次改正法
　このように、長期在学者からの授業料徴収の動きが広まるなか、2002年2月、社会民主党と連盟90／緑の党による赤緑政権は、高等教育大綱法第6次改正法案を連邦議会に提出した[16]。高等教育大綱法は、連邦憲法である基本法が改正され（1969年）、高等教育制度の一般的原則に関する大綱的立法権が連邦に認められた（第75条第1号a）ことにより、1975年12月に制定、1976年1月に施行された法律である。大学の使命、学修と教授、研究、大学の構成員、管理運営などの一般的原則について規定しており、各州の高等教育法はこれに基づくものとされている。第6次改正法は、①ディプローム学位に専門領域名を付すことができること、②高等教育機関はバチェラー学位、マスター学位を授与する学修課程を設置することができること、③大学の授業料を無償とすること、④高等教育機関に学生団（Studierendenschaft）の設置を義務づけることの

４点を内容としていた。大学の授業料無償については、第27条に第４項「最初の職業資格を付与する修了までの学修は、授業料を徴収しない。特別な場合、州は例外を定めることができる。」を加えることとされた。最初の職業資格を付与する修了までの学修とは、ディプローム、マギスター、バチェラーを取得する学修で、「第１学修」ともいわれる。それに続く、別の職業資格やマスターを取得する学修は「第２学修」といわれる。

　授業料無償の理由として、次のことが挙げられた。第一に、基本法第75条第１項１aにより連邦は高等教育制度の一般的原則に関する大綱的立法権を有しており、授業料に関する規定もそれに含まれる。第二に、基本法は競合的立法（州が立法権限を有するのは、連邦が法律によってその立法管轄を利用しようとしない場合であり、またその場合に限られる）について規定しており（第72条）、その対象について、連邦領域における均質な生活環境の創出のため、または国家全体の利益のための法的統一もしくは経済的統一の維持のため、連邦法律による定めが必要とされている場合であり、かつその場合に限られるとしている（第74条）。ある州が授業料徴収を規定すると、学修を開始しようとする者に影響し、入学者の減少につながる。連邦法で授業料無償を規定することにより、国家全体の利益のために法的統一をつくり出し、学修への意欲を支援する。また、個別の州が授業料を徴収すると、その州の学修志願者、在学者が授業料を徴収しない州の大学を選ぶことは排除されえず、定員問題、財政的負担、ひいては教育条件の悪化という問題を生じさせる。連邦法により、授業料無償を規定することにより、均質な生活環境がつくり出される。

　「特別な場合、州は例外を定めることができる」という規定は、聴講生や一定の年齢を超えた学生、継続教育の参加者などの授業料、大学が徴収する学籍登録料、試験料などに関するものである。また、標準学修期間を超えて在学する場合に授業料を徴収するか否かについても、州法が規定する。授業料が発生した場合には大学修了後に返済を開始する学資ローンの導入を支援し、その形態については州法が規定する。

（２）連邦議会、連邦参議院における審議

　連邦議会において、社会民主党の Peter Eckardt は、改正は機会均等と公平を保証するものであり、高等教育機関に入学し、許容できる期間で修了する若者のために授業料は徴収されてはならないとした[(17)]。授業料を導入すると、学生の社会的構成は変化し、低収入家庭の若者の割合、女子の割合は低下して

しまう。これに対して、キリスト教民主同盟／社会同盟の Thomas Rachel
は、連邦法で授業料無償を規定することは、州の事項へ干渉することであり、
許されないとした。高等教育財政の権限が各州にあることは明らかであり、財
政支出の割合は州が89％、連邦が９％、財団等が２％となっている。同盟90
／緑の党の Reinhard Loske は、ドイツの高等教育機関の学生数は少なく、
入学者の増加が必要だとした。在学期間が長期化しているのは、うまく構成さ
れていない学修課程、不十分な履修相談、人であふれたゼミナール、育児やア
ルバイトといった様々な要因によるのであり、長期在学者から授業料を徴収す
るといった見せしめだけでは、大学の状況は改善されない。

　Edelgard Bulmahn 連邦教育研究大臣は、ドイツの大学の進学率は28％で
あり、アメリカ（44％）、イスラエル（49％）、フィンランド（58％）に比べて
低く、多くの若者が学修を開始し、修了することがなければ、2010年までに学
卒者が25万人不足すると危機を訴えた。高等教育大綱法で授業料無償を規定す
ることは、全国的に同等の学修条件を確保することである。州により規定が異
なっている状況は、授業料無償の州の高等教育機関への学生の殺到、定員の不
足、学修条件の悪化を招くことになる。ヨーロッパ域内での学生の移動を促進
しようとしているときに、ドイツ国内において州間の移動が制限されることに
なるのは問題であり、若者が社会的出自や経済状況に関わりなく良い教育を受
けること、成果を得ることは、ヨーロッパの伝統であるとした。

　州代表により構成される連邦参議院において、Sigmar Gabriel ニーダーザ
クセン州首相は、バイエルン州大学法第85条の規定「学修、大学試験、国家試
験のために、学生から料金および経費は徴収されない」を持ち出した(18)。バ
イエルン州の賢明なやり方が全ドイツで適用されるべきとし、経済的理由から
大学での学修を思いとどまることがないようにするべきである。ただし、第１
学修の無償の権利はあるが、生涯にわたる学修の無償という権利はない。ニー
ダーザクセン州も含め、いくつかの州は長期在学者から授業料を徴収している。
誰もが学修の開始を思いとどまらないようにすることには配慮するが、学修に
は始まりだけでなく適切な時期に修了するということもある。一定の期間内に
それを達成することはアカデミックな資質能力に属している。大学で学修する
者は、学修していない同世代の者に対する特権を有していることを意識しなけ
ればならない。社会は卓越して教育された人間を必要としており、そのための
財政負担をしている。大学学修から利益を得る者は、適切な時期に高い成果を

もって学修を了えることに全力を尽くすべきであるとした。

　これに対して、Hans Zehetmair バイエルン州首相は、バイエルン州大学法は授業料無償を規定しており、内容からして、Bulmahn 連邦教育研究大臣との間に意見の相違はないとした。しかし、連邦政府がすべての州について授業料無償を規定することは断固として受け入れられない。授業料無償は州が決めることであり、その逆ではない。授業料無償を規定し、大綱法上それをすべての州に義務づけることは連邦の権限ではないとした。

　Jürgen Zöllner ラインラント・プファルツ州首相は、授業料無償の問題はむずかしいとした。授業料是か非かについては簡単に答えることができない。なぜなら、ドイツの高等教育システムに問題があるからである。大学は組織的にも質的にも魅力ある教育を提供することが求められている。財政的な問題は解決されていない。質の高い学生の促進、学術後継者の育成に関しても、問題がある。これらのことから、いくつかの州は授業料ではなく、学資ローンを導入しているのである。

　このような議論を経て、最終的に、高等教育大綱法第６次改正法は2002年８月８日に成立、８月15日施行された。しかし、これを不服とするバーデン・ヴュルテンベルク、バイエルン、ハンブルク、ザールラント、ザクセン、ザクセン・アンハルトの６州は、同法は基本法に違反しているとして連邦憲法裁判所に訴えた。

（３）連邦憲法裁判所の違憲判決

　連邦憲法裁判所は2005年１月26日、改正法のうち授業料無償と学生団に関する規定は基本法に反し、無効とする判決を下した。判決によれば、授業料無償は、連邦の大綱的立法の対象とはなる。しかし、連邦が立法権を有するのは、連邦領域における均質な生活環境をつくりだすこと、国家全体の利益における法的または経済的統一を維持することが連邦法の規定を必要とするとき、または必要とする限りにおいてであるが、これらの前提は満たされていないとした[19]。

　第一に、均質な生活環境という観点の下で、大学授業料に関する連邦法の規定は必要ない。できる限り広い住民層に大学への門戸を開くという目標は、連邦法の規定を必要としない。個々の州における授業料の徴収がこれらの州の住民の生活環境の均質性という法益と相いれない不利益をもたらすときにのみ、連邦法は認められる。だが、今のところ、そのための十分な立脚点は存在して

いない。学修の場および大学の選択にとって多数の要因が重要となるが、これまで議論されてきた範囲での授業料は、生活維持費と比べてあまり意味をもたない。州間における大学授業料の徴収の違いが多数の学生の移動を促し、それにより大学の定員の不足や質の低下が生ずるという観点も、連邦統一的な規定を正当化しない。学生が授業料という観点から学修の場を選択するということは、まだ十分に証明されていない。州は、学生の移動により生ずる不利益を自己責任において克服しなければならない。連邦法による規定が必要とされる前提は、当該州の損失が州独自の措置によっては克服されないか、他州と調整した規定によってのみ克服される限りにおいてであるが、ここでは認められない。

　第二に、連邦統一的な規定は、国家全体の利益における経済的統一の確保のためにも必要でない。能力のある者をできる限り大学学修に引き入れ、職業資格を付与する修了を可能にするという目標は、経済全体の関心には含まれている。しかし、大学授業料の徴収における州により異なる規定がこの目標を大きく損なうということは明白ではない。なぜなら、大学の授業が誰にも同等にその能力に応じて行われることを、州は連邦法により義務づけられているからである。さらに、一般的授業料[20]を導入し運用することは、高等教育の質およびその成果に関する意識を高め、経済全体の目標を追及する機会を州に提供する可能性がある。

　第三に、法的統一の確保のために、連邦法の規定は必要でない。大学授業料に関して州法が異なっていることは、連邦国家における法的統一を直接損なわない。

　連邦憲法裁判所は、高等教育大綱法第6次改正法の授業料無償に関する規定を違憲としたが、授業料無償そのものではなく、立法権限を問題としたのである。

5．ヘッセン州における大学授業料の導入と廃止

　連邦憲法裁判所の判決を受け、長期在学者のみならず、すべての学生からの授業料（一般的授業料）徴収を法制化する州の動きが顕著となった。連邦憲法裁判所に訴えた6州はもちろんであるが、ここではヘッセン州を取り上げてみたい。

　ヘッセン州キリスト教民主同盟政府は、2006年6月29日、「ヘッセン州の高等教育機関における授業料の導入およびその他の規定の修正に関する法律（ヘ

ッセン州高等教育授業料法）案」を州議会に提出した[21]。州高等教育法第20条に規定するすべての学修課程について授業料（Studienbeitrag）を徴収するというもので、最初の職業資格を付与する修了証、それに続くさらなる職業資格を付与する修了証の取得のために、標準学修期間に加えて４学期まで、学期ごとに500ユーロ徴収する。それを超えて在学する者については、最初の学期が500ユーロ、それ以降の学期は700ユーロ徴収する。EU以外の外国人学生については、高等教育機関は最高1,500ユーロまで徴収することができる。14歳未満の子どもがいる学生は、最高６学期まで授業料は免除される。高等教育機関は、優秀な学生の授業料を免除することができる（全学生の５％まで）。また、学生は州の信託機関の学資ローンを利用することができること、信託機関は支払い能力の審査なしに有利子（最高7.5％まで）で学資ローンを認めなければならないことについても規定された。

　提案理由として、次のことが示された。すべての学生からの授業料導入により、大学が使用できる財政資金はおよそ10％増加する。これにより教育の質の向上が可能になり、国内外の競争における州の大学の強化が図られる。大学には、学生数の増加が期待され、学修の効率化・有効化への要求が高まるが、ボローニャ・プロセスによる学位制度の転換、学修課程のモジュラー化が促進される。授業料は、いわば「教育のための第三者資金」であり、学生のために役立てられる。在学期間が短縮され、中退率が減少することにより、学生の生活維持費等は削減されることになる。学生が授業料を負担することにより、私立専門学校で養成されている心理セラピストや、マイスターに至るまでかなりの費用がかかる手工業分野の養成職との不公平が少なくなる。大学を修了した者の収入は平均して高く、失業率も低い。授業料の徴収は正当なことである。ヘッセン州憲法第59条は、「すべての公立の基礎学校、中等学校、上級学校、大学において、授業は無償である。（中略）生徒、親または扶養義務のある者の経済的状況が許す場合、適切な学費が支払われることを命じることができる。中等学校、上級学校、大学への入学は、生徒の適性にのみ依存することができる。」と規定している。授業料徴収法案は、支払い能力の審査なしに学資ローンの申請を認めており、学修を開始する経済的状況にあることになる。大学学修を希望する、適性のあるすべての者に、経済的状況に関わりなく大学学修の可能性を保証するという、第59条の趣旨にかなっている。

　州議会における審議で、キリスト教民主同盟議員団長 Christean Wagner

は、授業料導入の理由として、次の点を挙げた(22)。授業料は、教育や学生サービスの改善、国内外におけるヘッセン州の大学の競争力の強化に役立つ。授業料を導入しない場合、ヘッセン州の大学は他州からの学生であふれ、学修条件の悪化や入学制限の導入を強いられることになる。国際的にみても、スイス、イタリア、オランダ、イングランド、オーストラリア、日本、アメリカなどで授業料が徴収されており、しかもかなり高額である。また、納税者の観点も必要である。学生一人当たりの経費は、例えば、社会科学25,000ユーロ、工学80,000ユーロ、歯学150,000ユーロであり、学生は修了後にたくさん稼ぐことが可能となるから、授業料の徴収は社会的に公平である。看護師は養成の経費を自ら負担し、納税により医学生の経費を負担しているが、医師の給与は看護師よりも高い。

　党独自の「ヘッセン州高等教育機関の財政的自律性の強化に関する法案」(23)を提出している自由民主党の Nicola Beer は、「質のみが授業料を正当化する」とした。学生、教授、大学統括部は、どのような質の水準に到達すべきか、国内外の競争のためにどのような質を必要とするか、質の維持・向上は授業料を徴収しないで達成されるかなどについて、議論しなければならない。継続的に質が保証されているかを検証する委員会を設け、目標が達成されない場合、学生は授業料の返却を求めることができるべきである。大学の自律性という観点から、授業料の額については個々の大学が学修課程ごとに決定すべきである。大学により状況は異なっており、大学間、学修課程間の競争にもつながる。

　社会民主党の Michael Siebel は、学生の抗議行動は、誤った社会的に不公平な法律に関する情報と説明を求めているものだとし、一般的授業料徴収は州憲法第59条に反するとした。同盟90／緑の党の Sarah Sorge は、法律的理由からも政治的的理由からも、授業料徴収に反対するとした。なお、高等教育までの授業料無償を定めた州憲法第59条をめぐって、公聴会でも法学者による論戦が繰り広げられた(24)。

　同法案は、2006年10月5日、キリスト教民主同盟の賛成多数で可決され、2007/2008年冬学期から、すべての学生を対象とする授業料が徴収されるようになった。しかし、2008年1月の州議会選挙によりキリスト教民主同盟は過半数を取ることができず、政治的混乱が続いた。そのような中、2008年4月4日、社会民主党と同盟90／緑の党は一般的授業料徴収を廃止する「ヘッセン州高等教育機関における機会均等の確保に関する法律案」を提出、同法案は6月17日

に可決された。ヘッセン州での一般的授業料徴収は、2007/2008年冬学期と2008年夏学期に行われただけに終わったのである。

　一般的授業料を徴収した州は最大7州までになったが、ヘッセン州ほど極端なかたちではないにしろ、大規模な抗議活動や州政府の政権交代などにより、授業料廃止に踏み切る州が増えた。2013年2月にニーダーザクセン州が授業料廃止を決定したことにより、一般的授業料を徴収する州はなくなった。現在、州により、学籍登録料・除籍料や長期在学者からの授業料が徴収されている。

6．おわりに

　以上、ドイツにおける高等教育の無償化をめぐる動向について概観した。ドイツの状況をみるとき、州立大学が主であること、連邦制であることに留意しなければならない。また、ヘッセン州で実施されたように授業料が1学期当たり500ユーロとすると、円換算でおよそ6〜7万円、年額にして12〜14万円である。キリスト教民主同盟・社会同盟は、授業料を導入することにより財政状況を改善し、教育条件の改善、高等教育機関の競争力の強化につなげようとした。社会民主党と同盟90／緑の党は、教育機会の均等、公平という観点を重視し、授業料導入に反対した。自由民主党は、高等教育の質の向上を重視する立場から、学資ローンの充実、高等教育機関の自律性を強調した。議会では、州憲法や州高等教育法における授業料無償に関する規定について議論された。他国の高等教育進学率、授業料徴収の有無が参照された。ヨーロッパの枠組みでの授業料導入の是非も論じられた。大学で学ぶ者とそうでない者の負担や得られる利益の相違について、大学を修了して高収入を得る可能性のある者の経費を経済的弱者を含めて負担することの是非について、議論された。

　1990年代以降、ドイツの高等教育においては、ボローニャ・プロセスの進展による学修課程改革（バチェラー課程とマスター課程の導入）、若手研究者確保のためのジュニア・プロフェッサー職の導入、大学教員の業績給の導入、先端研究の強化・大学の国際競争力の強化等を目的とする「エクセレンス・イニシアティブ」の実施、管理運営の改善などの改革が行われてきた。それは、ニューパブリックマネージメント（Neue Steuerungsmodelle）による改革ということもできる。授業料導入はそのような文脈で行われた改革でもあったが、他の改革に比べ、紆余曲折をたどることになった。

　高等教育大綱法は、2006年の連邦制改革により基本法が改正され、高等教育

制度の一般的原則に関する連邦の大綱的立法権に関する規定が削除されたことにより失効した。高等教育においても各州の権限が強化されたのであるが、連邦は大学の教育・研究の改善に関して、その後も大きな役割を果たしてきている[25]。大学授業料無償に関して、連邦議会、州議会における議論を中心に検討してきた。連邦と各州の教育政策の展開や高等教育財政の状況などを含めて論ずべきであるが、それは果たせなかった。連邦教育助成法による奨学金（半額給与、半額貸与）について、併せて論ずることも必要である。

　日本では、住民税非課税世帯、それに準ずる世帯の学生を対象とする授業料の減免制度が始まったところである。ドイツにおける大学授業料無償をめぐる議論、大学授業料の廃止、導入、廃止という動きをみるとき、教育の機会均等、教育を受ける権利、経済や社会の発展にとって高等教育の果たす役割、高等教育の経費を誰がどのように負担すべきかといったことについて、改めて検討することの必要性を痛感する。

　注
（1）文部科学省（2019）「私立大学等の平成30年度入学者に係る学生納付金等調査結果について」https://www.mext.go.jp/a_menu/koutou/shinkou/07021403/1412031_00001.htm（2020年４月６日閲覧）
（2）文部科学省「高等教育の修学支援新制度について」https://www.mext.go.jp/content/20200110-mxt_gakushi01-100001062_1.pdf（2020年４月６日閲覧）
（3）https://www.mofa.go.jp/mofaj/gaiko/kiyaku/tuukoku_120911.html（2020年４月６日閲覧）
（4）小林（2020）
（5）田中（2018）は、4分類についてGarritzmannを挙げている。
（6）斎藤・榎（2015）は、ドイツをグループ①に分類している。
（7）大学には総合大学、教育大学、神学大学、芸術大学がある。専門大学は、入学にあたって大学入学資格（アビトゥア）を必要としない、技術、経済、社会福祉などの分野の実践的、応用的教育・研究を主とする大学である。行政専門大学も含まれる。
（8）Krause, N.（2008）p.22.
（9）Studiengebühren in Deutschland, https://de.wikipedia.org/wiki/Studiengeb%C3%BChren_in_Deutschland（2020年４月６日閲覧）
（10）Krause, N.（2008）p.23.
（11）標準学習期間（Regelstudienzeit）とは、学修課程において修了までに必

要とされる期間（学期数）。州の高等教育法令や高等教育機関における規程で定められている。例えば、バチェラーは通常6学期（3年）、マスターは通常2～4学期（1～2年）である。

(12) Studies Online, https://www.studis-online.de/StudInfo/Gebuehren/（2020年4月6日閲覧）

(13) *Bildung im Zahlenspiegel 1989*、p.115

(14) Turner,G（2018）p.129

(15) 学資ローンには、学期数を基準としたものと、履修授業時間数を基準としたものがある。

(16) Deutscher Bundestag, Drucksache 14/8361

(17) Deutscher Bundestag, Plenarprotokoll 14/222

(18) Bundesrat, Plenarprotokoll 776

(19) Bundesverfassungsgericht, 2005

(20) 一般的授業料（allgemeine Studiengebühr）とは、長期在学者だけでなく、すべての学生を対象とする授業料である。

(21) Hessischer Landtag, Drucksache 16/5747

(22) Hessischer Landtag, Plenarprotokoll 16/107

(23) Hessischer Landtag, Drucksache 16/5671

(24) Hessischer Landtag, Stenografischer Bericht –öffentliche Anhörung-

(25) 拙稿「ドイツの高等教育における教育と研究をめぐって」、『IDE 現代の高等教育』No.615、IDE 大学協会、2019年。

参考文献

・赤林英夫「経済学からみた高等教育無償化政策」、『IDE 現代の高等教育』No.618、IDE 大学協会、2020年。

・金子元久「高等教育政策の国際的動向と政策評価」、喜多村和之編『高等教育と政策評価』玉川大学出版部、2000年。

・小林雅之「大学の教育費負担―誰が教育を支えるのか」、上山隆大（代表）『大学とコスト―誰がどう支えるのか』岩波書店、2013年。

・小林雅之「高等教育の無償化を問う」、『IDE 現代の高等教育』No.618、IDE 大学協会、2020年。

・齋藤千尋・榎孝浩「諸外国における大学の授業料と奨学金」、国立国会図書館「調査と情報」第869号、2015年。

・田中秀明「高等教育費の公的負担と学生支援―福祉国家の視点から考える―」、日本高等教育学会編『高等教育研究第21集』玉川大学出版部、2018年。

・文部科学省『諸外国の教育の動き』各年版、財務省印刷局、独立行政法人国立印刷局。

・文部科学省『諸外国の教育動向』各年版、明石書店。
・文部科学省「諸外国の教育統計平成31（2019）年版」文部科学省、2019年。
・矢野眞和（2013）「費用負担のミステリー―不可解ないくつかの事柄」、上山
　隆大（代表）『大学とコスト―誰がどう支えるのか』岩波書店、2013年。
・Broschart, Oliver, *Pro und Kontra Studienbühren*, VDM Verlag Dr.
　Müller, 2008.
・Bundesrat, Plenarprotokoll 776, den 31. Mai 2002
・Bundesverfassungsgericht, -2 BVF 1 /03- Verkündet am 26. Januar 2005
・Bundesverfassungsgericht, Pressemitteilung Nr.8/2005 vom 26. Januar
　2005
・Deutscher Bundestag, Drucksache 14/8361, 26.02.2002
・Deutscher Bundestag, Plenarprotokoll 14/222, den 1. März 2002
・Deutscher Bundestag, Plenarprotokoll 14/233, den 25. April 2002
・Hessischer Landtag, Drucksache 16-5671, 08.06.2006
・Hessischer Landtag, Drucksache 16-5747, 29.06.2006
・Hessischer Landtag, Drucksache 17/15, 04.04.2008
・Hessischer Landtag, Plenarprotokoll 16/113, 05.10.2006
・Hessischer Landtag, Stenografischer Bericht –öffentliche Anhörung-,
　54. Sitzung der Ausschusses für Wissenschaft und Kunst, 4.
　September 2006, 10.17 bis 18.47 Uhr
・Krause, Norbert, *Die Debatte um Studiengebühren*, VS Verlag für
　Sozialwissenschaften, 2008.
・Kultusministerkonferenz, 290. Plenarsitzung der Kultusministerkon-
　ferenz am 25. Mai 2000 in Meiningen
・Maas, Patrik H. M., *Gebührenfinanzierte Hochschulen vor dem Hinter-
　grund schichtenspezifischer Bildungsbeteiligung*, disserta Verlag, 2010.
・OECD, *Education at a Glance 2019: OECD INDICATORS*, OECD
　Publishing, Paris, 2019.
・Turner, Georg, *Hochschulreformen Eine unendliche Geschichte seit der
　1950er Jahren*, Duncker & Humboldt ・Berlin, 2018.
・Statistisches Bundesamt, *Bildung im Zahlenspigel 1989*, Metzler-
　Poeschel Stittgart, 1989.
・Wissenschaftsrat, 10 Thesen zur Hochschulpolitik, 22.1.1993

（早稲田大学）

特集１：学校制度の臨界を見極める

学校教育とホームスクール
——家庭を学習拠点とする義務教育機会の諸相

宮口　誠矢

はじめに

　日本の義務教育制度は、学校教育法第一条に定める法律上の学校、すなわち一条校のみへの就学を義務付け、一条校の拡充によって子どもの教育を保障する仕組みを戦後一貫して採ってきた。一方、1992年９月には学校外施設での相談、指導を在籍校での出席扱いとすることができるようになり、その後、IT等を利用した学習活動を出席扱いとすることも認められ、さらに不登校特例校が導入されるなど、従来の義務教育制度における規制を条件付きで部分的に緩和する施策が旧文部省、文部科学省によって行われてきた。2016年12月には教育機会確保法が成立し、不登校の子どもが学校外で受ける教育の重要性などが法律で認められたものの、現行制度に大幅な変更は加えられなかった。不登校の子どもに教育を保障する仕組みが未整備であることを背景として、義務教育制度の再編はいまだ焦眉の問題となっているが、検討されるべき事柄は多い。その中でも、家庭で義務教育を受けられるホームスクール制度をめぐっては、従来の学校制度と大幅に異なりうるものであるために、新たな課題が立ち現れている[1]。

　本稿の目的は、家庭を主な学習拠点とする義務教育機会の現状と課題を、米国ホームスクール制度を事例として提示し、日本への示唆を得ることである。日本の議論では、学校教育と家庭における義務教育の関わりに焦点が当てられることは少ない[2]。しかし、本稿で扱う米国の制度から分かるように、家庭における義務教育を認めるとしても、学校教育から隔絶した形で教育を受ける制度しか設計しえないわけではない。本稿では、「学校制度の臨界を見極める」という本特集のテーマを踏まえ、学校教育とホームスクールの関わりを視野に入れるため、ホームスクールを広義に捉える。

　ホームスクールで学びつつ学校に通うこともある教育機会や、学校による遠

隔教育を自宅で受ける教育機会を、ホームスクールという枠組みの中でいかに理解するかは、今後検討されるべき難題として指摘されているところであり（Mann, 2017）、米国においても、その全体像や論点を整理するものは見当たらない。本稿では、断片的にではあるが[3]、米国の多様なホームスクール制度を整理し、論点を提示する。そして、米国の制度が日本に示唆するものを検討し、学校外義務教育の制度化をめぐる議論の発展に資する知見を得たい。

1．学校教育との関わりを視野に入れたホームスクールの把握

全米家庭教育調査（National Household Education Survey）の分析結果によれば、米国全体では、5歳から17歳までの子どものうち、約169万人（3.3％）がホームスクールで学んでいると推計される（Wang et al., 2019）[4]。そのうち、約15％の子どもは公立学校にも、約2％の子どもは私立学校にも出席することがあり、彼らの約7割は、平均して週に5日間学校に通っている。一週間に学校で過ごす時間の平均は、6時間から10時間が最も多く（約56％）、次いで1時間から5時間（約30％）が多い（U.S. Department of Education, 2019）。また、多くのホームスクールは1、2年間しか続かず（Isenberg, 2007）、ホームスクールを中止して学校へ就学、復学することは一般的である。

ただし、米国におけるホームスクールの現状については、調査によって異なる報告がなされている。それは、調査の対象や方法のみならず、ホームスクールの捉え方もまた、調査によって異なる場合があるからである。たとえば、薬物使用と健康に関する全米調査（National Survey on Drug Use and Health）では、「過去12か月間に、あなたは何らかの種類の学校に通学したことがありますか」という問いに「いいえ」と回答した子どものみにホームスクールで学んでいるか否かを尋ねるよう設問されている。この調査は、ホームスクールで学びながら学校の教育活動に部分的に参加している子どもを、ホームスクールで学んでいない者として分類しかねない（Isenberg, 2016）。

一方、全米家庭教育調査では、各世帯員につき、「いくつか、またはすべての授業について、公立か私立の学校に出席する<u>代わり</u>として、ホームスクール」（下線強調は原文）で学んでいるか、公立、私立の学校または幼稚園に在籍しているか、高等教育機関等に在籍しているか、学校に在籍していないかのいずれか一つを答えるよう求めている（"National Household Education Survey," 2015）。同調査は、部分的に学校から教育を受けている子どももホ

ームスクールで学んでいると見なすことで、より幅広い教育機会をホームスクールに含めて把握しようとするものである。

　調査におけるホームスクールの現状把握のあり方は、ホームスクールをいかに定義するかという課題と関わっている。「子どもが通学しない、家庭における義務教育」と定義すれば、義務教育を受ける場を家庭のみに限定したものがホームスクールとして捉えられることになる。全米家庭教育調査のように、通学するかしないかという二分法を退けた形でホームスクールを捉えることで、様々な義務教育機会を視野に含めることができる。

　そこで、本稿では、義務教育段階のホームスクールを「家庭を学習の主な拠点とした義務教育」と広く定義する。これには、家庭外もまた学習拠点たりうるという意味で、子どもが主に家庭で学びながら学校に通学するものが含まれる。また、親や家庭教師が義務教育提供主体となるホームスクールのみならず、学校やその他の機関が遠隔で義務教育を提供するものも含む。学校を主な学習拠点としつつ、学校の宿題等を自宅で行うことは、この定義から除外される。以下では、義務教育の主な提供主体ごとに[5]、いかなる仕組みで家庭を拠点とした義務教育が認められているかを概観する。

２．親や家庭教師によるホームスクール

　親が自らの子どもに義務教育を提供することは、全州で合法とされており、有資格者の家庭教師による義務教育提供を認める州もある。すなわち、学校等の組織のみならず、親や家庭教師といった個人による義務教育の提供も認められている。規制の異なる複数のホームスクール制度を設けている州もあり、特定の州と特定のホームスクール制度が必ずしも一対一の関係で結ばれるわけではない。各州のホームスクール制度には多様な規制が見られ、通知義務、教師要件、教育内容に関する規制、教育時間に関する規制、アウトカム評価義務などがある（宮口2017b）。学校における教育活動に参加することを義務付ける制度は見られないが、学校教育を部分的に受けられるような仕組みを設けている州や学区もある。そこに、個人によるホームスクールと学校教育の接点を見ることができる[6]。

　公立学校が支援を行うものとして、二重在籍（dual enrollment）やパートタイム就学（part-time attendance）を認める制度がある。これは、ホームスクールと公立学校の双方に在籍することなどを通して、学校での授業や課外

活動に参加できる仕組みである。二重在籍制度を導入しているアイオワ州では、年４学期のうち３学期を超えない範囲で学校の授業を受けることができ（281 IAC 31.6(2), 2020)、課外活動にも参加できるうえ（281 IAC 31.6(3), 2020)、二重在籍をする生徒一人につき、フルタイムの公立学校在籍者0.1人分の州補助金が学区に支出されている（Iowa Code § 257.6(1)(a)(6), 2019)。

　学校のみならず、学校外の公的機関がホームスクールへの支援を行う場合もある。その主な担い手の一つが、学区である。二重在籍等、ホームスクールへの特定の支援を法令で禁じている州もあるが、禁止されていない支援は学区の裁量で行うことができる。学区による支援の仕組みを州レベルで定めている特徴的なプログラムとしては、アイオワ州のホームスクール支援プログラム（Home School Assistance Program）が挙げられる。州レベルでは、支援を行う教員が子どもと45日間に２回の面談を行うことや、教育に関する助言をし、評価を行うことが定められており（IAC 281-31.4(3), 2020)、プログラムに参加する生徒一人につき、フルタイムの公立学校在籍者0.3人分の州補助金が学区に支出されている（Iowa Code § 257.6(1)(a)(5), 2019)。学区はこれらの支援に加え、独自の支援を行うこともできる。たとえば、デモイン学区では、毎週の授業の実施、テストの無償提供、全学年全教科の教科書や教材の提供などを行っている。アイオワ州は、こうしたホームスクール支援プログラムを私立学校が実施することも認めているため（宮口2019)、同プログラムを通して私立学校もホームスクールと接点をもちうる。

３．学校によるホームスクール

　家庭における義務教育の提供主体たりえるのは、親や家庭教師だけでない。公立学校が遠隔で義務教育を提供できる制度も見られる。例としては、カリフォルニア州の独立学習プログラム（independent study program）が挙げられる[7]。このプログラムに参加する子どもは、公立学校に在籍しながら、自宅で学習を行うことができる。独立学習プログラムは、「教育課程を速く、もしくはゆっくりと進めたい生徒や、教室で履修できなかった科目を受け直したい生徒に合うもの」であり、幼稚園（kindergarten）から高校までの段階にわたって、高校卒業資格の取得を目指す成人も対象に含め、2014年度には約23万人に提供されている（California Department of Education, n.d.-a)。

　独立学習プログラムは、実施主体である学区や郡教育庁が実施の可否を決定

できるものであり、学校のプログラムや授業として、もしくはチャーター・スクール、オンライン学習課程などを通して実施されている（California Department of Education, n.d.-b）。プログラムでは公立学校と同内容のカリキュラムに沿った教育が行われ（Cal. Ed. Code § 51745(a)(3), 2019; 5 C.C.R. 11701.5(a), 2020）、学区やチャーター・スクール等の職員である教員免許保有者によって監督、評価がなされる（Cal. Ed. Code § 51747.5(a),2019; 5 C.C.R. 11700(b), 2020）。短期の独立学習プログラムを行う場合は、学級担任が監督教員を担うこともある。在籍校が校舎を保有していれば、学校においても教育を受けられる場合がある（"Frequently Asked Questions," n.d.）。

　州補助金については、有資格教員が子どもの学習成果物（pupil work products）の時間的価値（time value）を算出し、それに応じて州の補助金が支出される仕組みとなっている（Cal. Ed. Code § 51747.5(b), 2019）。最終的には、出席日数を授業日数で割った平均出席率（Average Daily Attendance）が求められ、それに応じた額の州補助金が与えられる。

　また、広範な裁量が与えられた新しいタイプの公立学校であるチャーター・スクールの中には、ホームスクールで学ぶ子どもへの教育提供を主たる目的とするものも見られる。このようなホームスクール・チャーターを認めていない州もあるが、2000年代半ばにはカリフォルニア州に最も多くのホームスクール・チャーターがあり、119校が約5万人の生徒に教育を提供している（Huerta et al., 2006）。

　カリフォルニア州の大規模なホームスクール・チャーターであるコンパス・チャーター・スクール（Compass Charter Schools）を例として取り上げる。同校が提供している家庭学習のためのコースでは、学校が教科ごとに複数のカリキュラムを承認したうえで、使用するカリキュラムをその中から親が選択し、有資格教員の定期的な指導や支援のもとに教育が行われている。教員は、子どもの学習の進捗状況を把握するとともに、法令が遵守されるよう保証する役割を負う。また、教材の購入費等に充てるための資金として、およそ3,000ドルが毎年親に対して提供されている（Compass Charter Schools, n.d.）。ホームスクール・チャーターに在籍する生徒も、他の公立学校の生徒と同様に、州の学力テストを受けなければならない（Cal. Ed. Code §§ 47605(c)(1), 47612.5(a)(3), 2019）。同校は校舎を有さないバーチャル・スクールであるが、ホームスクール・チャーターであっても、在籍校が校舎を所有していれば、学

校においても教育を受けられる。

　ホームスクール・チャーターへの州補助金について、カリフォルニア州では独立学習プログラムと同様に平均出席率に基づいて金額が算出されるが、その額は州教育委員会の規則によって調整される（Cal. Ed. Code §§ 47612.5(d)(1), 47634.2(a)(1), 2019）。

4．学校外の公的機関によるホームスクール

　さらに、学区等の行政機関が義務教育の主な提供主体となるホームスクールも見られる。ここでは、アラスカ州の例を取り上げる。アラスカ州法は、「7歳から16歳までのすべての子どもは、各学期中、居住地のある学区の公立学校に就学しなければならない」としたうえで、子どもを就学させる親の責任を規定している（A.S. § 14.30.010(a), 2019）。ただし、私立学校に就学していたり、有資格の家庭教師から教育を受けていたり、自宅で親から教育を受けていたりする場合は、親の責任が免除される。学区等によるホームスクールは、その免除事由の一つとして挙げられている（A.S. § 14.30.010(b), 2019）。

　この教育機会は通信学習プログラム（correspondence study program）と呼ばれるものであり、州法上の正式な名称は、「省による承認を受けたフルタイムの通信学習プログラム」である（A.S. § 14.30.010(b)(10)(B), 2019）。就学義務の免除事由となる教育機会として、私立学校や、親によるホームスクールと並んで挙げられていることが示唆するように、同プログラムでは、補習等の付加的教育ではなくフルタイムの義務教育が提供されている。また、「承認を受けた通信学習プログラムを提供している学区において、生徒は、学区の通信学習プログラムか州の通信学習プログラム（the centralized correspondence study program）のいずれかに在籍することができる」こととされている（A.S. § 14.30.010(b)(10)(B), 2019）。このように、通信学習プログラムは、学区か州がプログラムの提供者、すなわち義務教育の提供主体となる仕組みを採っている。

　プログラムに登録している個々の子どもに対しては、有資格の担当教員が割り当てられ、担当教員の支援と承認のもとに個別学習計画（individual learning plan）が毎年作成される。個別学習計画は、州と学区の基準に対応したものであることが求められ、学力評価計画も盛り込まねばならない（A.S. § 14.03.300(a), 2019）。学力評価については、州が定める学力評価方法のう

ち、いずれかを選択して受けるよう義務付けられている（4 A.A.C. 33.421(f), 06.710, 2019）。教科書は学区が選定するよう州法で定められているが、子どもや親がそれ以外の教科書や教材を購入、使用することも認められている（A.S. § 14.07.050, 2019）。

　通信学習プログラムへの州補助金は、プログラムに登録している子どもの人数と登録期間に応じて額が決定され、支出されている[8]。プログラムを提供する州教育局や学区は、教育上の支出に充てるための年次手当を親に対して支給することができ、親は教科書や教材、個別学習計画の遂行に必要な教育サービス等を購入することができる（A.S. §§ 14.03.310(a), (b), 2019）。

5．「義務教育の提供主体」と「義務教育を受ける場」をめぐる課題

　以上の教育機会には、義務教育の提供主体も学習の場も学校以外となるホームスクールと、学習の場のみを学校から家庭に移し、学校が義務教育を提供し続けるホームスクールという、二つの理念型を見出すことができる。ここでは、前者を学校教育からの「退出」としてのホームスクール、後者を学校教育の「拡張」としてのホームスクールと呼ぶ[9]。

　「退出」としてのホームスクールについては、義務教育提供主体を学校外の主体に与えることに伴い、「拡張」としてのホームスクールとは異なる、新たな課題が生じる。それは、いかなる主体が義務教育提供主体たりえ、さらに、その主体にいかなる責任を負わせるべきかを明らかにするという課題である。この点について、ロブ・リーシュ（Rob Reich、スタンフォード大学教授）が先駆的な議論を行っている（宮口2017a）。

　彼は、リベラルな国家の市民となるために必要な「最低限の自律性（minimalist autonomy）」を育成するような教育がすべての子どもに保障されるべきことを論じている。そして、最低限の自律性の育成が親によるホームスクールにおいても可能であることを確認しつつ、ホームスクールは合法であるべきとする。ただし、無規制のホームスクールは認められない。それは、最低限の自律性を育成しない事例が生じないよう、国家が規制を課し、親子関係に介入する権限と責任を有するからである（Reich, 2002）。たとえ親が行うものであっても、子どもを家庭で育てる行為と、子どもをホームスクールにおいて教育する行為は異なる。ホームスクールにおいては、フォーマルな教育を提供するという、学校の担ってきた責務が親に課されることとなる。こうしてリーシュ

は、ホームスクールについて、フォーマルな教育に対する国家関与の原理を採用し、私的な教育に対するものとは異なる形で規制を課すことを支持する（Reich, 2008）。この議論は、親を学校外の主体と読み替え、家庭を学校外の場に置き換えても成立するであろう。ホームスクールをめぐる米国の議論には、このように、従来学校が果たしてきた役割を浮かび上がらせ、学校外義務教育機会でも果たされるべき役割について検討するものが見られる。

　また、「拡張」としてのホームスクールと「退出」としてのホームスクールに共通する課題もある。それは、私的な場における教育や学習の内容をいかに把握するかという課題である。この点につき、ロバート・カンズマン（Robert Kunzman、インディアナ大学教授）は、日常生活における多様な教育的営為を「教育としての生活（Life as Education）」（以下、LaE）と名付けたうえで、「ホームスクールにおいては学校教育とLaEとがしばしば深く編み込まれ」ており、両者を識別することが困難であるとの問題を提起し（Kunzman 2012: 76）、教育活動それ自体に関する規制、すなわちインプット規制ではなく、アウトカム評価を通した規制の必要性を論じている。それにより、「学校教育とLaEの活動を区別するという難問を回避し、どこで、いつ、どのように学んだかにかかわらず、州は単に基礎的な能力を証明する」だけでよいからである（Kunzman 2012:82）。彼の議論は、「退出」としてのホームスクールに関するものであるが、「拡張」としてのホームスクールも、主な学習の場が家庭である限り、同様に教育や学習の把握に関わる課題を伴う。

　家庭における教育や学習の把握は、公費支出の課題とも関わる。カリフォルニア州の独立学習プログラムでは、平均出席率によって州補助金の額が決まる。しかし、出席日数は、提出された課題の評価を通して担当教員が算出、決定する。学校外義務教育機会の中でも、家庭を学習拠点とするものについては、義務教育を受ける場と生活の場が明確に分かれておらず、出席日数の算出が難しい。一方、アラスカ州の通信学習プログラムでは、プログラムに登録している子どもの人数と登録期間に応じて補助金額が決定されるため、出席日数算出の問題を伴わない。義務教育への公費支出額を、在籍者数や在籍期間ではなく、出席日数や授業時間等の実績に基づいて決定することは、学校教育に比して実態を把握することが困難であるがゆえに、学校外義務教育機会において一層難しい課題となる。

　さらに、同一の制度において「退出」と「拡張」という理念型が混在したり

判別できなかったりする場合があることには留意が必要である。本稿で見た制度において、義務教育の提供主体となっているのは、親、家庭教師、学校、学区、州である。ホームスクールで学んでいる子どもが学習塾に通っており、そこで義務教育に相当する教育を受けていたとしても、制度上、塾における教育は義務教育と見なされず、追加的な教育を受けているものと位置付けられる。これが明確に義務教育でないといえるのは、学習塾には、義務教育を提供する権限が与えられていないからである。一方、親によるホームスクールで学びながら学校の授業も受ける場合などは、制度上の規定がない限り、どの主体によるどの範囲の教育が義務教育であるかを判別することが困難となる。

　このような判別が必ずしも明確にできない場合に生じるのは、義務教育についての責任の所在が曖昧になりうるという問題である。カリフォルニア州のホームスクール・チャーターを研究したHuerta（2000）は、ホームスクール・チャーターに在籍する子どもの教育について、責任の所在が制度上も実態においても不明確となっている事例の存在を報告している。教育を提供する主体が複数いる場合に、どの主体がどの範囲で教育に責任を負うのかという点が制度上曖昧になれば、義務教育提供主体に責任を果たさせる仕組みが機能せず、そこに教育保障の「抜け穴」が生じる可能性もある。複数の主体が共同して義務教育の提供に関わる仕組みを導入する際には、教育提供主体間での責任の分有について検討し、それを制度上明確に規定することが求められよう。

おわりに──ホームスクール制度の構想

　本稿では、米国における多様なホームスクール制度の一端を整理した。そこでは、学校や、学校外の公的主体、学校外の私的主体が在宅の子どもへ義務教育を提供しうるとともに、家庭と学校等の場を組み合わせる形で義務教育を受けられる仕組みが見られた。米国のホームスクール制度において、義務教育の提供主体や義務教育を受ける場を、「学校か学校外か」、「公か私か」という形で二分する境界はすでに融解しつつある。それに伴い、個々の子どもの義務教育に関する責任の所在や範囲さえも不分明になる事例が生じている。最後に、このような米国の制度が日本における制度構想に示唆するものを検討したい。

　義務教育の場ではなく提供主体に着目することで、これまで議論の中心にあった、親が家庭で義務教育を提供するという学校教育からの「退出」としてのホームスクールのみならず、学校が義務教育を提供する、学校教育の「拡張」

としてのホームスクールの制度化も選択肢の一つとして浮かび上がる。日本には、ICT 等を利用した学習活動を学校の裁量で出席扱いとし、評価に反映できる仕組みがあるが、2018年度にこの措置がなされたのは、小中学校合わせて286人に留まる（文部科学省2019）。この仕組みを、「拡張」としてのホームスクール制度の導入に利用することが考えられる。たとえば、不登校者数に応じた加配教員の配置や支援人員の派遣、在宅学習プログラムの策定、遠隔教育のための ICT インフラの整備などを教育委員会が行うことによって、学校が不登校の子どもに継続的に遠隔教育を行えるようにするなど[10]、義務教育提供主体を一条校の教員のみに限定している現行法制下でも、財政的な裏付けのあるホームスクール制度を実現する余地がある。現行制度の大幅な修正を要さない、より柔軟に自宅での学習を認める制度の一つとして検討されてよいであろう[11]。

　また、「退出」と「拡張」の２つの型を組み合わせた制度化も考えられる。たとえば、親による義務教育の提供を認めつつ、部分的に学校への出席や公的な学習プログラムへの参加を認める仕組みも導入しうるであろう。責任の分有のあり方が重要な検討課題となるが、原則的に教科単位や活動単位での出席、参加を認めれば、教科や活動ごとに責任の所在を明確にすることができる。主たる義務教育提供主体が、それ以外の主体と義務教育についての責任を分有する新たな仕組みとして、このような制度も検討に値するであろう。

　家庭を学習の拠点とする義務教育には多様な制度化の方法があり、検討されるべき可能性が多く残されている。学校教育制度を活かしつつ、通学しない子どもの教育保障に資する形で、義務教育制度再編の方途を模索することもできる。しかし、そのためには、更なる研究の蓄積が必要である。

【付記】本研究は、JSPS 科研費17J03211の助成を受けたものである。

　　注
　（１）就学義務制と一条校主義を核とした日本の義務教育制度を再構成する際に検討すべき課題については、拙稿（2020）でも論じている。本稿の目的と深く関わるため、併せて参照されたい。
　（２）学校教育とホームスクールの関わりを明らかにする研究として、秦（2000）、下村（2004）、佐々木（2010）などが挙げられる。それぞれ、米国におけるホームスクールと学校の協力的な関わり、チャーター・スクール

(charter schools) によるホームスクール支援の仕組み、子どもがホームスクールで学びつつ学校に通う事例について検討している。

（3）本稿では、バーチャル・スクール（virtual schools）、サイバー・スクール（cyber schools）などと呼ばれる、公立学校、私立学校、学区や州によるインターネットを用いた教育プログラムについて扱わない。ただし、学校によるホームスクールとして、校舎を有さないバーチャル・スクールの事例に言及する。なお、インターネットを用いたホームスクールの現状と論点については、Mann（2017）が整理している。

（4）ただし、週に25時間以上学校で教育を受けている者と、一時的な病気のみを理由としてホームスクールで学んでいる者を除く。

（5）ここでは、「義務教育の主な提供主体」を、自ら義務教育を提供でき、子どもが受ける義務教育の内容を、法令による定めの範囲内で最終的に決定することのできる主体と定義する。「親や家庭教師によるホームスクール」においては、親や家庭教師が自ら義務教育を提供でき、法令の定める要件を満たす限りで、自らカリキュラムを決定できる。「学校によるホームスクール」は、学校が在宅の子どもに義務教育を提供できる教育機会であり、教育内容は学校のカリキュラムによって枠付けられる。「学校外の公的機関によるホームスクール」については、公的機関が制度上学校とは見なされない独自のプログラムをつくって義務教育を提供し、カリキュラムの最終的な決定にはプログラムの担当教員の承認を要する。ただし、これらは現行制度を明確に類型化できるものでなく、便宜的な整理である。たとえば、下村（2004）は、アラスカ州最大のホームスクール・チャーター（homeschooling charters）について、「親と支援教員の双方が、個別学習計画と予算案の内容に同意することが求められる」ことを明らかにしているが（178頁）、この事例におけるカリキュラムの最終的な決定権限は親と学校教員が共同で有していると解され、同事例を「親によるホームスクール」と「学校によるホームスクール」の一方に位置付けることは難しい。

　なお、米国におけるホームスクールの類型的把握を行ったものとして、Lines（2000）が挙げられる。ワシントン州の学区におけるホームスクール支援のための公的プログラムの内容を明らかにした研究であり、それらのプログラムを、カリキュラムと学習評価について親が責任を負うホームスクールと、学校が責任を負うホームスクール「のようなもの（look alike）」に区別している（160頁）。ただし、この分類にも限界がある。米国のホームスクール制度では、カリキュラムの決定者と学習評価の主体は必ずしも同一でないうえ（下村2004の事例を参照）、カリキュラムや評価に関する責任の所在や分有のあり方が、制度上も実態においても明らかでない場合があるからである。

（6）親によるホームスクールが支援以外の面で学校と関わりを持つ場合もある。

　　ハワイ州では、公立学校の校長が、親から提出された年次報告を検討し、充分な学業上の進捗が見られるかを判断する（H.A.R. 8-12-18(b), (d), 2020）。
（7）秦（2000）は、独立学習プログラムの内容や、公立学校、私立学校における同プログラムの実施について明らかにしている。佐々木（2007）も、カリフォルニア州における公立学校選択制度の選択肢の一つとして同プログラムを挙げ、簡潔にその歴史や内容を明らかにしている。なお、カリフォルニア州では2008年に私立学校としてのホームスクールの合法性を認める判決（Johnathan L. v. Superior Court, 165 Cal. App. 4th 1074, 2008）が出されているが、カリフォルニア州に限らず、私立学校に対する規制が緩やかな州の中には、親が単独または共同で私立学校を設置、運営し、ホームスクールを行える州がある。
（8）学区への州補助金は、学区の公立学校等に在籍している子どもの人数と年度中の在籍期間（Average Daily Membership, ADM）に基づき、各学校の規模や特別支援教育への補助等を考慮した増額がなされ、調整後のADM に基礎割当額を乗じた分が支出される。ただし、通信学習プログラムに対しては、プログラムの登録者数と登録期間（ADM）に基礎割当額の９割を乗じた額のみが支出される（A.S. § 14.17.430, 2019; Alaska Department of Education & Early Development, 2019）。
（9）　公的関与の度合に着目すれば、公教育からの「退出」としてのホームスクールと、公教育の「拡張」としてのホームスクールを区別することもできよう。
（10）　公衆衛生上や治安上の理由で一定期間休校となる事例が見られるが、学校教員が遠隔で教育提供や学習把握を行える仕組みの整備は、こうした長期に及びうる休校の際に教育を保障し続けることを可能にするものとしても、すなわち、学校に通う子どもへの教育保障の観点からも、検討されるべきものであろう。
（11）　文部科学省の通知では、「ICT 等を活用した学習活動を出席扱いとすることにより不登校が必要な程度を超えて長期にわたることを助長しないよう留意すること」（令和元年10月25日文科初第698号別記２）とされており、出席扱いの仕組みは、「ICT 等を活用した学習活動」を学校における学習活動と同列に位置付けるものではない。もっとも、義務教育を受ける場の限定は子どもの権利保障に関わる重要な論点の一つであり、恒常的に学校外で義務教育を受けられるような制度の導入は、本来的に立法上の課題であろう。

引用文献
佐々木司（2007）『カリフォルニア州学校選択制度研究』風間書房

佐々木司（2010）「学校に通うホームスクーラー：ホームスクールと非ホームスクールとの間」『山口大学教育学部研究論叢』第59巻、85-97頁

下村一彦（2004）「米国におけるホームスクールへの公的支援制度—アラスカ州Family Partnership Charter School を事例に」『教育制度学研究』第11号、172-185頁

秦明夫（2000）「ホームスクールと学校制度—ホームスクールが問いかけるもの」『Contexture：教養紀要』第18号、3-20頁

宮口誠矢（2017a）「米国ホームスクール政策に関する理論的課題—子ども・親・州の三者関係に着目して」『日本教育政策学会年報』第24号、124-137頁

宮口誠矢（2017b）「米国ホームスクール規制法制の現状と課題—『子どもの将来の自律性』と『親の教育の自由』の観点から—」『東京大学大学院教育学研究科教育行政学論叢』第37号、55-82頁

宮口誠矢（2019）「義務教育としてのホームスクールの制度原理—米国アイオワ州の規制制度と支援制度を事例として」『日本教育行政学会年報』第45号、103-119頁

宮口誠矢（2020）「就学義務制の再考」『日本型公教育制度の再検討—自由、保障、責任から考える』岩波書店（近日刊行）

文部科学省（2019）「平成30年度児童生徒の問題行動・不登校等生徒指導上の諸課題に関する調査結果について」（https://www.mext.go.jp/content/1410392.pdf）

Alaska Department of Education & Early Development. (2019). *Public school funding program overview.* Retrieved from https://education.alaska.gov/SchoolFinance/pdf/Funding-Overview.pdf

California Department of Education. (n. d.-a). Independent study. Retrieved February 22, 2020 from https://www.cde.ca.gov/sp/eo/is/cefindependentst.asp

California Department of Education. (n.d.-b). Quick guide to independent study. Retrieved February 22, 2020 from https://www.cde.ca.gov/sp/eo/is/quickguideistudy.asp

Compass Charter Schools. (n.d.). FAQ. Retrieved February 25, 2020 from https://www.compasscharters.org/enrollment/faq/

Frequently asked questions. (n.d.). Retrieved from https://ccis.org/wp-app/wp-content/uploads/2017/11/Frequently-Asked-Questions.pdf

Huerta, L. A. (2000). Losing public accountability: A home schooling charter. In B. Fuller (Ed.), *Inside charter schools: The paradox of radical decentralization*, Cambridge, MA: Harvard University Press, 177-202.

Huerta, L. A., González, M.-F., & d'Entremont, C. (2006). Cyber and home school charter schools: Adopting policy to new forms of public schooling. *Peabody Journal of Education, 81*(1), 103-139.

Isenberg, E. J. (2007). What have we learned about homeschooling? *Peabody Journal of Education, 82*(2-3), 387-409.

Isenberg, E. (2017). Using Survey Data Sets to Study Homeschooling. In M. Gaither (Ed.), *The Wiley handbook of home education.* [Kindle Book] (pp.32-58). doi: 10.1002/9781118926895

Kunzman, R. (2012). Education, schooling, and children's rights: The complexity of homeschooling. *Educational Theory, 62*(1), 75-89.

Lines, P. (2000). When home schoolers go to school: A partnership between families and schools. *Peabody Journal of Education, 75* (1&2), 159-186

Mann, B. (2017). Homeschooling 2.0: An Overview of Online Learning in K-12 Education across the United States. In M. Gaither (Ed.), *The Wiley handbook of home education.* [Kindle Book] (pp.246-267). doi: 10.1002/9781118926895

Reich, R. (2002). *Bridging liberalism and multiculturalism in American education.* Chicago, IL: The University of Chicago Press.

Reich, R. (2008). On regulating homeschooling: A reply to Glanzer. *Educational Theory, 58*(1), 17-23.

National Household Education Survey, (2015). Retrieved from https://nces.ed.gov/nhes/pdf/screener/2016_scrn.pdf

U.S. Department of Education, National Center for Education Statistics. (2019). *Homeschooling in the United States: Results from the 2012 and 2016 Parent and Family Involvement Survey* (*PFI-NHES: 2012 and 2016*). Retrieved from https://nces.ed.gov/pubs2020/2020001.pdf

Wang, K., Rathbun, A., & Musu, L. (2019). *School choice in the United States: 2019.* Retrieved from https://nces.ed.gov/pubs2019/2019106.pdf

（東京大学・大学院生）

特集１：学校制度の臨界を見極める

外国人の子どもの教育保障に関する一考察
——施策動向と就学の義務化をめぐる議論を中心に

二井　紀美子

はじめに

　今、外国人の子どもの就学をいかに保障するかの議論が熱い。本稿では、この議論を考える上での情報整理を行い、外国人の就学義務化について、特に外国人学校に在籍することを就学と見なすべきかという論点について考察を行う。

　法務省の在留外国人統計によると、我が国の在留外国人数は、1990年の入管法改正以降ほぼ増え続けており、2019年６月末時点では、282万9,416人で過去最高となった。人手不足解消のため、一定の技能を持つ外国人に新たな在留資格「特定技能」を与える改正出入国管理法が2018年12月に参院本会議で可決され、2019年４月から施行された。これにより、５年間で最大約34万5,000人の外国人労働者の受入れが見込まれている。

　政府および文部科学省は、表１の通り、この１年あまりの間に外国人材の受入れ・共生に関する関係閣僚会議を複数回開催し、外国人材の適正・円滑な受入れの促進と、外国人との共生社会の実現に向けた環境整備のために、教育分野においても次々と対応策を打ち出している。

表１　政府の外国人受入れ・共生施策

2018年12月25日	外国人材の受入れ・共生のための総合的対応策	関係閣僚会議
2019年５月１日	外国人児童生徒等の教育の充実に関する有識者会議設置	文科省
2018年６月17日	外国人の受入れ・共生のための教育推進検討チーム報告 〜日本人と外国人が共に生きる社会に向けたアクション〜	文科省
2019年６月18日	外国人材の受入れ・共生のための総合的対応策の充実について	関係閣僚会議
2019年９月27日	外国人の子供の就学状況等調査結果（速報）	文科省
2019年12月20日	外国人材の受入れ・共生のための総合的対応策（改訂）	関係閣僚会議
2020年１月21日	外国人児童生徒等の教育の充実に関する有識者会議報告書骨子（案）	文科省

　この急速な国の動きの中で、今、外国人の子どもたちへの教育施策は、従来の日本語指導や義務教育である小学校・中学校段階を中心とするものから、就学前教育や高校段階、高校卒業後も見据えた体系的・総合的な支援や、不就学をなくして就学を促進するための積極的な支援施策へと変わりつつある。

　外国人の子どもの義務教育諸学校への就学について、文科省は国際人権規約（A規約）や子どもの権利条約に基づき、外国人保護者が子を公立の義務教育諸学校に就学させることを希望する場合には、無償で受け入れ、日本人と同一の教育を受ける機会を保障するという立場をとっているが[1]、さらにもう一歩進めて、母語・母文化への尊重を含めて多様性のある学校を一つの資産として見なしていく方向にある。

　しかし、本来なら従来の日本の教育制度が現実に適応できていない部分を根本から見直す議論が必要であるにもかかわらず、対象を外国人、もしくは日本語指導が必要な子どもに限定することで問題を矮小化し、対処療法的な施策に留まっているともいえるのではないか。本稿は、このような筆者の問題関心から就学問題を中心に考えていきたい。まずは、在日外国人の子どもたちの状況と、最新の施策動向を概観した上で、外国人の就学をどう考えるのか、学校教育法第一条に適合しない「外国人学校」を柱に検討する。

1．外国人の子どもたちの状況と支援施策の方向性
（1）外国人の子どもたちの就学状況

　文科省は、2019年5月1日時点の外国人の就学実態に関する初めての全国調査を実施した。全国の1,741市町村教育委員会に調査票を配布し、それぞれの自治体における就学の把握状況や、就学案内の送付、学齢簿に準じるものの作成、外国人の子どもの教育や就学手続きに関する規定の整備、指導体制・支援員等の整備・配置、研修の実施など多岐にわたる状況が調査された。外国人の子どもの就学状況の結果が表2である[2]。義務教育年齢の住民基本台帳上の外国人登録者数の78％に当たる9万6,395人が日本の学校に在籍しており、外国人学校等に通う者は5,004人（4％）、小中学校に通う年齢にも関わらずどこにも就学していない不就学が1000人（1％）に、不就学者の含まれている可能性のある者が2万1,701人（17％）いることが分かった。

　このおよそ2万人の不就学の可能性のある外国人の子どもたちの存在は、社会に驚きを与えた。対応策を求める声が新聞各紙でも見られた上[3]、「外国人

表２　義務教育段階の年齢相当の外国人の子どもの就学状況（2019年５月１日時点）

	就学調査対象人数（計）	就学		不就学	不就学者が含まれている可能性あり				住民基本台帳上の人数
		①義務教育諸学校	②外国人学校等	③不就学	④出国・転居（予定含む）	⑤就学状況確認できず	⑥（参考）住民基本台帳上の人数と就学調査対象人数の差		
小学校相当（人）	80,451	68,246	3,361	648	2,220	5,976	6,746		87,164
中学校相当（人）	33,763	28,149	1,643	352	827	2,792	3,140		36,885
合計　　　（人）	114,214	96,395	5,004	1,000	3,047	8,768	9,886		124,049
住民基本台帳上の人数を100とした割合		78%	4%	1%	2%	7%	8%		100%

（文部科学省「外国人の子供の就学状況等調査結果（速報）」（2019年９月27日）に基づき作成）

児童生徒等の教育の充実に関する有識者会議報告書骨子（案）」（2020年１月公表、以下、骨子案とする）の中にも「約２万人の外国籍の子供が不就学又は就学状況が不明となっている実態を踏まえ、不就学の子供を就学に結びつけるための取組が必要」と記載された。

（２）日本の学校に通う子どもたち

　文部科学省が２年に一度実施している「日本語指導が必要な児童生徒の受入状況等に関する調査（平成30年度）」の結果によると、2018年５月１日時点で、日本語指導が必要な小学校・中学校・高等学校・義務教育学校・中等教育学校・特別支援学校の児童生徒数は、過去最高の５万759人（外国籍４万485人、日本国籍１万274人）であった。この日本語指導が必要な児童生徒のうちの外国人児童生徒に関するデータをまとめたものが表３である。全公立学校に在籍している外国人児童生徒の43.5％が日本語指導を必要としていることや、日本語指導を必要とする外国人児童生徒の約２割が日本語の補習などの特別な指導を受けられていないことが分かる。また2014年から日本語指導の質の向上・充実が期待される「特別の教育課程」[4]による日本語指導が可能となったが、「特別の教育課程」による日本語指導を受けている外国人児童生徒は６割であることが分かった。

　さらに、日本語指導が必要な外国人児童生徒のうち、年齢相当の学年よりも

表３　公立学校に在籍する外国籍児童生徒数と日本語指導が必要な外国籍児童生徒数
　　　（2018年５月１日時点）

	小学校	中学校	高等学校	義務教育学校	中等教育学校	特別支援学校	合計
日本語指導が必要な外国籍の児童生徒数：① （人）	26,092	10,213	3,677	185	41	277	40,485
①のうち、日本語指導等特別な指導を受けている児童生徒数：② （人）	21,459	7,885	2,470	153	17	122	32,106
①における②の割合	82.2%	77.2%	67.2%	82.7%	41.5%	44.0%	79.3%
②のうち、「特別の教育課程」による指導を受けている児童生徒数：③ （人）	14,366	4,671		121	17	16	19,191
②における③の割合	66.9%	59.2%		79.1%	100.0%	13.1%	59.8%
公立学校に在籍している外国籍の児童生徒数：④ （人）	59,094	23,051	9,614	326	151	897	93,133
④における①の割合	44.2%	44.3%	38.2%	56.7%	27.2%	30.9%	43.5%

※「特別の教育課程」は、小学校及び中学校において編成・実施が可能であり、③については中等教育学校の後期課程及び特別支援学校の高等部は含まれていない。（文部科学省「『日本語指導が必要な児童生徒の受入状況等に関する調査（平成30年度）』の結果について」及び「学校基本調査」に基づき作成。）

　「一時的」もしくは「正式に」下学年に受け入れた人数と、学齢を超過してから受け入れた人数を示したのが、表４である。表３の①で示された日本語指導が必要な外国人児童生徒のうち、５％に相当する子どもたちが、下学年もしくは学齢超過で受け入れられている。年齢主義が当然だと思われがちな公立学校であっても、外国人に関しては必ずしもそうではないことが分かる。

表４　日本語指導が必要な外国人児童生徒の下学年での受入れ・学齢超過者の
　　　受入れ状況（2018年）

	小学校	中学校	義務教育学校	中等教育学校	特別支援学校	合計
年齢相当の学年よりも「一時的に」下学年に受け入れている外国籍の児童生徒数	129	40	0	0	1	170
年齢相当の学年より「正式に」下学年に受け入れている外国籍の児童生徒数	386	713	10	2	4	1115
学齢を超過してから受け入れた外国籍の児童生徒数	35	658	85	0	1	779

（文部科学省「日本語指導が必要な児童生徒の受入状況等に関する調査」（平成30年度）の結果に基づき作成）

（3）外国人の子どもの教育支援の方向性

　上述の2020年1月の骨子案の中で、これまでの文科省の施策について、「義務教育段階における指導体制の構築を目的とした内容が中心」であったが、その一方で「外国人児童生徒等が社会で自立していくためには、就学前段階や高等学校段階、更には、高等学校卒業後も見据えた体系的な指導・支援が必要」であり、また外国人児童生徒等の在籍状況や各地方公共団体の財政状況等の違いなど様々な事情により、外国人児童生徒に対する指導体制には差があるという課題認識が示された。

　そのような従来の施策や課題を踏まえて作られた骨子案の特徴は、包括的・総合的な施策という点である。小・中学生だけではなく、幼児から高校生までの長いスパンで系統的な施策を打ち出しているのに加え、障害のある外国人児童生徒や学齢超過者など、従来見過ごされがちであった存在の人々に対する支援を考慮している。さらに、もう一つの特徴は、行政による積極的な介入である。就学状況を把握できない家庭や不就学の子どもの家庭訪問などを盛り込んだのである。振り返ってみると、就学義務のない外国人の家庭に対する就学を促すための取組みとして学校や教育委員会ができることは限られていた。その中心は、入学希望者が教育機会を逸することがないように1991年以降始まった就学案内の送付である[5]。しかし、2019年5月時点の調査で、就学案内さえも送付していない地方公共団体が37.3％（649団体）あり、さらに就学状況が不明または不就学の外国人の子どもに対する状況把握や就学促進のための取組みを特に実施していないと答えたのが65.3％（1,137団体）あった[6]。この状況を鑑みると、就学を希望していない（もしくは不明の）外国人家庭に教育委員会から積極的に連絡を取るということは、これまでの「外国人家庭からの連絡待ち」に応じるだけだった多くの自治体にとっては、今が支援の考え方の転換期ともいえるかもしれない。

　そのような受入れ姿勢の変化は、外国人の下学年への受入れや学齢超過者の受入れ対応に関する局長通知の中にも現れている。2009年3月に発出された文部科学省初等中等教育局長通知（20文科初第8083号）で下学年への受入れなど柔軟な対応が自治体に求められたものの、地方自治体の教育委員会では、「日本人の生徒との不公平感を生む」や「現場が混乱する」などを理由に下学年編入や学齢超過者の受入れをしない自治体は珍しくなかった[7]。しかし、かつて原則として年齢相当の学年にしか受け入れないとしていたが、2020年現在で

は、外国人生徒の場合、日本語能力などを鑑み卒業後の進路開拓（高校入試等）に備えるために中学校３年生での公立学校への編入は基本的に下学年である中学２年生として受け入れるようにした自治体も出てきている。このように、国の示した方向で徐々に円滑な編入が地方自治体でも受け止められるようになっていると思われる。

　さらに昨今では、国がより丁寧かつ柔軟な対応を学校に求めている。例えばこの下学年編入に関する部分だけをみても、その姿勢は、2019年３月15日付で発出された文科省総合教育政策局長通知（30文科教第582号）の中でも明確に示されている。2009年の通知（20文科初第8083号）と同様に、一時的又は正式に下学年への入学を認める取扱いとすることが可能であるとした上で、さらに「上記の取扱いに加え、進級及び卒業に当たり、保護者等から学習の遅れに対する不安により、進級時の補充指導や進級や卒業の留保に関する要望がある場合には、補充指導等の実施に関して柔軟に対応するとともに、校長の責任において進級や卒業を留保するなどの措置をとるなど、適切に対応する必要があること。上記の取扱いに当たっては、言語、教育制度や文化的背景が異なることに留意し、本人や保護者に丁寧に説明し、十分な理解を得ることが必要であること」（下線は筆者）と続く。本人や保護者の意向を汲み取った対応がこれからは一層学校に求められていることが分かる。

２．外国人の子どもの教育を考える上での論点
（１）外国人の就学は義務化すべきか
　前節１で見てきた通り、外国人の子どもたちへの支援策は、日本の学校教育での就学を促進し不登校状態で放置される子どもたちをなくすために、指導者の専門性を高め、より積極的な関与・介入を伴う形で進められていきそうである。本稿では不就学のメカニズムや不就学の子どもたちの実態については紙面の関係上触れることはできないが、教育を受けないことによる子どもたちの不利益や人権侵害が生じていることは明白である（詳しくは佐久間（2006）、宮島（2014）、小島（2016）等を参照）。「外国籍の子どもの不就学問題は、就学義務制度のあり方を考える上で欠かせない」（江澤2010：47）との声に示されるように、外国人の就学の義務化を議論の俎上に載せるのは自然な流れであろう。

　しかし、外国人にも単に日本の学校への就学を徹底させれば解決するという

問題ではない。外国人の子どもの就学の義務化について法的諸問題を整理した楠本（2008：37-38）は「義務化することによって教育委員会と小・中学校による外国人の子どもの就学を促す努力は強められるだろう。しかし、『日本国民のための教育』というその性格を変えることなく義務化することは、今以上に日本的学校文化への同調を外国人の子どもに強いる恐れがある」と義務教育を外国人に適用することの両義性を指摘している。そのため、外国人の就学義務化に関しては、日本の学校だけを就学として見なすのではなく、外国人学校での就学も含めるべきとする意見も多い。例えば、「外国人の就学義務化の議論では、義務教育の学校を学校教育法で定めた一条校に限定せずに、外国人学校を含めた多様な学校から保護者が選択できるようにすることは、絶対条件である」（小島2016:167）や、「外国人学校の就学を含めた就学義務の解釈見直しが不可欠である」（渡辺2017：99）、一条校だけでなく「多様な学校への就学義務や家庭教育に対する教育を受けさせる義務の具体化が検討される必要がある」（近藤2019:205）など、外国人の就学を義務化するのならば、外国人学校への就学を中心にフリースクール、ホームスクーリングなど多様な教育機会が、就学義務の履行と見なされるのかの検討が求められている。本稿では次項以降、外国人学校に焦点を当て、外国人学校への就学が義務として見なされうるものかどうか考えていく。

（2）外国人学校の法的位置づけ

外国人学校という呼称は、「日本の中では、『主として外国籍の子どもを対象とする』学校が外国人学校を呼びならわされてきた」（志水2014：10）。長い歴史を持つ中華学校や朝鮮学校、韓国学校やインターナショナルスクール、90年代以降急増した後に大幅に減少したブラジル人学校など多様な外国人学校が存在する。

しかし、正確な外国人学校の数は判然としない。外国人学校については法令上の特段の規定がないため、各種学校から無認可校まで含めたすべての外国人学校を所管する国や地方自治体の部局はなく、行政は一部しか把握していない。いくつかの数字を並べてみると、2011年5月時点で127校の外国人学校が各種学校として認可されていた[8]。志水（2014：12）は2013年の時点で「全国に200校あまりの外国人学校が存在していると考えてよいだろう」と予測し、小島（2016）は「百数十校におよぶ歴史も規模も言語もさまざまな外国人学校が実在する」と記述している。

　外国人学校については、法令上の特段の規定がない。そのため、①外国の政府による認可、②国際バカロレア（IB）などの国際的な評価機関の認証、③日本の各種学校としての認可の有無によって、学校に対する補助金や税制上の優遇の有無のほか、卒業後の上級学校への受験・入学資格の有無、通学定期券の購入の可否などが異なる。どこからも認可を受けていなければ、単なる私塾扱いの無認可校である。

　この外国人学校には法的位置づけがないことを問題視する専門家は少なくない。例えば、「憲法26条が規定する教育を受ける権利や普通教育への就学義務は原則として外国人にも及ぶと解するならば、外国人学校を公教育の体系の中に位置づけることなく放置している現行の学校教育法は違憲と言わざるを得ない」（楠本2008：40-41）や、外国人の子どもにとって「大切な『学び舎』であり、『居場所』でもあるがゆえに、『子どもの利益』の実現を最大限に考えた」外国人学校の「法的位置づけの確立が必要である」（小島2016:127）などの意見である。

　近年では、各種学校の外国人学校から一条校になった学校もあり[9]、一条校である私立学校として外国人学校を位置付けることを提唱する意見（渡辺2017など）のほか、外国人学校の法的位置づけを「可及的速やかに行い、国の責任において基準を設けて、少なくとも私立学校並みの公的支援を行うことが必要」（楠本2008：41）のように、外国人学校を、早急に一条校と同等の正規学校として法的位置づけを行うことを提唱する声も増えてきている。

（3）「すべての」外国人学校は教育施設として適切か

　外国人学校が実際的に子どもたちの教育の場として機能しており、義務教育諸学校と同等の役割を果たしているのならば、外国人学校に法的位置づけを与え、安定した学校運営が維持できるように公的に補助するのは当然のように思われる。

　しかし、ここで注意しなければならないのは、このような外国人学校の正規化の議論の中では、あらゆる外国人学校を大括りにして一つの「外国人学校」というカテゴリーで語ってしまいがちな点である。例えば中島（2014：384）は「外国人学校の内部に境界を作り新たな差別を生み出すようなものであってはならない」と言い、外国人学校の正規化について「すべての外国人学校に適用して振興していく」ことの益を説く。しかし、「すべての外国人学校」を一枚岩のように扱うことは果たして可能だろうか。

　現状では法的位置づけがないので、どこでも「外国人学校」と名乗ることは自由であり、どんな内容をどうやって誰が教えようが自由である。これに関して渡辺は「外国人学校と称される施設のなかには、単に子どもを預かるだけのような場所もあるようである。外国人の子ども及びその保護者の多様な学習ニーズを勘案すれば、具体的な教育内容等も度外視して、一義的に外国人学校を一条校もしくはそれと同等に扱うべきだとするのも背理であろう」（渡辺2017：101）と指摘しているが、筆者も同意見である。

　外国人の子どもの教育において重要な母語・母文化保障やアイデンティティ形成という点において、また将来の進路先として出身国をはじめとする外国を想定する家族にとって、外国人学校には一条校とは異なる独自の特色を生かした教育が期待される。この点においては、すべての外国人学校は一定の役割を果たしているといってもよいだろう。

　しかし、学校が果たすべき役割は、居場所や母語・母文化、アイデンティティ保障だけではない。同時に、学力形成、身体的発達といった面において教育施設として機能しているかも、外国人学校には求められるべきものであるはずである。にもかかわらず、外国人の就学義務や、外国人学校の就学を義務教育として認めるか否かの議論においては、学力形成などの観点から外国人学校の質を問うことはあまりなされない。

　前掲表2の文科省「外国人の子供の就学状況等調査」（2019）で「就学」としている外国人学校等には各種学校認可の有無は関係がない。たとえどんなに教育機関とはいいがたい状況であったとしても、外国人の子どもを主に受け入れて外国人学校を名乗る限りは調査統計上はその外国人学校への通学は「就学」として扱われる。果たして、それで本当に外国人の子どもたちが就学しているといえるのだろうか。さらに言えば、この調査では外国人学校等を「我が国に居住する外国人を専ら対象として我が国の義務教育諸学校の段階に相当する組織的・体系的な教育を行う施設」としているが、「組織的・体系的な教育」を行っているかどうかを市町村自治体は検討した上で回答しているのか。おそらくそのような判断するための調査をしているところは現時点ではあるまい[10]。

　外国人学校の質を問う場合、一つの目安されるのが認可の有無である。認可を得ているということは、少なくとも何らかの基準を満たしているということであり、教育施設として一定の質が保障されていると信用されるだろう。

　しかし認可する団体や基準によって、認可する際には基準があっても、一旦認可された後の定期的な検査の在り方によっては提供する教育の質が維持できない場合もありうるし、また申請から認可までのプロセスに長い時間がかかるとその間に施設体制が変わってしまう場合もある。

　例としてブラジル政府によるブラジル人学校の認可状況を電話調査で調べたところ、A校は10年以上前にブラジル政府の認可を受けたが、当時と比べ現在では在籍者数も教員数も激減し施設も移転・縮小し状況が極端に変わったけれども、一度得た認可は取り消されることなく通用している。また現在認可申請中のB校に電話で尋ねたところ、申請してからすでに一年以上過ぎたがまだ認可の審査が終わっていないが、この審査期間中に学校所在地や教員などに変更があり再申請しなければならないとのことであった。しかしB校はブラジル人学校の中では大規模校で昨年の卒業生の中には学校の修了証が認められてブラジルで大学進学をした者もおり、ブラジル政府の認可を取得していなくても本国で認可校と同等に扱われている。さらに、C校は、自治体による調査ではブラジル政府認可取得となっているものの、ブラジル大使館が公表しているブラジル政府の認可校一覧には掲載されていないなど、情報が錯綜している[11]。このように外国政府からの認可があるということだけで教育の質が高く、認可がないと質が低い、といった単純判断はできないのである。

おわりに

　以上より、外国人学校間には規模や実践内容など質に関わる部分でも大きな違いがあり、一律に全ての外国人学校が就学に値する学校と見なすというのは危険であるといえる。各外国人学校が果たして教育機関としての責任を全うできているのかを、誰かがチェックして適否を判断することが必要となる。

　では、誰が外国人学校の何をどのようにチェックし、判断するのか。外国人学校のユニークな教育内容を同化主義的な視点で判断し否定するようなチェックであってはもちろんならない。これは、外国人だけが対象となっている外国人学校だけの問題ではないのだ。日本の一条校も含めて、私たちは子どもたちにどのような力を獲得してもらいたいのか、それは、学校でないと習得できないのかを考える必要がある。そして、習得できたかどうかの確認なく進級していく現在の年齢主義の義務教育でいいのかを検討しなおす時期が来ているのではないだろうか。

　この外国人学校の問題に関しては、実は認可外保育施設の状況とよく似た部分があるように感じる。どちらも外国人の子どもを対象とする教育を行うことや乳幼児の保育をするという施設としての目的は明確であるが、作られてすぐ消えてしまう施設も少なくない[12]。もちろん中には質・量ともに日本の学校や保育施設と遜色のない施設もあるが、他方で劣悪な環境や指導者の専門性・人員確保に問題のある施設もあり、一言で「外国人学校」や「認可外保育施設」といっても質に大きな差がある。法令上の位置づけがない、という点でも両者は似ている。

　しかし、認可外保育施設の質に関しては、時間をかけて徐々に状況が変わってきている。認可外保育施設については、元々1981年に児童福祉法改正で立入検査の権限が行政庁に与えられ、2001年に厚生労働省が「認可外保育施設指導監督基準」を作成し、それに基づいて都道府県が監査を行うようになっていたが、2019年10月の保育無償化の対象に認可外保育施設が含まれるまでは、ほとんどその監査結果は公表されてこなかった。無償化以降、ようやく認可外保育施設監査結果の詳細を公表する自治体が増えている[13]。

　この認可外保育施設の質改善・維持の仕組みは、認可外保育施設内での死亡事故や保育ニーズの高まりがきっかけとなり、全くの野放しの状態から作られてきた。保育施設である以上求められる保育とは何かを国が示した認可外保育施設指導監督基準や、都道府県への届出の義務、都道府県の認可外保育施設への権限強化（立入検査、監督指導、改善されない場合の業務停止や施設閉鎖命令等）などは、外国人学校を含めた一条校以外の教育施設での学びが、就学義務として認められる可能性を拓く参考になるのではないだろうか。

　外国人学校を法的に位置づけをするということは、外国人学校が満たすべき基準を明確にしなければならないが、それは「外国人学校に対して」求められる基準ではなく、「子どもが学ぶ場所に対して」求められる基準という視点が必要である。これは、つまり学校で学ぶこと・学ぶべきこととは何かが問われているのであり、就学義務のあり方が根本から今問われているのである。

　注
（1）文科省はこの外国人の子どもの教育を受ける権利の保障に関する立場を2008年6月の「外国人児童生徒教育の充実方策について」で明文化した（佐久間2014：36-37）。

（2）この「外国人の子供の就学状況等調査」は、調査基準日である2019年5月1日時点で、各地方公共団体が把握する情報に基づき可能な範囲で回答を求めたものであり、学校や各家庭への改めての照会は依頼していない上に、義務教育諸学校においては下学年での受入対応等により年齢相当とは異なる学年・学校種への在籍状況を回答している場合があるため、同一の調査基準日で実施された学校基本調査の結果と異なっている（学校基本調査では、本調査の義務教育諸学校に在籍する外国人児童生徒数は9万2461人であったのに対し、本調査では、9万6395人であった）。

（3）朝日新聞「外国人の就学　社会の姿勢が問われる」（2019年10月4日付）や、中日新聞「外国人不就学『学びの保障』に本腰を」（2019年10月7日付）、東京新聞「外国籍の就学支援強化　政府、自治体へ名簿作成促す『義務化必要』の指摘も」（2020年1月8日付）など。

（4）2014年4月1日より学校教育法施行規則第56条の2、第79条、第108条及び第132条の3に基づき、小学校、中学校、中等教育学校の前期課程又は特別支援学校の小学部・中学部では、児童生徒が学校生活を送る上や教科等の授業を理解する上で必要な日本語の指導を、「特別の教育課程」として在籍学級以外の教室で行う（原則「取り出し指導」する）ことができるようになった。それまでの学校における日本語指導は、教育課程上に位置づけもなく、誰が何をどう行うかについて一切の規定はなかったが、「特別の教育課程」制度が日本語指導に導入されたことで指導者や授業時間数、指導形態、指導場所、指導計画の作成や学習評価の実施などに一定の基準が明示され、教育課程として位置付けられるようになった。この「特別の教育課程」制度導入の経緯や制度実施状況等については小島（2015）に詳しい。

（5）1991年に日韓覚書で「日本人と同様の教育機会を確保するため、保護者に対して就学案内を発給する」という方針が明文化され、それを他の外国人にも準用することを文科省が通知して以来、就学義務のない外国人家庭に対して、日本の学校への就学案内が送付されるようになった。

（6）文部科学省「外国人の子供の就学状況等調査結果（速報）」2019年9月27日発表。

（7）詳しくは二井（2016）参照。

（8）文部科学省　外国人学校の各種学校設置・準学校法人設立の認可等に関する調査委員会「2.1　インターナショナルスクールとブラジル人学校の現状」https://www.mext.go.jp/b_menu/shingi/chousa/kokusai/011/attach/1319310.htm（最終閲覧2020年3月10日）

（9）各種学校としての外国人学校（韓国学校）であった京都韓国中学は、2004年に一条校の私立中学・高校として認可され校名を京都国際中学高等学校に変更した。日本の一条校であると同時に、韓国政府からも正規学校として認可され、両国の卒業資格を得られる。（京都国際中学高等学校ホーム

ページ参照）

(10) ただし、外国人学校の教育の実態把握に努めているところもある。愛知県は2017年から毎年「愛知県内のブラジル人学校に対する調査」を実施している。調査内容は年々増え、2019年度調査では、2019年5月1日時点でのブラジル人学校の在籍状況や授業科目、学校の認可状況（ブラジル本国の認可と日本の各種学校認可）、経営状況、学校内の使用言語、特別支援や転出入・不就学状況、卒業後の進路、日本語学習、健康診断、地域連携などについて、調査票の送付および直接訪問してヒアリング調査を実施している。(愛知県県民文化局県民生活部社会活動推進課 多文化共生推進室「2019年度『愛知県内のブラジル人学校に対する調査』についての報告（詳細）」2020年2月公表) https://www. pref. aichi. jp/uploaded/attachment/324881.pdf（最終閲覧2020年3月5日）

(11) ブラジル人学校C校に電話でブラジル政府による認可取得状況について問い合わせたが、回答を拒否されたため事実は確認できなかった（2020年X月時点）。

(12) 外国人学校の例では、文科省「我が国において、高等学校相当として指定した外国人学校一覧（平成31年3月28日現在)」で示された「12年以上の課程で廃校となったもの」欄の14校のうち、一条校として再出発した京都韓国中学を除くブラジル人学校13校は既に無く、しかも短いところでは1年も課程を維持していなかった。また、認可外保育施設については、筆者が2018年に認可外保育施設調査を行った際、自治体が半年前に作成した施設一覧に基づき質問紙を郵送したが、ネット上には一覧には未掲載の開園したての施設のページがいくつも見つかる一方で、一覧には掲載されていても宛先不明で未配達のものが複数あったことが、開閉園の多さを示していた。

(13) 例えば愛知県では園名や改善指導内容と改善状況（未改善・改善中など）の詳細を記載した「令和元年度認可外保育施設実施指導調査結果」が2020年2月に初めて公表された。

参考文献

江澤和雄（2010）「就学義務制度の課題」『レファレンス』712、29-52

小島祥美（2015）「特別の教育課程導入と外国人児童生徒の教育」『移民政策研究』第7号、56-70

小島祥美（2016）『外国人の就学と不就学—社会で「見えない」子どもたち』大阪大学出版会

近藤敦（2019）『多文化共生と人権—諸外国の「移民」と「日本の外国人」』明石書店

楠本孝（2008）「外国籍の子どもの就学義務化をめぐる法的諸問題」『日本の科

学者』43(9)36-41

宮島喬（2014）『外国人の子どもの教育―就学の現状と教育を受ける権利』東京大学出版会

中島智子（2014）「外国人学校のトランスナショナリティと教育政策の課題」志水宏吉・中島智子・鍛冶致編『日本の外国人学校―トランスナショナリティをめぐる教育政策の課題』明石書店、371-387

二井紀美子（2016）「日本の公立学校における外国人児童生徒の就学・卒業認定基準問題」園山大祐編『岐路に立つ移民教育―社会的包摂への挑戦』ナカニシヤ出版、21-35

佐久間孝正（2006）『外国人の子どもの不就学―異文化に開かれた教育とは』勁草書房

志水宏吉（2014）「社会のなかの外国人学校、外国人学区のなかの社会」志水宏吉・中島智子・鍛冶致編『日本の外国人学校―トランスナショナリティをめぐる教育政策の課題』明石書店、7-22

渡辺暁彦（2017）「外国人の子どもの就学と外国人学校の法的地位」『ジュリスコンサルタス』25号、関東学院大学法学研究所、87-106

（愛知教育大学）

特集1：学校制度の臨界を見極める

ICTから考える学校教育の「臨界」
——小学校プログラミング教育必修化と「デジタル教科書」への視点を中心に

村上　純一

1．はじめに

　「GIGAスクール構想」だそうである。「Global and Innovation Gateway for All」の頭文字を取って「GIGA」とのことだが[(1)]、DVDやUSBメモリといった記録メディアの容量を表す単位として頻繁に見聞する言葉と同音であることは、ただの偶然ではないであろう。

　2019年12月5日に閣議決定された「安心と成長の未来を拓く総合経済対策」の中で、「学校における校内LANの整備推進」や「2023年度までに義務教育段階で児童生徒が1人1台端末を所持し、十分に活用できる環境を実現すること」などが謳われたことを受けて、文部科学省は2019年12月19日に「GIGAスクール実現推進本部」を設置、総務省や経済産業省といった関係他省庁や民間企業とも連携しながら、学校におけるICT[(2)]環境の整備、ICT利活用の促進を図ろうとしている。紙幅の関係もあり「GIGAスクール構想」の詳細は本稿では割愛するが[(3)]、同構想では「児童生徒が1人1台端末を持つ環境」を「令和時代のスタンダードな学校」の姿とし、ICT環境の大幅な拡充を進めるとしている。

　この「GIGAスクール構想」に象徴されるように、学校現場ではICT環境の整備が急速に進められており、そのスピードは今後より一層加速することが推察される。その中では電子黒板やデジタル教科書に代表されるハード面の変化のみならず、遠隔授業やいわゆる反転授業のように、教育活動のあり方に変革をもたらそうとする動きもみられる。そうした先進的なICTを活用した教育のあり方はいつしか、EducationとTechnologyを組み合わせた「EdTech（エドテック）」という言葉でも語られるようになっている。ICTの「日進月歩」を実感する場面の1つとしても、教育は非常に有効な分野であるといえよう。

　しかし、こうした科学技術の進進、ICT 環境の発展に伴う教育の変化はいずれも諸手を挙げて歓迎できるものであるかというと、そこには注意が必要である。予てから言われていることであれば、TV ゲームに熱中する子どもの視力の低下や生活リズムの乱れなどは「ICT 化の負の側面」のはしりともいえる現象であろう。また、昨今の大学の教室に目を転じてみると、受講生がスマホから発信した意見や質問がリアルタイムで教室のスクリーンに表示されるという光景も珍しくなくなっており、そうした機能・設備を独自に整備している大学も少なからず見られるが、こうした機能と塾や予備校でしばしば行われている衛星授業とを組み合わせれば、そもそも受講生と担当教員が1つの教室に一堂に会する意味がどれほどあるのかという問いが浮かんできても不思議ではない。ICT の発達、科学技術の進展が教育や学校のあり方に鮮烈なパラダイムシフトを起こす可能性も十分に考えられるところである。

　こうした点を踏まえ、本稿は特に ICT の観点から学校教育の「臨界」を考えることを主題とするものである。ICT の発展がもたらす学校教育の変化に内在する様々な可能性について、「光」の部分のみならず「陰」の側面にも留意しながら、視点・論点の抽出を中心に考えていきたい。以下、まず本稿における「臨界」の捉え方を簡単に整理したのち、ICT と関連する近年の学校教育の様々な変化の中でも特に「プログラミング教育」と「デジタル教科書」に着目して、ICT を通じて炙り出される学校教育の「臨界」を考える。そして最後に、ICT に関わって学校教育がつくり出す「臨界」についても考えてみることにしたい。

2.「臨界」の概念と「教育と ICT の関係」の整理
（1）本稿における「臨界」の考え方

　まずは、教育の議論の中で必ずしも頻繁に見聞するものではない「臨界」という概念について、本稿におけるその理解を整理しておきたい。

　教育との関係で、比較的「臨界」という概念がよく用いられるのは言語学習の分野である。特定の行動の習得が生後一定時間のみ可能であるという生物学における「臨界期」の概念を援用し、第2言語の習得に向けたあり方を研究する植松（2006）、小学校英語における音声指導の重要性を考える太田（2012）等が先行研究としては挙げられる。教育と ICT に関しても勿論、こうした生物学的「臨界期」の概念に着目して、たとえばどのようなプログラムをどのく

らいの年齢までに学ぶことが効率的・効果的なスキル習得に繋がるかといった点を考えることは可能である。しかし、そうしたICT活用に関する人間の能力発達のようなテーマに対して筆者は門外漢であり、またそのような観点で今日の教育政策の妥当性を検証できるだけの必要十分なデータも管見の限り見当たらないため、本稿ではこのような観点からの考察は行わない。

ここで一旦教育を離れて、「臨界」という言葉を頻繁に見聞する分野・トピックを想起してみると、おそらく多くの人の頭に浮かぶのは核・原子力の分野であろう。1999年9月30日に茨城県東海村の核燃料加工施設で発生した「臨界」事故や、東日本大震災における東京電力福島第一原子力発電所事故での「再臨界」の危険性など、少なくとも現時点での人知では制御しきれない原子力エネルギーの脅威を「臨界」という言葉とともに実感した人は少なくないはずである。こうした核・原子力における「臨界」は、辞典（『大辞泉』）では「核分裂連鎖反応で、中性子の生成と消失とが均衡状態になること。核分裂連鎖反応が一定の割合で継続するようになること」と説明されている。すなわち、一度生じ始めた反応が、いくら時間が経過しても収束することなく継続し続けることと理解できるであろう。

このように、生物学での「臨界」にせよ、原子力での「臨界」にせよ、共通するのは「そこを超えるともうそれ以前には戻れない」、いわゆる 'Point of No Return' であるということである。それを最も端的に表す「臨界」の説明のひとつとして、西谷（2000）の「それを境に物質の形状や性質が変化を起こす局面」（同書 p.135）が挙げられよう。何かの形や性質が変化する境目、転換点を示す概念が「臨界」である[4]。本稿でも以下、ICTによって学校教育のあり方が従来とは全く異なるものに変化する「転換点」として「臨界」を理解したい。

（2）教育とICT

ここで、学校教育におけるICTの扱いに関して、山内（2017）に依拠してその視点を整理しておきたい。

同書では、学校教育におけるICTの扱いは、大きく2つの形態に分類されるとする。1つはICT機器を教材・教具として利用する、すなわち既存の教科・領域を学習する際のより洗練・高度化されたツールとしてICTを用いるというものである。そしてもう1つは、プログラミング教育のための利用、すなわちICT機器を補助的な教具・教材として使用するのではなく、それ自体

を使いこなすことに主眼を置いた教育である。前者において ICT は何かを学ぶための手段・道具であるのに対し、後者では ICT を使うことそれ自体が学びの主目的になっているという違いがある。以下ではこの２つの視点に基づき、それぞれに付随する学校教育のあり方の「臨界」を考えていきたい。ここまでの順序とは前後するが、まずプログラミング教育すなわち ICT 利活用の仕方それ自体を学ぶことを目的とした教育について、そののち教材・教具としての ICT 利活用について、それぞれの「臨界」を考えていくこととする。

３．プログラミング教育と学校教育の「臨界」
（１）教育課程における ICT 教育の変遷

　2020年度から本格実施となる小学校の新しい学習指導要領において、新たにプログラミング教育が必修化されたことはよく知られているところであろう。このプログラミング教育必修化も念頭に置きつつ、まずは簡単に教育課程における ICT 教育の変遷を整理しておきたい。

　遡ってみると、ICT 教育が初等中等教育の教育課程の中に独立した教科として設けられたのは1999年改訂学習指導要領において高等学校に「情報」が設けられたのが初めてのことであり、その歴史は決して長いものではない。領域でいえば、1989年改訂学習指導要領において技術科の領域の１つに「情報基礎」が設けられているが、ICT 教育が１つの独立した教科としての位置を占めるのは時代が間もなく21世紀を迎えようとする頃、現在から遡って僅か20年少々前のことである[5]。

　この後、学習指導要領は2003年の一部改正を挟んで2008／2009年に大規模な改訂がなされることになるが、ここでも ICT 教育が行われる教科としては高等学校に「情報」が置かれたのみであり、義務教育段階においては、引き続き中学校技術・家庭科の領域に「情報」が位置づけられているのみである。ただし、高等学校情報科は1999年改訂学習指導要領では「情報 A」、「情報 B」、「情報 C」の３科目構成であったところ、2009年改訂学習指導要領では「社会と情報」、「情報の科学」の２科目へと構成の見直しが行われている。また、こうした教科・領域を設定することの背景として、1998／1999年改訂では「情報社会に主体的に対応する能力の形成」が謳われていたところ、2008／2009年改訂では「主体的な情報の発信・伝達」や「情報モラル教育の重要性」などへの言及が見られ、内容の深化が求められていることが窺えるものとなっている

（日本教育方法学会編2011、田中・水原・三石・西岡2011）。

　ここまでの教育課程上のICT教育の位置づけと比較すると、新しい学習指導要領(6)では大きな変化の可能性がみられることになる。教科・領域に限れば大きな変化はみられないが、既述のとおり、この新しい学習指導要領では小学校において「プログラミング教育の必修化」が盛り込まれている。次にこの「プログラミング教育必修化」について、項を改めて検討していくことにしたい。

（2）プログラミング教育必修化が学校教育の「臨界点」となる可能性

　新しい学習指導要領における「小学校でのプログラミング教育必修化」について、義務教育段階、それも小学校段階での必修化という点もこれまでのICT教育とは異なる部分として注目されるところであるが、その点のみならず、現時点で例示されている具体的な教育活動の内容においても、学校教育のあり方そのものを従来とは大きく転換させる可能性が見て取れることになる。ここではその点を述べていくことにしたい。

　まず簡単に、新学習指導要領での「小学校プログラミング教育必修化」に至る流れを整理しておきたい。新学習指導要領は2016年12月21日の中央教育審議会（以下「中教審」）答申「幼稚園、小学校、中学校、高等学校及び特別支援学校の学習指導要領等の改善及び必要な方策等について」において基本方針が示され、小学校のものは2017年3月に告示された(7)。このうち中教審答申では2016年6月にまとめられた文部科学省有識者会議(8)の「小学校段階におけるプログラミング教育の在り方について（議論の取りまとめ）」も踏まえつつ、「プログラミング的思考」を学ぶことの重要性が述べられている。小学校段階における内容としては「教科等における学習上の必要性や学習内容と関連付けながらプログラミング教育を行う単元を位置付けること」が述べられており、その後告示された学習指導要領においても、総則に記されたプログラミング教育関連の内容は要約すると「情報通信技術・手段を適切に活用した学習活動の充実」や「文字入力など基本的な操作を習得するための学習活動」、「プログラミングを体験しながら論理的思考力を身に付けるための学習活動」といったものになる。数ある小学校の教育活動におけるコンテンツのいくつかにプログラミング教育やその背景にある思考法を盛り込むという趣旨が、少なくとも新学習指導要領告示までの段階においては読み取れることになる。

　しかし、その後の政策展開からは、プログラミング教育がそうした「数ある

コンテンツのいくつか」には留まらなくなる可能性が見て取れる。文部科学省は2018年3月30日に「小学校プログラミング教育の手引」を作成・発表し、同年11月6日に第2版、2020年2月18日には第3版と、新学習指導要領の本格実施に向け短期間にその改版を重ねてきている[9]。そして、本稿執筆時点（2020年2月末）での最新版である第3版においては、小学校におけるプログラミング教育の具体例として、算数の時間で用いる「正多角形を作図するためのプログラム」や理科の電気の分野における「通電を制御するプログラムの作成」などが挙げられている。また、同手引では総合的な学習の時間での関連した学習活動の例として自動車メーカーやインターネット関連企業と連携した授業が紹介されているほか、「未来の学びコンソーシアム」[10]に言及する中では「授業で使いやすいプログラミング教材の充実」や「それらを活用した実践事例の蓄積・普及」への期待も語られている。さらに、「プログラミング教育全体において児童がコンピュータをほとんど用いないということは望ましくない」という記述もなされている。

　こうした新学習指導要領告示後の動向に鑑みたとき、小学校において必修化される内容はもともと企図されていた「プログラミング的思考」ではなく、実際にコンピュータを操作しながらの「プログラミング」そのものに重点が変わってきていることを見て取れるのではなかろうか。この変化の中では、プログラム作成を行えるスキルは算数において図形を描いたり、理科の授業で実験を行ったりするための必要条件になることも考えられる。そうすると、各教科の学習とプログラミングの学習、より重要度が高いのはどちらになるであろう。四則演算ができなければ社会科や理科の学習にも支障が出る。文字の読み書きができなければいずれの教科の学習も困難になる。いわゆる「主要教科」が「主要教科」たり得ることには理由があると考えると、プログラミングのスキルが各教科の学習における必要条件となったとき、現状の「教科」という枠組みとその1つのコンテンツとしての「プログラミング」の主従関係は逆転することも考えられるところである。さらに、社会で働くときに役立つ、労働者として身に付けておくべき基礎的な知識やスキル、いわゆる「職業的レリバンス」（本田2009など）を考えたとき、算数で学ぶ面積や体積の公式とプログラミングのスキル、今日においてより多くの人がより重要であると感じるのはどちらかと考えると、上述の「主従逆転」の可能性はより大きく感じられるであろう。「小学校でのプログラミング教育必修化」が、こうした従来の学校教育

における教科・領域の枠組みを根底から覆す可能性は決して小さくないと思われる。

4．デジタル教科書と学校教育の「臨界」
（1）デジタル教材をめぐる近年の政策動向

　続いて、教具・教材としてのICT活用から学校教育の「臨界」を考える視点として、いわゆる「デジタル教科書」に着目する。なお、現在、法規上は教科用図書は紙媒体のものに限定されており、紙媒体のものを用いずデジタル教材のみを正式な「教科書（教科用図書）」として使用することは認められていない。そのためこの「デジタル教科書」はあくまで"通称"であることを確認した上で、まずは近年のデジタル教材をめぐる政策動向を簡単にまとめておきたい。

　時系列でいえば最近のところから遡ることになるが、2018年6月、学校教育法等の一部改正がなされ、同改正法が施行された2019年4月より、従来の教科用図書に加えて状況に応じそれに準ずるデジタル教材の併用が可能となった。この主な目的として文部科学省は「『主体的・対話的で深い学び』の視点からの授業改善」や「特別な配慮を必要とする児童生徒等の学習上の困難低減」を挙げているが、この法改正に至るまでの検討プロセスとしては、2015〜16年に文部科学省が設置した「『デジタル教科書』の位置付けに関する検討会議」が注目される。同会議は2015年5月12日に第1回の会議が開催され、その後2016年12月の「最終まとめ」発表まで全10回にわたって議論が交わされたものである。また、この会議が設置された背景として、2014年6月24日に閣議決定された「規制改革実施計画」の中に「デジタル教材・教科書の導入に向けた検討」が盛り込まれていることも見逃せないところである[11]。

　この会議の設置を知らせるメディア報道では、「『デジタル教科書』の導入に向け…（中略）…2年程度かけて新たな教科書検定の方法などを検討し、早ければ2020年度からの導入を目指す」（読売新聞2015年5月9日夕刊）、「法改正やタブレット端末の費用を誰がどう負担するかなどの課題」について「検討を始めた」（毎日新聞2019年5月13日朝刊）など、数年後の教科書デジタル化実現に向け、そのために必要となる制度改正や条件整備を検討するための会議であるかのように読み取れる記事も見受けられる。しかし、その会議で実際に議論された内容をみると、第1回の議事録からは「すごいコンテンツを作れば教

育効果は上がると思うのですが、教員が要らなくなってしまうようではいけないかと。…（中略）…動画を見れば勉強ができてしまう、それの延長線上にこの『デジタル教科書』が乗っかってしまうようでは悲しい」（神山忠委員）、「デジタルが紙にとって代わるというような勢いはあるかもしれません。ただ、私の立場としては、紙の媒体とデジタルの媒体のバランスのとれたミックスの状態というのが、文化を豊かにしていくことにつながっていくといった考え方」（天笠茂委員）といった発言がみられるように、教科書、あるいは教材のデジタル化が進む中で考えなければいけない根源的な論点を多数見出すことができる。紙幅の関係もあり、2年弱にわたる同会議での議論を詳細に分析することは他稿に期すことになるが、教科書・教材のデジタル化が学校教育のあり方を大きく転換させ得るものであること、今日の学校教育におけるICTとの望ましい「共存」の仕方を考える上で肝要となる論点を、同会議の議論からは多数抽出することができる。

（2）教材に関する'リアル'と'ヴァーチャル'の「臨界」

　では、前述の有識者会議も踏まえ、デジタル教科書が何の「臨界点」となり得るのか、その点を次に考えてみたい。

　ここで参考になるものとして、粉川（2014）がある。同書での分析対象は主に「本（書籍）」であるが、情報メディアの主要な形式が紙の書物からコンピュータ画面に表示される電子メディアに変わり、紙の上にインクで記された活字から電子データへと変化していくことを、同書では「ヴァーチャルへの転換」という言葉で表現している。'virtual'の反意語として、英語では'physical'が挙げられることもあるようであるが、「ヴァーチャル」は日本語訳では多くの場合「仮想」が充てられており、日本語との対応でいえば、その反意語は「現実」、「ヴァーチャル」に対応させるのであれば「リアル」が最も自然な言葉となろう。この「'リアル'から'ヴァーチャル'への転換」の「臨界点」になり得るものが、教具・教材としてのICTを考えた場合の「デジタル教科書」であるといえる。

　ICT教材でいえば、電子黒板や教員用のipad、それらに対応した教育用アプリケーションは以前から広く活用されつつある（西田2012）。しかし、近年『デジタル教科書』として想定されているのは教員用ではなく、児童生徒一人一人が基幹教材として活用するものであり、すべての児童生徒が1人1台タブレットを所持することは、本稿冒頭で触れた「GIGAスクール構想」でも明

記されているところである。これは即ち、教科書をはじめ学校教育における教材が‘リアル’なものから‘ヴァーチャル’なものへと転換することを意味する。

　もちろん、教科書をはじめとした教材が‘ヴァーチャル’なものとなることによる長所・利点も少なからず存在するであろう。現に挙げられている点であれば、拡大表示の容易さや、小学生の重いランドセルからの解放、掲載情報のアップデートのしやすさなどがある。一方、複数の資料を同時に並べて一覧できないことによる学習効率の低下や、書き込みをする際の「電子ペンで液晶画面をなぞり、それを電子データとして保存する」形式になることによる脳の反応速度の変化も指摘されているところである（新井2012）。こうした指摘には更なる科学的検証が必要な点も少なくないであろうが、教科書・教材をデジタル化することの意義や効果については慎重な吟味が求められるところであろう。そうした教材やメディアのあり方の本質を問う議論の重要性については先述の文部科学省有識者会議でも議論の俎上に乗る場面があったことが同会議の議事録からも確認されるが、そうした慎重な議論を経ずに、たとえば「教材のICT化が日本は諸外国より遅れている」といったひと言で「デジタル教科書」の導入が進められるとすればそこには拙速さも表れてこよう。こうした教具・教材のICT化についても、まだまだ慎重な議論が必要な点は少なくないといえる。

　なお、「デジタル教科書」とは称されるもののそれらは現段階では教科用図書として位置づけられておらず、また「GIGAスクール構想」で掲げられている「1人1台のタブレット提供」が実現した場合にも、そのタブレットに搭載するアプリケーションも含めて私費負担が発生せずに済むのかは不透明である。タブレットの充電にかかる電気代まで考慮する必要はないであろうが、現状でもドリルやワーク等の教材を揃えるために必要な私費負担は見逃せない額に上っていることが指摘されている（栁澤・福嶋2019 pp.61-62）。「デジタル教科書」あるいはそれに類するデジタル教材の導入に伴って新たに発生する「隠れ教育費」も、その有無も含めて考慮に入れる必要のある事項といえよう。

（3）学校施設・空間の‘リアル’と‘ヴァーチャル’

　ここまで検討してきた「デジタル教科書」の存在は、教材・教具における‘リアル’と‘ヴァーチャル’との「臨界点」となる可能性を超えて、学校施設、学校という空間それ自体の「臨界点」ともなり得るものであるということ

ができる。ここでその点を指摘しておくことにしたい。

　教材・教具のデジタル化は単に教室で活用するそれらが紙媒体から電子メディアへと変化するのみならず、遠隔地間での通信、大容量のデータのやり取り等が容易に行えるようになることをも意味する。前もって配信された電子教材を用いて自学で予習を行い、教室の授業ではそれを踏まえて発展的な内容を扱うところからスタートする、いわゆる「反転授業」も、こうしたデジタル教材の「強み」を活かした教育活動のひとつの形といえる。

　このように、1ヶ所に集まらなくとも大勢の児童生徒が同時に同一の教材を閲覧して同一の内容を学習することをデジタル教材は可能にする。即ち、全員が1つの教室に集まらずとも授業を成立させることが容易に可能となるのである。現に、高等教育段階では物理的な施設としてのキャンパスをもたず、全ての授業が世界各国に居住する学生がオンライン上で同時に受講する形で行われるミネルバ大学などが昨今注目を集めており（山本2018）、日本でも同様の形態の運営を行っている学校が中等教育段階でもみられるようになってきている。こうした学校では物理的な環境としての教室や校舎ではなく、ウェブ上に「教室」や「学級」が構築されていくことになる。これは学校施設、学校空間の‘リアル’から‘ヴァーチャル’への転換と表現することができる事象である。現時点ではまだこのようなウェブ上に「教室」が存在する学校は少数派ではあるものの、教具・教材のデジタル化は学校施設のあり方においても「臨界点」になり得る変化といえるのである[12]。

5．ここまでのまとめ

　以上、ここまではICTに着目して、その発展が学校教育の「臨界点」となる可能性を考察してきた。以上の内容を改めて整理しつつ、こうした論点に対する筆者の立場についてもここで簡単に述べておくことにしたい。

　ICTから考える学校教育の「臨界」として、第3節では「ICTの使いこなし方を学ぶ」ことの具体例として小学校でのプログラミング教育必修化に、第4節では「教具・教材としてのICT利活用」の具体例としていわゆる「デジタル教科書」に注目して検討を行った。小学校でのプログラミング教育必修化は現状の教科・領域の枠組みが根底から見直される契機になる可能性を、「デジタル教科書」では児童生徒が扱う教具・教材が‘リアル’中心から‘ヴァーチャル’中心へと変化するその転換点になる可能性をそれぞれ指摘した。いず

れも、学校教育をめぐる制度の「臨界点」が浮かび上がったのではないかと考える。

　筆者はこうした「臨界点を超え得る変化」について、決してこれを否定的に捉えたり、そうした変化が起こることを防ぐべきということを主張したりしたいわけではない。今日の社会において、プログラミングの知識やスキルを有していて困ること、マイナスになることはほぼないであろうし、教具・教材のデジタル化が促進されることで高まる利便性も少なくないであろう。時流の変化を適切に読み取り、時代に取り残されない工夫をすることは重要なことである。

　一方で、物事には「流行」があれば「不易」もある。時々刻々現れる社会の変化に適応することが重要な場面もあれば、そうした変化の中で変わらないもの、変えるべきではないものを、変わらずに守り続けることが重要な局面もある。そして、そのような「不易」と考えられていたものが変化するときこそがまさにその物事の「臨界」であり、そうした変化が生じるターニングポイントが「臨界点」である、ということができよう。

　筆者が本稿を通じて最も主張したいのは、プログラミング教育必修化にせよ、「デジタル教科書」にせよ、それがこうした「臨界点を超える」可能性を含んだ変化であるにも拘らず、そのことまでを視野に入れての議論が現状では希薄なのではないかということである。「臨界点を超える」ことはまさにパラダイムシフトであり、また、一度臨界点を超えてしまえば、超える前の状態に戻ることは容易ではない。そのことも踏まえ、単に「時流に乗る」、「時代の変化に適応する」ことの重要性を説くのみならず、その先にある「臨界点を超える」ことの可能性も視野に入れた議論が、学校教育のあり方をめぐるICT関連の議論では求められるところであり、現状ではそうした議論が十分にはなされていない側面が小さくないといえよう。

6．補論──教育という「臨界」

　ここまで、ICTの発展から生じ得る学校教育の臨界を考えてきた。そうした議論とは少々毛色が異なるかもしれないが、最後にICTを中心とした視点から考えたとき、逆に「教育」という営みがその「臨界」となることの可能性を検討してみたい。

　「教育という『臨界』」を考えるにあたり、注目すべきものとして矢野・鳶野編（2003）が挙げられる。そこでは、読み手の自由な解釈が許されていた「物

語」に、教育の素材となることで「望ましい筋立ての理解・解釈」が生まれる
ことや、効果・成果のはっきりしない取り組みを教育活動として「物語る」こ
とでポジティブな効果が期待されることを含意した語りにする必要が生じるこ
となどが指摘されている。教育の素材となること、教育という営みに取り込ま
れることが、物語にとってはひとつの「臨界点」であるということになる。

　このことに鑑みたとき、ICT にとって教育が「臨界点」となる可能性もま
た想起されることになる。プログラミング教育でいえば、手順は複数あり得た
はずの図形の描き方に、教育の素材となることで漢字の書き順のような唯一絶
対の「正しい作図の手順」が付与されることは十分考えられ得るところである。
学校の授業で活用するためのデジタル教材として考えれば、動画プログラムは
最大でも45分ないし50分以内に収める必要が生じよう。こうした時間的な制約
も、学校教育の素材として取り込まれることで初めて生じ得るものである。他
にも可能性を挙げ始めれば枚挙に暇がないが、ICT にとって教育が臨界点と
なり得る場面も決して少なくないことが分かる。

　このように考えてくると、教育における「臨界」も、教育が何かの「臨界」
となっている場面も数多存在していることがみえてくる。教育を考える上で、
「臨界」という概念は実は切っても切り離せないもののひとつといえるものな
のかもしれない。本稿では主に ICT に着目して考えてきたが、その他の視点
からも含め、今後もさらに教育の「臨界」の考察を深めていくことにしたい。

　注
（1）文部科学省ホームページ「GIGA スクール構想の実現について」より。
　　　https://www.mext.go.jp/a_menu/other/index_00001.htm（2020年 2
　　　月20日閲覧）
（2）説明不要かもしれないが、ICT とは「Information and Communica-
　　　tion Technology」の頭文字である。日本語では「情報通信技術」となる。
（3）「GIGA スクール構想」の詳細は上記の文部科学省ホームページ等を参照。
（4）なお、こうした「転換点」としての「臨界」の視点から行われている教育
　　　学の研究として、たとえば児美川（2019）では、高等教育への進学率が 8
　　　割を超えるまでに急上昇したことが「職業社会への接続」という観点から
　　　考えた際の高校教育にとっての 1 つの〈臨界点〉になったと表現している
　　　（同書 pp.36-38）。また矢野（2019）は、19世紀末〜20世紀初頭の「理想的
　　　な共同体構築の実験の場」という「希望のプロジェクトとしての教育」の
　　　構想が挫折し様々な「教育問題」が噴出するようになった点をはじめ、教

育には歴史上様々な「臨界点」が存在する、としている（同書 pp.2-3）。

（５）なお、この高等学校学習指導要領における「情報科」新設と同時期の学習指導要領改訂である小中学校の1998年改訂では「総合的な学習の時間」が新設され、そこで想定された「主要４領域」の１つに「情報」が挙げられている。

（６）小学校・中学校は2017年、高等学校は2018年に告示されたものを指す。なお、それぞれの本格実施開始年度は小学校が2020年度、中学校が2021年度、高等学校が2022年度より年次進行となっている。

（７）2016年12月21日の中教審答申、2017年３月告示の小学校新学習指導要領は下記 URL にて全文閲覧できる。（いずれも2020年２月26日閲覧）
https://www.mext.go.jp/b_menu/shingi/chukyo/chukyo0/toushin/1380731.htm（2016年12月21日中教審答申）
https://www.mext.go.jp/content/1413522_001.pdf（新学習指導要領）

（８）会議の正式名称は「小学校段階における論理的思考力や創造性、問題解決能力等の育成とプログラミング教育に関する有識者会議」。

（９）「小学校プログラミング教育の手引」は、各版とも文部科学省ホームページの下記ページから全文閲覧できる。（2020年２月26日閲覧）
https://www.mext.go.jp/a_menu/shotou/zyouhou/detail/1403162.htm

（10）2017年３月、文部科学省、総務省、経済産業省が教育 ICT 関連企業等とともに設立した、授業で活用可能なプログラミング教材の開発・普及や企業等による人的支援充実などに向けた取り組みを進めるためのコンソーシアム。

（11）ただし、この「規制改革実施計画」における「デジタル教材・教科書の導入」は「教育情報化の推進に関する制度見直し等」として、「創業・IT 等分野」での「IT による経営効率化」の具体策として挙げられたものであることには注意が必要といえる。なお、同計画は以下の URL にて全文閲覧できる。
https://www8.cao.go.jp/kisei-kaikaku/suishin/publication/140624/item1.pdf#search='2014%E5%B9%B4 + %E8%A6%8F%E5%88%B6%E6%94%B9%E9%9D%A9%E5%AE%9F%E6%96%BD%E8%A8%88%E7%94%BB'（2020年２月28日閲覧）

（12）なお本稿執筆時（2020年２月末）、コロナウイルスの感染拡大に伴い、政府からの要請も斟酌して所管する公立学校を年度末の約１ケ月休業とする措置を多くの自治体が取ろうとしており、休業中に児童生徒が自宅で学習できるようデジタル教材を用いた支援に名乗りを上げている企業・NPO 団体も多数みられている。こうした状況が学校空間の 'リアル' から 'ヴァーチャル' への転換を一気に加速させるターニングポイントになることも

大いに考えられるところであり、今後の動向が注目される。

引用・参考文献
・新井紀子（2012）『ほんとうにいいの？　デジタル教科書』岩波ブックレット
・植松茂男（2006）『英語学習と臨界期—第2言語習得研究と帰国生教育から』
　　松柏社
・太田かおり（2012）「日本の英語科教育における音声指導の現状—初期英語教
　　育における音声指導の導入及びその教授法の確立を目指して」『九州国際大
　　学社会文化研究所紀要』第69号、pp.53-73
・粉川哲夫（2014）『メディアの臨界—紙と電子のはざまで』せりか書房
・児美川孝一郎（2019）『高校教育の新しいかたち—困難と課題はどこから来て、
　　出口はどこにあるか』泉文堂
・田中耕治・水原克敏・三石初雄・西岡加名恵（2011）『新しい時代の教育課程
　　[第3版]』有斐閣アルマ
・西田宗千佳（2012）『リアルタイムレポート　デジタル教科書のゆくえ』
　　TAC出版
・西谷修（2000）『世界史の臨界』岩波書店
・日本教育方法学会編（2011）『デジタルメディア時代の教育方法』図書文化
・本田由紀（2009）『教育の職業的意義—若者、学校、社会をつなぐ』筑摩書房
・栁澤靖明・福嶋尚子（2019）『隠れ教育費』太郎次郎社エディタス
・矢野智司・鳶野克己編（2003）『物語の臨界—「物語ること」の教育学』世織
　　書房
・矢野智司（2019）『歓待と戦争の教育学—国民教育と世界市民の形成』東京大
　　学出版会
・山内祐平（2017）「ICTメディアと授業・学習環境」秋田喜代美編著『学びと
　　カリキュラム（岩波講座　教育　変革への展望5）』第9章、pp.241-272
・山本秀樹（2018）『世界のエリートが今一番入りたい大学　ミネルバ』ダイヤ
　　モンド社

（文教大学）

II

特集 2

これからの地域と
学校の関係性を考える

──秋田での取り組みを踏まえながら

特集２：これからの地域と学校の関係性を考える
村の地域性を生かした教育活動の展開

大沼　一義

※キーコンセプト
1　学力向上
2　多様な価値観、生き方、異質性に触れ、豊かな感性、人間性、社会性を養う
3　生徒の主体性を生かした活動の推進

Ⅰ　はじめに

　少子高齢化、グローバル化の進展など、加速度的に変化し、将来の予測が難しい社会の中で、志をもちそれを実現するための、学力を身に付けさせ、心を育て、たくましい健康な体を身に付けさせることは、義務教育における学校の使命である。特に、課題を解決するために主体的に考え、自分の考えをもち、表現していく力はこの共生社会を生きる生徒にとって必要不可欠な力である。このような、生徒の夢の実現のため、努力する基礎となる力を身に付けさせるために、本地域の豊かな教育環境を生かした多様な教育活動を展開しているところである。

　ここでは、日本教育政策学会第26回大会の公開シンポジウムの中で話題提供した、村の地域性を生かした教育活動について次に紹介するものとする。

Ⅱ　村の地域性を生かした教育活動の実際
1　小中連携教育の推進（小中教職員の教育力を結集）
※3部会の組織
（1）知育部：学力向上・授業改善
・小中連携授業研究会・小中授業参観・小中交流授業（外国語、音楽）

・基礎学力テスト

　小中連携「知育部」事業。平成20年度より実施。小中教員全員が授業参観、研究協議に参加する形態で開催。またこの他に研修会、指導案検討会などを実施している。指導者に秋田大学大学院教授、阿部昇先生（秋田県検証改善委員会委員長）をお迎えし、指導助言や講話をいただいている。

＊小学校授業研究会（1学期）、中学校授業研究会（2学期）

＊指導案検討会（小中それぞれの授業研の指導案を合同で検討する）

＊指導案検討会（授業者と研究主任が秋田大学に行って指導を受ける）

＊研修会（春季研修会と夏季研修会を隔年で開催）

＊阿部教授講話（2回の授業研究会と研修会の際に開催）

（2）徳育部：心の教育（優しい心・協力する心・奉仕の心を育てる）

・キバナコスモスの植栽活動（村ボランティアグループとの連携）

・岩手県大槌町での植栽活動

　小中連携「徳育部」事業。平成19年度より実施。この年開催された「秋田わか杉国体」の県民総参加運動盛り上げ推進事業として、また村の小中連携事業の一つとして始まった活動。小1〜中3まで一緒になって国道沿い（キバナコスモスライン）に種をまいている。6月上旬に種まき活動、7月に除草活動、9月に種とり活動と続く。10月の東中祭（学校祭）では、生徒から来場者に、種のプレゼントも行っている。「優しい心」「協力する心」「奉仕する心」の三つの心を植え、育てる活動として定着している。中学校2年生が訪問している、岩手県大槌町、吉里吉里学園の生徒や地元の方とのキバナコスモス交流も行っている。

（3）体育部：体育、食育、健康教育

・パークゴルフ、グラウンドゴルフ交流会（村体育協会との連携）

　小中連携「体育部」事業。グラウンドゴルフ交流会は2回、6月に村多目的グラウンドで、パークゴルフ交流会も2回、8月、9月にジュネス栗駒パークゴルフ場で開催。異学年交流と地域の方（グラウンドゴルフ、パークゴルフ協会員）との交流行事。平成19年度より実施。

＊グラウンドゴルフ交流会

　1回目　小学校1年生と地域の方々

　2回目　小学校1〜3年生、中学校1年生と地域の方々

＊パークゴルフ交流会

1、2回目　小学校4～6年生と中学校1～3年生

・マイランチデー（村事業との連携）

　小中連携「体育部」事業。この日は通常の給食ではなく、自分で自分の食事を作る活動、弁当づくりをする体験行事。食に携わる人々への感謝の心を育てるとともに、「生きる力」を育てる活動。

　中学校では1人1人が、事前に献立を考え、土日に食材の買い出しをし、月曜の朝に各自がつくって持ってきている。ランチルームで会食している。給食委員会の活動として、表彰活動も行っている。12月に実施。小学校では6年生が6月に、5年生が12月に実施。この事業は、平成24年度から実施している。

2　朝の活動　読解力・表現力向上、読書活動推進：15分（8:15～8:30）の有効活用

（1）一斉朝読書　月・木・金（金曜日は月に1回、村ボランティアグループによる読み聞かせ）

（2）視写（新聞コラム学習：1年生、意見文：2，3年生）　火曜日

（3）ミニ討論会　水曜日

・全校縦割りグループによるディスカッション

　中央委員会主催で、毎週水曜日の「朝の活動の時間」（8:15～8:30）に実施。1つのテーマについて、1～2ヶ月に渡ってグループで話し合いをし、共同で1つの企画作品を仕上げていく活動。全校生徒を学年混合、男女混合のグループ（テーマによって1グループ3～5人）15グループ程度に編成。平成22年度より実施。

＊ミニ討論会テーマ　ご当地スイーツを考えよう。（H30）→「でっちマロン」

＊東成瀬中のキャラクターを考えよう。（H29）

＊村おこし！なるせバーガーに続け！ご当地グルメを考えよう。（H28）

＊全国民参加型のオリンピックにするには。（H27）

3　TSB活動：全校生徒による吹奏楽活動「東中スペシャルブラス」

・生徒同士が教え合いながら音と心をつなぎ合いながら曲を演奏する

・学校祭、地域の小中学校音楽祭で発表

　全校生徒による吹奏楽活動。吹奏楽部の生徒だけでなく野球部、卓球部、バスケット部の生徒も楽器を担当し演奏会に出演。平成19年度より実施。

＊10月の本校の東中祭（学校祭）と、11月の湯沢雄勝の小中学生による郡市
　小中音楽祭の2回出演している。

＊28年度は、本校創立70周年・統合40周年記念コンサートにも出演した。

＊卒業式、入学式の入退場曲も2つの学年の生徒だけで演奏している。

＊指揮者も生徒。（野球部・卓球部　H30　　バスケット部　H29）
　H30演奏曲「アフリカン・シンフォニー」「ヤングマン　Y.M.C.A」「行進
　曲　K点を越えて」「遥か」

4　わが村体験　村内事業所等での勤労体験学習（年1回）

・ふるさとを愛する心（ふるさと教育）　　・職業観、勤労観を育てる（キャ
　リア教育）

　村内での職業体験を通じて、ふるさとを知り、ふるさとを愛する心を育てる
活動。9月下旬の1日、全校生徒対象、縦割りグループでの活動。

平成13年度より実施。18事業所で活動（H30）

商店、事業所等

　タゴナイ自動車、翔和建築設計、東建工業、お山の大将、ホテルブラン、
　なるせ加工研究会、龍泉寺、東成瀬調剤薬局、JA仙人SS、デイリーヤマ
　ザキ

公共施設等

　なるせ保育園、なるせ児童館、デイサービスセンターなるせ、東成瀬小学
　校、役場企画商工課、東成瀬郵便局、東成瀬中学校校務、東成瀬中学校養
　護教諭

5　HMY音楽祭　近隣の同規模校2校との合同の音楽コンクール

・他校との交流を深める　　　・学級の集団力の向上

　近隣の同規模の中学校（東成瀬中【H】と湯沢市の皆瀬中【M】山田中
【Y】）が共同開催している音楽祭。毎年10月に、湯沢市の音楽ホールで開催。
3校3学年共通の課題曲と自由曲を演奏して競う、学級合唱コンクール。ま
た、各学校の全校合唱や、3校の生徒が一緒に歌う合同演奏もある。平成27
年度より実施。前身の音楽祭も含めると16年目になる。

＊H30　課題曲「絆」
　自由曲1年「My Own Road─僕が創る明日─」2年「虹色の未来」　3
　年「信じる」

6　ポスターセッション
・総合的な学習の時間での課題学習の報告
・学校祭当日に全校生徒のポスターを掲示し、地域・保護者の方々から評価をいただく・各学級、全校でポスターセッションを行う・表現力、情報収集能力、情報処理能力の向上・Ｐ１グランプリ「ポスター部門グランプリ」・Ｓ１グランプリ「セッション部門グランプリ」

　総合的な学習の時間のまとめとなる活動。各自が設定したテーマについて調査したことをまとめた、研究ポスター製作のグランプリ（P-1）と、そのポスターの発表会（セッション）のグランプリ（S-1）を目指して取り組む活動。統一テーマは１年生が「地域に学ぶ」、２年生が「職業に学ぶ」、３年生が「生き方に学ぶ」。10月の学校祭で全校生徒全員のポスターを掲示し、投票によってP-1グランプリの決定。11月に各学級でのポスターセッション、12月に全校でのポスターセッションを実施し、S-1グランプリの決定。全校ポスターセッションには、体験入学も兼ねて小学校６年生も聴衆として参加。平成21年度より実施。

7　仙人思考力コンテスト　発展学習への挑戦
・知的好奇心、挑戦意欲、向上心を高める
・全教科での出題をめざし、全職員で取り組む
　各教科１学期２回、２学期３回実施。１回の出題数は、３問程度。回答期限を設定し、問題、解答用紙は、学習委員会が全員に配付。廊下の各教科コーナーにも掲示。学期毎に正答数の上位者に商品を贈呈。
＊次の漢字を組み合わせて３文字熟語を作ってください。（合体漢字）

　　目　　魚　　出　　雪

8　グローバル"夢"ミーティング　小6・中3の英語合宿（村レクリエーション協会との連携）
・秋田大学留学生　10名（多国籍）を招聘する
・国際理解、英語力向上、キャリア教育、コミュニケーション能力・表現力向上
　村教育委員会主催の「グローバル"夢"ミーティング事業」。小学校６年生、中学校３年生全員を参加対象とし、毎年８月に１泊２日で開催している。会場はジュネス栗駒スキー場のホテル「ブラン」。秋田大学の各国（韓国、インドネシア、ルーマニア、イラン、ホンジュラス、ベトナム、ウクライナ、

マレーシア、パキスタン　H28年度）からの留学生10名程度を招き、英語で会話しながら、様々な交流活動（パークゴルフ交流、食事交流、各国の文化紹介、一緒に花火、英語での意見発表など）を実施。参加費は無料。平成25年度より実施。

9　学習オリエンテーション・学習集会・全校教科面談

（1）学習オリエンテーション・学習集会　4月に実施

・生徒会学習委員会が企画し、集会を開催

・家庭学習の方法、授業や家庭学習ノートの作り方など

　今年度の「目指す学びの姿」「東中宣言2019」を全校生徒で共有すると共に各学級で目指す学びの姿を明確にし、全員でより良い授業づくりをして行こうとする意欲をもてるようにする。

（2）全校教科面談　11月に実施

・全校生徒が対象。5教科の教科担任とマンツーマンでの面談

・学習の悩み、学習方法等についてアドバイス

　5教科の自主学習の取組について、生徒が抱える悩みを把握する（アンケート等）。教科での悩みや相談に応じる（希望する教科）。テストに向けて、効果的なアドバイスをする。

10　俳句集会　年2回（夏、冬）に開催　全校生徒が2句ずつ作り、短冊に毛筆で書く

・感性を育てる　　　・表現力を育てる

・方言に親しませる（冬の2句は方言作句で……村方言活用事業との連携）

　学習委員会主催で、6月と11月の2回実施。6月には夏の俳句、11月には冬の俳句を、一人二句ずつつくっている。つくった作品を、一人一人が短冊に毛筆（筆ペンも使用）で清書し、全員の作品を校内に掲示している。冬の俳句は、東成瀬の方言を使った俳句をつくっている。平成20年度より実施。

　　　あやさんび　炉端さこいど　祖母がいう

　　　さんび日は　こだつさへって　みかんくべ

　　　ハダハダが　秋田に冬っこ　連れでくる

◎学校坂命名プロジェクト（創立72年目にひとつの提案　平成最後の思いを形に）

　生徒が登下校で通っている2つの坂に名称をつけようというプロジェクトが生徒総会で決まり、7月から名前の募集が始まった。「苦しい時も、楽し

い時も私たちのことを見守り、いつも東中生を支えてくれている2つの坂道に恩返しを」「平成30年度に東中生としてここにいた証を残す」という思いからの提案であった。

その学校坂命名プロジェクト。3次審査を経て名前が決定され、東中祭当日にお客様に発表された。国道342号線からの坂道には「夢見（ゆめみ）坂」、小学校からの坂道には「希望（のぞみ）坂」と名付けられた。

夢見坂には、応募作品に「夢」という言葉が多く使われたこと。毎日坂道を登って、将来の夢を見つめながら成長していきたいということ。みんなと話しながら登校する中で、夢や目標を見つけたい、そんな夢が大きく羽ばたいていくように。

希望坂には、小学校から中学校へ、希望を思い描いて進学してきたこと。希望をもらったり、与えたりすることができる人になりたいということ。自分ののぞみを叶えられる人になりたいということ。

このような生徒たちの願いが込められている。平成30年度東成瀬中学校生徒一同の熱い思いで創られた「夢見坂」、「希望坂」今後、末永く語り継がれることを期待したい。

Ⅲ　終わりに

教育活動の基盤は、生徒が安全で安心して諸活動に取り組み、学び合い、高

め合うことのできる教育環境である。失敗を許容し、互いに認め合える共感的な集団を構築し、一人一人が活躍し、可能性を伸ばしていける学校を創造したい。

そのために本村教育の軸である「小中連携教育」の理念をもとに、小中学校の連続性と系統性を重視し、生徒一人一人が、これからの人生をたくましく生き抜く力の礎を築くことを目指し、学校経営を推進していきたい。

（東成瀬村立東成瀬中学校校長）

特集２：これからの地域と学校の関係性を考える

学校と地域との連携

松野　紳一

１．はじめに

（１）五城目町の概要

秋田県のほぼ中央部。八郎潟残存湖に一部隣接。町面積の８割は森林。

人口は、今年の５月末現在で9155人。最盛期は、昭和35年の２万人程度が最多。その後減少の一途を辿り、現在１万を割る。秋田県内でも少子高齢化の典型的な町。世帯数は、核家族化と一人暮らし老人世帯が増え続けて、過去最高。

そういう地域性もあって、農林業が盛んな町だが、秋田県南秋田郡の中心地で昔から「市」がたった関係で、鍛冶、家具・建具、県内唯一の弓具職人工房、造り酒屋といった職人の産業が息づいている町である。

特徴的なのは、500年以上の歴史をもち、現在も続いている朝市。農産物や山菜といった季節の品が並ぶ。町の活性化の１つとして、誰でも出店できる朝市プラスという取組みもしている。

（２）学校の概要

明治７年創設。今年で創立145周年。五城目町には以前は小学校が６校ほど点在していたが、少子化の影響で統廃合を繰り返し、４年前に最後の統合により、現在町唯一の小学校となった。

現在の校舎は、築50年を数え、非常に老朽化が進んでいる。現在令和３年の開校を目指して、新築移転事業を進めている。

児童数は275人。学級数は基本的に各学年２クラス。現在普通学級10、特別支援学級３、通級指導教室１。

職員数は、県費負担職員が24人、町職員が19人。県費負担教職員の平均年齢は51.8歳。

2．学校教育目標

『夢高く 心たくましく 学び合う五小の子 ～ゆめ チャレンジ 新しい自分～』

3．めざす学校像

（1）学び合い、創意と活力に満ちた学校

（2）互いのよさを認め合い、協力し合う学校

（3）家庭・地域と協働する、社会に開かれた学校

4．経営の重点【五小ブランドの創造】

（1）夢につながる主体的な学び

（2）夢に向かって磨く豊かな心

（3）夢を支える健やかな体

（4）実践的指導力を高める教職員研修

（5）学校・家庭・地域との協働

5．学校・家庭・地域との協働の重点事項

（1）教育資源の積極的な活用

○朝市（末尾が０，２，５，７のつく日に開催。ほかに「朝市＋」（プラス））

　　２年生は自分たちが学校で育てたい野菜の苗を朝市で購入

　　３年生は社会科の地域の様子の学習で朝市を見学し、秋には自分たちで収穫したサツマイモを朝市で販売

○町内めぐり（３年生）

　　朝市発祥の地（町村）、地域活性化支援センター（馬場目ベース）、古民家シェアビレッジ ほか

○町探検（２年生）

　　福禄寿酒造、イトマン元気村（手焼きせんべい）、ギャラリー「ものかたり」、永澤弓具店 ほか

○老人福祉施設

　　「広青苑」を民謡クラブが訪問

　　「湖東老健」をボランティア委員会が訪問

　　「ショートステイかがやき」を茶道クラブが訪問しお点前を披露

○五城目野鳥の森

1 年生生活科自然観察・体験

2 年生親子レクリエーション

○五城目町営温水プール

全学年水泳授業で活用

○三温窯

PTA 研修部が実技研修で活用

（2）各機関・団体企業等との連携・協働の充実

○五城目消防署

4 年生が社会科見学・消火体験

年3回の避難訓練に協力

○五城目警察署

交通安全教室

防犯教室

登下校の見守り

○五城目町人権擁護委員会

人権の花植栽式・人権教室

○ＪＡ湖東

1・2 年生生活科枝豆栽培

3 年生総合的な学習サツマイモ栽培

5 年生総合的な学習稲作体験、収穫した米で「ドン菓子」づくり

○エコファーマーズ（給食食材生産者組合）

ランチ委員会（給食委員会）が農場を訪問し農作業を体験

給食食材生産者の方たちを招いて交流会を開催

○（株）ハバタク（教育コンサルティング企業）

6 年生総合的な学習「五城目で世界一周」の実践協力

○五城目町森林組合

5 年生植林体験、椎茸の植菌体験

○読み聞かせグループ「お話ポシェット」

読み聞かせ、紙芝居、人形劇

○山内番楽保存会

3 年生が町の生涯学習課と連携して番楽教室を実施

○五城目町芸術文化協会

　盆踊り保存会による盆踊り教室

○わらしべ塾（町生涯学習課による放課後体験活動）

　夏休み「五小っ子学習会」（町内在住退職教員による夏休みの学習支援）

　科学実験教室（夏休み、冬休み）

（3）小・中及び小・園連携と学校間交流の推進

○小・中連携

　小中連携授業研究会

　6年生が中学校で体験授業

　中学校生徒会執行部による小学校玄関前でのあいさつ運動

○小・園連携

　1年生お里帰りの会

　小園連携授業参観・情報交換会

（4）経営改善につながる学校評価の充実

○学校評議員会

○学校関係者評価委員会

（5）情報発信と情報交換の充実

○情報発信

　学校報「あさひ台」、ホームページ、学年通信・学級通信、PTA会報「す
　なざわ」等

○外部機関との情報交換

　PTA全体会・懇談、町PTA連合会

　小・中連携情報交換

　小・園連携情報交換

　わらしべ塾運営委員会

　五城目町特別支援教育連携協議会

　五城目町食育推進会議

　町役場各課

　特別支援学校、県児童相談所　ほか

○学校支援地域本部事業地域コーディネーターとの情報交換・情報共有

　学級担任からの要望

　地域の先生やボランティアへの依頼

　学校と指導者・ボランティアとの日程調整

ボランティアルームでの打合せ
地域の先生・ボランティアの方へのお礼の手紙　ほか

６．地域人材の力を学校へ
（１）地域のＪＡ職員や農業従事者による５年生社会科における稲作指導
（２）学校図書ボランティアによる２年生国語科での絵本づくり指導
（３）地域企業ギャラリー「ものかたり」と連携した芸術家派遣事業
（４）保護者を中心とした１年生入学初期の給食ボランティア
（５）全正課クラブ外部指導者によるクラブ指導
　○茶道、琴、民謡、手芸、ちぎり絵、川柳、将棋、絵画、スポーツチャンバラ、ミニテニス、
（６）図書修理、家庭科ミシン指導、低学年昔遊び指導等のボランティア
（７）校舎修理、クリスマスイルミネーション設置等のボランティア
（８）プロバスケットリーグチーム「秋田ノーザンハピネッツ」による体育指導
（９）教育コンサルティング企業「ハバタク」（五城目町）との協働による国際理解・国際交流

７．地域の活性化につながる取り組み
（１）地域で400年以上続く山内番楽の継承に向けた取組（担い手の育成と伝統文化の保存）
（２）町の芸術文化協会による学校での盆踊り講習会の実施と盆踊り大会への参加
（３）町子供七夕絵灯籠まつりへの参加
（４）学校農園で育てたさつまいもを収穫し五城目朝市で販売する活動

８．まとめとして
　秋田県では目指す学校・ふるさと教育の目標として「ふるさとを愛し、社会を支える自覚と高い志にあふれる人づくり」を掲げている。それに一歩でも近づけるように、五城目小学校は地域と共に歩み続ける学校を目指して日々実践に取り組んでいる。
　今回のシンポジウム全体を振り返って考えたことは、秋田には秋田の、他県

や他地域にはそれぞれの地域との連携のやり方があるということであり、県や自治体、学校などはそのやり方に沿ってそれぞれに工夫して地域との連携を行っているということである。小学校の子供達は、秋田の子供も田舎の子供も都会の子供も家に帰ればゲームやメディアに囲まれた同じような暮らしをしている。だから、せめて学校にいる間は自分達の住んでいる地域や地元ということを意識して関わらせてあげたいと思っている。ひいてはそれが「終わった後」……終わった後という1つめの意味は、放課後、休日、夏休み、冬休みなど、「学校が終わった後」という意味であるが……に地域、地元に出て、地域の活動に参加・体験したり、学校や地域で見知ったことを地域に還元したりしてほしい。もう一つの「学校が終わった後」……つまり子供たちの将来という意味において、大人になった時に、自分の地元を考える目や思いを馳せる心をもってほしい。

　子供たちには将来必ずしも地元に定住して欲しいと願ってはいない。他県や他地域に出て行くのも子供たちにとっての選択肢である。しかし子供たちが生まれ育ち、地域と関わりながらいろいろな体験をしながら成長した地元は、たとえ将来離れることになっても、永遠に子供たちの心の故郷であり、一生心に描き続ける原風景だと思う。その故郷に思いを馳せることのできる子供に育ってくれることを願っている。

（五城目町立五城目小学校校長）

特集2：これからの地域と学校の関係性を考える

秋田における地域コミュニティの現状と課題

石沢　真貴

1．秋田県における人口・世帯構造の推移と地域コミュニティの変容

　本稿では、地域コミュニティの課題という点から、学校と地域コミュニティがどのように関わっているのかをみていくことにしたい。

　高齢化は日本に限らず世界的に進行しており、2010年時点で日本は世界トップになっている。国立社会保障・人口問題研究所による推計では、2060年に日本は高齢化率が約40%になるとされている。

　世界的な高齢化先進国である日本の中でも高齢化率が高いということで、秋田県は「高齢先進地」と言われている。秋田県の現状について基本的な統計資料の人口と世帯をもとにその特徴を捉えておこう。秋田県の総人口のピークは1956年で約135万人だったが、2017年には100万人を下回り（995,374人）、2019年6月には約97万人となっている。人口動態の予測によると、このままいけば2045年には約60万人に減ると予想されている。2006年からの10年間の人口増減の推移をみると、死亡数が出生数を上回り毎年10,000人以上人口が減少している状況となっている。人口増減率は秋田県全体で−1.41%で全国最下位である。

　市町村別にみると、藤里町−3.52%、五城目町−2.61%、小坂町−2.61%、上小阿仁村−2.56%、男鹿市−2.39%と、秋田県北部における人口減少が目立つ。

　また年齢3区分別人口の構成割合でみると、2017年の65歳以上人口が35.6%なのに対し、15歳未満の子どもの人口が10.3%である。高齢化率は全国1位で、少子化も歯止めがかからない。2050年には41%になると推計されている。市町村別では、高齢者人口割合が高いのは上小阿仁村50.9%、藤里町45.6%、男鹿市44.0%で、15歳未満人口の割合が低いのが上小阿仁村5.8%、男鹿市7.5%、八峰町7.6%と、年齢三区分においても同じく県北部の少子高齢化が著しいことがわかる。

　一般に東北地域は三世代世帯が比較的多い地域と言われてきた。世帯数は、平成18年の394,911世帯（1世帯当たりの平均人員2.87）から平成29年の389,239世帯（同2.56人）へと減少しており、人口のみでなく世帯数においても全国に先駆けて減少が進んでいる。「社会生活統計指標」をみると、1990年を境に世帯構造に特徴的な変化がみられる。特に高齢者単独世帯の指数でみると、秋田県は1990年までは3.65と全国平均の3.99よりも低い値であった。しかし2015年になると、全国が11.11であるのに対し秋田県は12.34となり、全国よりも高い値になっている。このことは、それまで高齢者のいる世帯では三世代世帯のような比較的大人数の世帯が標準的であった地域である秋田県において、高齢者単独世帯や夫婦のみの世帯のような世帯の高齢化・小規模化（小家族化）が劇的に進んできていることを示す。つまり、人口の少子高齢化はもちろん、家族の在り方がここ数十年の間に大きく変容していることを意味し、地域コミュニティの変容も大きいことがうかがえる。

　ここ30年ぐらいのスパンで、急速に単独や二人暮らしの世帯が増えてきた。もともと西日本は一人暮らしや二人暮らしが多い地域で一層それが進行しているということになるが、一方東日本の東北地域は三世代世帯が多かった。秋田県で高齢者単独世帯が増加してきているということは、社会状況、家族状況の変化の振れ幅が非常に大きいということが言える。これは急激な変化として捉える必要がある（図1）。

　参考までに、学校数等の推移を小学校の例でみると、2013（平成25）年度の228校から2018（平成30）年度の199校と6年で29校減少し、2018年度の学級数は2,113学級で前年度より64学級（−2.9％）減少している。児童数は42,670人で前年度より1,125人減少（−2.6％）している。最も多かった1958（昭和33）年度の220,947人からすると5分の1以上の減少になっている。

　世帯の変化は、社会学的にいえば地域コミュニティに非常に大きな影響を及ぼす。人口、集落の人口を維持しているのは、集落内の各世帯の家族であり、その家族が小家族化、高齢化しているということは、その個々の家族のもっていた様々な機能が低下し失われてきていることになる。それはすなわち、集落、コミュニティの全体の活気、機能の低下につながっていくことになる。

2．コミュニティ政策
　小家族化している、高齢化しているということは、家族生活を取り巻く地域

図1　秋田県における高齢者単独世帯割合の推移

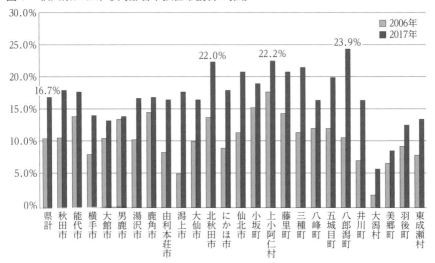

出所：秋田県「老人月間関係資料」より作成。

表1　秋田県における学校数の推移（小学校）

	学校数	学級数	児童数
平成25年度	228	2,332	48,249
平成30年度	119（-29）	2,113（-219）	42,670（-5,579）

出所：秋田県「平成30年度学校基本調査結果報告」より作成。

　コミュニティにも影響が及ぶ。秋田県は、そういう意味で、ここ数十年の間で家族、コミュニティの大きな変容がみられた地域として捉えていかなければいけない。
　1980年代から2000年代までの動向を整理してみると、1980年代までは、子ども世代が他出していくにしてもまだ兄弟数が複数人いて、後継者は必ず残って家を継いでいた時代である。つまり家は子に継承され存続しえた。それが1990年代になると、少子高齢化が進み小家族化の傾向がみえてくる。また小学校の統廃合が顕著になってくる。すると世代間交流が難しくなったり、近隣との交流など地域における交流機会が減少してくる。2000年代に入ると、1980年代に家を継ぎかろうじて集落人口を維持してきた世代が高齢化して80歳代、90歳代になる時代となる。するとその集落に留まり自立して生活することが困難にな

り、子ども世代のいる秋田市など都市部に移住したり、入院や施設入居したりで、集落自体が維持できなくなる状況が出てくる。その結果、空き家や耕作放棄地の増加や医療機関など生活に必要な施設もなくなっていく。

コミュニティ政策という点でみると、コミュニティ解体への危惧というのは1960年来常に言われてきていることだが、近年は地域活性化、地域再生事業が重視されている。地域や家族の伝統的機能を復活しよう、絆づくりをしよう、人的資源を活用し住民の主体的参加を促すことで、地域再生、活性化を促そうというように政策が動いて来ている。

特に2000年代以降になると、1970年以降続けられてきた過疎地域対策の限界がみえてきて、ものによる支援から人による支援、いわゆる地域おこし協力隊や、集落支援員による支援をしようといった政策的転換が起こり、小規模化、高齢化した集落の維持・再生がコミュニティ政策の課題となり、特に住民参加、住民自治による地域づくりを促進する方へと繋がっていく。

3．地域づくりと学校——秋田県内の集落維持・再生の事例から
（1）秋田県の集落再生事業

こうした秋田県における地域コミュニティ、家族、学校の現状をふまえ、少子高齢化、人口減少の著しい小規模集落（限界集落）の維持、再生活動のプロセスの事例から、地域づくりと学校、子どもたちとの関係にみる地域活性化の可能性と課題を捉えてみる。ここで取り上げるのは、筆者がフィールドにしてきた秋田県内の集落維持・再生事業から生まれた集落活動の事例である。

限界集落の広がりを背景に、秋田県は2007年に農業集落の実態調査を実施した。その結果、秋田県でも集落が維持できない状況が起きていることが明らかになった。こうした状況を受け、2009年度に県の組織として「活力ある農村集落づくり推進チーム」（通称　元気ムラ支援室）が設置され、限界集落の問題を解決して地域を元気にしていこうという試みが始まった。

特徴的なのは、秋田県と市町村がこの課題を連携して取り組んでいくという仕組みである。一般的に県と市町村には連携しにくい関係がみられるが、秋田県では、市町村が限界集落の課題に取り組むためには、県も共に関わっていく必要があると考え、元気ムラ支援室がその役割を担う形をとった。

はじめに取り組んだのが、集落調査である。2009年8月、県と各市町村、秋田県内の秋田大学、国際教養大学、秋田県立大学の教員と学生が協力し、全県

から高齢化が進み限界集落の状況とみられる集落を拾い出し悉皆調査を行った。2010年度には調査した集落に出向き、調査結果を報告したうえで、集落をどうしていったらよいか考えようという意図で座談会を開いて回った。

（2）小規模高齢化集落の変容プロセス

　その中の一つで、湯沢市の内町・御屋敷集落の事例を紹介する。これは県の事業で筆者が担当し最初に調査を開始した集落であり、また最も大きな変容プロセスがみられた事例である。集落の人口は84人、世帯数33世帯で、小規模高齢化の激しい集落である。近隣同士のつきあいは比較的多いが、一方で孤立している世帯もみられた。また路線バスの本数が減少したり、病院が移転したり、豪雪地帯のため除雪作業が大変であるなど生活問題が大きい地域であった。

　当初筆者が聞き取り調査をした際の印象として、住民は集落をどういうふうに元気にしていこうというような、元気ムラ支援室が試みようとしている思いを抱くには程遠く、自分たちの生活不安、特に医療福祉面を行政になんとかしてほしいという集落であった。2016年時点で高齢化はさらに進んでおり、特に御屋敷集落は58.1％となっている。

表2　集落人口・世帯（2016年1月現在）

集落名	総人口			高齢者人口				世帯	高齢者世帯		
	総数	男	女	総数	男	女	高齢化率（％）	総数	高齢者等	高齢者単独世帯	割合 高齢者単独世帯（％）
内町	51	22	29	22	9	13	43.1	23	18	7	30.4
御屋敷	62	33	29	36	15	21	58.1	33	24	10	30.3

出所：「湯沢市行政区別福祉基本情報」より作成。高齢者等世帯は2015年4月現在。

　集落内にあった院内小学校は、2000年には在籍児童数が100人を下回り、平成の市町村合併において雄勝町立院内小学校から湯沢市立に改称され、2014年度に閉校となり、現在は雄勝小学校に統合されている。

　集落調査後に、再び学生を伴って地域資源調査を行なった。それらの結果をもとに、夜間に住民に参集してもらい座談会を開いたが、高齢の方ばかりで若い世代の参加はみられなかった。元気ムラ支援室のリーダー自ら懸命に趣旨を

説明するが、住民は、先述したように日常生活の困難などを訴え、市役所に対する要望ばかりで、自分たちの地域をどうしようと考えるような雰囲気にはならなかった。なかなか話がはずまない状況で学生も職員も困惑したままその会は閉じられたが、その後も何回か座談会を続けた。

　そうしているうちに、ある高齢の男性住民が自己紹介を兼ねて、集落の祭（えびす俵を奉納する降木神社祭典）の話をしてくれた。今はもう廃れてしまったが、面白かった、楽しかったと。そして、その祭のときに歌う祝い唄を朗々と披露してくれた。すると一気に場所の場の雰囲気が変わり、高齢の男性たちは、我も我もと得意の唄を歌いだしたのだった。また「この地域にはこんな面白い人がいる」とか、「こんないい所がある」といった話が出てきた。それを学生たちが書き取り、その場で急ぎまとめて地域資源として報告してみせた。住民たちの反応は大きく変わった。そしてその翌年には、集落の住民たちが県や市の職員のサポートを受けながら自ら話し合い、県の「ミニチャレンジ事業」を活用し、この集落の伝統行事である降木神社祭典を復活させることになり、その年のうちに開催にこぎつけたのだった。

写真1　座談会の様子

写真2　降木神社祭典の様子

　2009年の調査から始まり、座談会を経て、2011年に祭りが復活した。2年目の2012年はどうなるだろうかと見守っていたが、復活した2011年以降、2019年までは途切れることなく続いている。2015年には若い世代が協力してくれるようになり、また他出した家族が祭の時に戻ってくるようになった。

　こうして毎年、県職員や大学生、湯沢市の地域おこし協力隊など集落外の人が何人かは手伝いに行き、それを励みに住民も喜んで頑張ってきたのだが、2016年に、誰も外から来られない、都合がつかないとう事態に陥った。どうし

ようかと、外部の人たちは心配したのだが、そのころ住民たちの間では、「そろそろ自分たちだけでやってもいいよね」という話がでてきたりして集落で自立した動きもみられるようになっていた。これは、自分たちの集落は高齢化して人が少なくなっているが、自分たちでもできるという、コミュニティへの誇りを回復するような一歩になったのかもしれない。

　またその翌年だが、こんなこともあったという。この集落は藩政時代には城下町として形成されていた地域にあるため、佐竹藩の家臣の大山家という家臣に縁のある人たちが住んでいた。今は方々に散っている人たちだが、この祭を復活させたという話を聞き及び、祭の時に来訪し交流が生まれたという。

（3）事業の成果

　このように、大きく変わってきた集落だが、えびす俵奉納の祭だけでなく、他の集落行事もやろうとか、男性が中心だった祭のルールを女性も参加できる内容を加えようといった工夫をして展開してきた。集落維持再生活性化の事業としては一定の成果があったといえよう。行政、ＮＰＯ、ボランティア、学生、地域おこし協力隊といった「よそ者」によるサポートがあって動き出したといえるが、それだけではなく、住民による地域づくりが進められたというのが大きい。祭の話題をきっかけに、高齢者2人暮らしで会話が全然なかった夫婦に会話が増えたとか、若い世代や子どもたちが祭の準備を手伝うようになったとか、他出した子どもたちが祭の時に帰ってくるようになったなど、さまざまな変化がみられるようになっている。

（4）地域と学校の関係性

　最後に、地域と子どもや学校との関わりについて述べたい。子どもたちと祭との関係をみるとある課題が浮かび上がる。集落にはほとんど子どもがいないことにより、若い親世代が地域に関わる機会が喪失してしまっている状況が垣間みられる。この祭は地域の伝統行事として復活を遂げた。しかし一方で、その前に子どもだけの子どもえびすがあったのだが、集落内に子どもがほとんどいないために独自で実施することができず周辺の集落の子どもたちが巡回して来る状況になっている。また、本来は子どもだけで行なう祭なのだが、現在はＰＴＡなど親のサポートが入るかたちで行なわれている。このことは、逆に大人たちによる祭典の方に若い世代が参加しない状況を作り出しており、世代による分断といった、地域の一体化を目指すはずの祭のあり方に課題がみられる。

　社会学者の鈴木栄太郎が都市研究の中で、都市は社会的交流の結節機関とし

て機能すると述べている。そして学校はコミュニティの結節機関の一つとして機能する。この社会的交流をもたらす結節機関の存在は、地方に行けば行くほど限られていく。特に学校や病院、コミュニティセンターといった公的機関に限られ、特に学校は交流の場として大きな機能を果たしてきた。それゆえに、地域にある学校が一つ廃校になっただけでも地方の地域コミュニティに及ぼす影響は非常に大きいものになる。事例で取り上げた集落では小学校が2014年に廃校になった。住民は体育館の利活用を検討しているが、湯沢市の財政や教育行政等の課題があり、現時点では進んでいない。学校の存在は地方の集落維持にとっては非常に大きな存在である。学校の統廃合が進むことにより地域の衰退に拍車がかかっている現在、学校の存在を地域との関係から改めて問い直す必要があるだろう。

引用参考文献
秋田県「平成30年度学校基本調査結果報告」
国立社会保障・人口問題研究所「日本の将来推計人口」
総務省統計局「社会生活統計指標」
鈴木栄太郎1957『都市社会学原理』有斐閣
湯沢市「湯沢市行政区別福祉基本情報」

（秋田大学）

特集２：これからの地域と学校の関係性を考える

地域・学校づくりを ESD の観点で考える
——大学の役割を問いながら

梅澤　収

はじめに

　秋田の事例報告を受け静岡県の地域・学校状況を報告するとともに、地域消滅の可能性のある中で「これからの地域・学校」をどうしていくか、学校はどうあるべきなのか、教師はどのように活動していくのかを、ESD の観点から考えたい。さらに、約10年間の取組んだ大学の教員養成改革と３年間のコンソーシアム事業の経験と省察から、「学校・教師の内発的実践の基本的枠組み」を、これからの大学の役割も視野に入れて提起する。本報告は、当日の報告・議論をもとに加筆したものである。

静岡の地域・学校の現状と施策

　静岡の状況と施策を簡潔に述べる。静岡県は、総人口364.3万人（2019.5.1現在、以下同じ）35市町からなる。２つの政令市（静岡市69.2万人と浜松市79.1万人）と富士市（25.3万人）、沼津市（19.5万人）等23市と、５郡で構成する12町がある。５郡とは、賀茂５・田方１・駿東３・榛原２・周智１（数字は町数）の各郡であるが、平成大合併で53町村が12町となった[1]。県は伊豆半島振興担当の副知事を置いて、人口減の顕著な賀茂郡〈東伊豆町・河津町・南伊豆町・松崎町・西伊豆町〉と下田市の「賀茂地区」の重点振興に取組んでいる。過疎化が深刻な郡部の自治体は、打開策は難しいものの今後の方向性を国・県と連携して自己決定できるが、政令市・市に合併した旧町村地域は、過疎化の対応策を自己決定できない。県内状況を見ると、文部科学省通知（2015.1.27）以降から、多くの自治体は人口減に対応した「学校適正配置策」を検討、併せて小中一貫校（義務教育学校）、コミュニティスクール、地域学校協働本部、地域教育コーディネーター、及び ICT 化による遠隔教育等の導入などを検討し工程表を作成している。国・県の教育政策の方針に沿って学校

と地域の新たな関係性を模索している状況であるが、将来ビジョンを根本的に問いつつ、その自治体ならではの「これからの地域と学校の関係性」を内発的に構築していくことを期待したい。また、大学の役割はこの重要な課題への対応に本質的に迫るものでありたいし、その責任の重さを肝に銘じるべきであろう。

国立大学・教育学部の改革の取組み

国立大学の「ミッションの再定義（教員養成分野）」（2013.11）によって、本教育学部は、'Locally, Nationally, Globally' の視点で「教員養成・研修統合型のシステムの構築」をビジョンに掲げて、この間の改革に取組んできた。

Locally には、教職大学院（2009）、共同大学院博士課程（愛知教育大学と共同設置2012）を設置した。2016年には、学部に初等学習開発学専攻（21世紀型学習と ESD のカリキュラムと授業実践力を得意分野とする小学校教員の養成を目的：学生定員15名）と養護教育専攻（同10名）を開設した。

Nationally には、2012年から福井大学「教育実践ラウンドテーブル」に構成団体として参加するとともに、県内の実践ラウンドもほぼ毎年実施してきた。

Globally には、ユネスコスクール支援大学間ネットワーク（ASPUniv. Net）に参加し（2013.1）、ユネスコスクール研修会（2014.3）、ESD 関連科目の開設、学生国際交流（2013年度から毎年度）や国際会議（インドネシア教育大学、ガジャマダ大学）の共同開催等、教師教育の ESD・国際化活動を行ってきた。

以上の取組みを行うために、教育学研究科附属組織として「教員養成・研修高度化推進センター」（2014.4）を設置した。課題も有しているが、大学院・教育学部の構成員で協働して行う新規プロジェクトや調査研究の母体となっている。なお、学部・大学院に置かれた複数センターの全学教職センター（2015.3）への組織統合や教職大学院への一本化（2020.4月予定）の動きがあるが、組織・連携の実績やビジョン等を内発的（実質的）に構築することなく、形式上統合しただけでは組織を活性化させるものとはなりえない。この点、2022年度をめどに静岡大学と浜松医科大学との統合再編構想（1法人2大学：1法人のもとに静岡キャンパスと浜松キャンパスの2大学を設置）が進行中であるが、形式上の統合を優先し将来構想・ビジョン等の構築過程＝大学内の合意形成が軽視されていることも同質の問題である。さらには、教員育成協議会

と教員育成指標に対して、大学（教育学部）が組織としてどう連携・協働の枠組みを構築していくのかという問題とも共通している。要するに、大学とは何かを問いつつ、将来ビジョンを共有して大学（改革）のガバナンス（全学・学部間の連携とマネジメント）をどう構築するかの問題である。

これらの改革経緯の中で、'Locally, Nationally, Globally' の視点で教師教育の改革を総合的に推進するために、「ESD・国際化ふじのくにコンソーシアム事業（2016-2018）」に主幹大学として取組んだ。この事業は、ユネスコ国内委員会が公募するユネスコ活動補助金（グローバル人材の育成に向けたESDの推進事業）であり、「コンソーシアム」（連合体）を形成し「ESDの実践・普及及び国内外におけるユネスコスクール間の交流等を促進する」ことで「国際的視野を持つグローバル人材の裾野を広げることを目的」（公募要領）としていた。公募の趣旨が、教員養成学部のミッションに合致するとともに、グローバルな視野で県内の教師教育の改革を推進できる基盤を構築できると考えた。具体的な諸活動とその成果と課題については参考文献の報告書[2]を参照していただきたい。大学が主幹するのであるから大学の役割を活かした「大学ならでは」のコンソーシアムのあり方を議論して、「育成」「知的支援・助言」「発掘・発信」「つなげる」の4つの役割を柱として3年間の活動を行った。

SDGsの登場（2016年度から）

その後、2016年からはSDGsの流れが主流となっていく[3]。ESDは、文部科学省（ユネスコ国内委員会）と環境教育の関連で環境省が所管する取組みであったが、SDGs（持続可能な開発目標。17ある）が2015年9月国連「持続可能な開発サミット」（2015.9）で採択されると、日本では内閣府にSDGs推進本部（本部長：内閣総理大臣）を設置（2016.5）、円卓会議等を経て公表された「拡大版SDGsアクションプラン2018」（2018.6）では、日本版「SDGsモデル」の3本の柱として、① SDGsと連動した官民挙げた「Society 5.0」の推進、② SDGsを原動力とした地方創生、③ SDGsの担い手である次世代・女性のエンパワーメントが提示された。その後「アクションプラン2019」（2018.12）が公表されると、多くの省庁でSDGs関連予算が組まれ、また経団連をはじめ企業の側でもSDGsに取組む表明がなされた。SDGsは国の政策の目玉となっており、「SDGs未来都市」選定（県内では静岡市と浜松市が補助金なしで選定）や国の各省庁予算等を通じて自治体の施策や取組みが行わ

れている。

　地方創生やSDGsについて、政府や自治体は、政策スローガンや財政措置を前面に打出して取組んでいる。しかし、自治体が実態を把握して内発的にプログラムを企画立案し実施してその成果と課題を検証しているであろうか。国の予算措置や施策の方針（指導等もある）に合わせた「辻褄合わせ」が行われると、質の高い取組みとならないばかりか、国に間違った情報を上げることになる。

　3年間のESD・国際化コンソーシアム事業を通じて考えたことは、「大学はそういうところをひと潜りして考える」役割があるということである。

ESDの学校改革力〜潜在可能性〜

　ESD（Education for Sustainable Development）は、「持続的な開発（発展）のための教育」と訳され、2002年日本主導により「ESD10年（2005-2014）」のユネスコ活動を経て、その後「ESDグローバル・アクションプラン」（GAP: Global Action Plan 2015-2019）が進行中である[4]。日本ユネスコ国内委員会によれば、ESDとは、「貧困・人権・平和・開発等の現代社会の課題を自らの問題として捉え、身近なところから取り組む（think globally, act locally）ことにより、それらの課題の解決につながる新たな価値観や行動を生み出すこと、そしてそれによって持続可能な社会を創造していくことを目指す学習や活動」と解説し、「持続可能な社会の担い手（にないて）を育成する教育」と規定する。ESD推進拠点と位置づけられる「ユネスコスクール」は、1,116校（2018.10）となっている。学校教育の施策では、2008年版学習指導要領や第1期教育振興基本計画（2008）では、「持続可能な社会の担い手を育成する教育」「持続可能な社会の構築」の表現が既に盛り込まれた。2017年版学習指導要領では、新設された前文において「持続可能な社会の創り手（つくりて）」の表現となったが、「持続可能な社会〈をつくる/の構築/づくり〉」の表現も文中使用されている。また、振興計画第Ⅱ期（2013）と第Ⅲ期（2018）にも継承されている。

　日本ユネスコ国内委員会（2017）は、学校等でESDを実践されている者に対して次のメッセージを発している[5]。

　　　持続可能な社会の担い手を創る教育であるESDが、新学習指導要領全体において基盤となる理念として組み込まれ…ESDの実践で取り組まれ

てきた学習内容や方法は、新学習指導要領等に示された〈主体的・対話的で深い学び〉の実現に向けた授業改善という改訂の方向性にも資するものであり、地域や外部機関、世界と連携して学際的かつ体系的に構築するESDの編成プロセスは、〈カリキュラム・マネジメント〉の具体的な実践にもつながる。

　ユネスコ（2018）では、「全体性」「総合性」を意味する‘ホリスティックholistic’を用いて「機関包括型」「組織全体の」のアプローチで教育改革を推進することを提唱している。これまでの学校をESDの観点から改革していくために、具体的には、①教授・学習方法の改革だけでなく、②教育課程経営（カリキュラム・マネジメント）、③学級（教室）経営、④学校・地域の連携・協働関係など、学校組織全体を包括的に再構築していくことを提唱している[6]。

　しかし、これらの呼びかけ・提言等にも関わらず、学校現場レベルでは、積極的に取組む学校も散見されるものの、未だ点段階にとどまっている。コンソーシアム事業を通じてその壁が大きく立ちはだかっていることを痛感したが、それは、ESDを一般論として肯定するものの、ESDの持つ「ホリスティック（全体的、総合的）な学校改革力（潜在可能性）」が理解されていないこと、またその複層的な改革力を活かしてESD実践をどのように行うかの道筋・戦略のイメージ（枠組み）がないために、実践の一歩を踏み出せない学校が多いことである。

　ESDがそのような多様で複層的な改革力（潜在可能性）を持つならば、教育政策（学）は、学校現場からその改革力の具体像とそれを発揮する方策を提示する必要がある。その枠組みを提示することは、「メッセージ」で示されたように、次期学習指導要領がめざす「21世紀型学びを各学校で実現するための理論と実践の枠組み」をESDの観点で提供することであり、その枠組みはまた、今後の日本の学校・教師の在り方を問い直し、その機能・役割等を転換していくことにもなると考える。

ESDの学校改革力を開化させる

　以上もとに課題を再設定すると、①国立教員養成学部は、国連・ユネスコが提唱する「SDGsに基づくESD」を日本の学校教育現場で本格的に実践するにはどうしたらよいかに積極的に取組んでいくこと、②今般の教育改革と連動

させながら、「ESDと21世紀型学びを両輪に学校・教師を改革していく基本的枠組み」を大学が学校現場と連携・協働して構築することである。

　学校で子どもたちが、持続可能な開発（目標）に貢献する知識・技能・価値観・態度を学び、当事者意識をもって活動し主体的な行動変容をもたらすには、これからの学校・教師はどのように内発的な取組をする必要があるのか。これが、これからの学校教育の大きなテーマとなっている。これまで義務教育の歴史構造的研究をしてきた者からすると、ESDとSDGsの観点は、今の社会・地域及び学校が大きな歴史構造的な転換期にあり、そのシステム転換の必要性を当事者が認識し、内発的にその方向で取組んでいく枠組みが求められていることを教えてくれる。また、その枠組みの構築のためには、ESDの改革力（潜在可能性）と大学の役割（大学のあり方を問い組織改革を伴うことが必須）を活かすことであると考える。

　そこで、コンソーシアム事業最終年度の国際会議（2018.11）において、‘ESD × PLC’をテーマにシンポジウムを行ったが、その議論を参考にしながら「ESD × PLCの教育実践研究〜ダイバーシティな社会に開かれた学校・教師の改革のための枠組み構築」をまとめた[7]。PLC（Professional Learning Community: 専門職学習共同体）とは、日本ではいわゆる「校内研修」であるが、地域・学校の現状・課題、そして子どもの様子を把握して、地域・学校の今のいい所と課題、それを未来に繋げていく学びをどう地域学校協働で行っていくかを実践していくことである。校内研修の再構築の取組みは、カリキュラム・マター（問題）でもあるものの、総合的な学校改革にも繋がっているのであり、「カリキュラム改革が学校・教師の働き方改革の本丸である」と考えている[8]。教員の働き方改革は、これからの学校（経営）のあり方を問いながらカリキュラム改革をしない限りは実現しないであろう。

　教員養成学部は、養成・研修の総合的な教師教育の視点から、この枠組みに積極的に参画し、有効な役割を果たす役割が期待される。県・市町の教育委員会と学校と連携して総合的な学校改革の調査研究を進めるには、大学・大学院は、大学教員だけでなく、大学学部生・院生（教員の卵）、教職大学院等（現職教員。博士課程も含む）の参加の枠組みを構築することが不可欠である。連携・協働のための新しい枠組みを協議し実践と検証・修正を行う、そのプロセスを重視すること自体が、教師をはじめとする当事者（ステークホルダー）の未来に向けて内発的なエンパワーメントを高めるとともに、特に「教師のdecent work〈やりがいのある〉仕事」を生み出すことができる。

ecological 教師 agency 論

国連・ユネスコの ESD の観点で ESD × PLC の枠組みを提起してきたが、PISA 調査で教育政策に大きな影響を与えている OECD の教育政策の枠組みを検討したい。

OECD（2015）は、'Education 2030' を公表し、2030年の近未来に求められるコンピテンシーを検討し、その育成につながるカリキュラム・教授法・学習評価等を検討するプロジェクトを開始している。第1期の終了年（2019）を前にまとめた「ポジション・ペーパー」（中間報告）では、「社会を変革し未来を作り上げていく」コンピテンシーとして、①新たな価値を創造する力、②対立やジレンマを克服する力、③責任ある行動をとる力を提起し、そのために「教育課程や教育制度を変革していく上でのデザイン原理や教育制度」を共同研究しているという。カリキュラムのデザイン原理について、「概念・コンテンツ・トピック」では「生徒エージェンシー」が、「学習プロセス」では「教師エージェンシー」をそれぞれ第1項目に掲げている[9]。文部科学省・教育課程企画担当者報告（2019）はこれに注目しているので、次の次の学習指導要領の考え方に反映されることが予想される。この報告によれば、agency は「自ら考え、主体的に行動して、責任を持って、社会変革を実践していく力」の意味ととらえているが、日本語（和訳）を提示していない。また、「オートノミー×」とは異なり「主体性△」とし、3つの特徴として①将来的な目標を見据える力、②批判的な思考力、③現状に疑問を持つ力等を挙げる。

一方、国連・ユネスコは、2015年に 'UNESCO Education 2030' を採択している（韓国・仁川宣言）。この文書は、「教育を通じて生活を変えること」「教育が開発（development）のための主要な原動力」で「他の SDGs 達成に重要」であるから、「1つの新教育アジェンダ」＝「誰も取残さない、ホリスティックで、スケールの大きい、意欲的な」(holistic, ambitious and aspirational, leaving no one behind)「教育課題」に危機感を持って取組むとしている[10]。

この点、OECD と UNESCO の教育政策文書の違いを検討しておく必要がある。ESD は、「持続可能な社会の創り手」の育成をめざし、グローバルな視点で課題に向き合い思考し行動する学びを学校教育に求める。それは、「空間

軸」（地域・日本・アジア・世界）、そして「時間軸」（過去・現在・未来）の
双方から現在の教育活動・教育実践を問い直す「大きな枠組み」を提示し、学
校及び子どもたちの活動にリアリティをもたらす。人類史的・世界的な課題を
学校の地域性の文脈でどう学ぶかをメインテーマとしている。それゆえ、
SDGs と ESD の観点で地域・学校の組織を包括的に再構成していく観点を欠
いたままでは、OECD の「コンピテンシー論」を基礎にした枠組みは有効に
機能しないと思われる。「ESD はホリスティックで変容的な教育であり、内容
と結果、教育学、学習環境を学ぶことを大切にしている」のであり、OECD
のコンピテンシー論はその学びをデザインするための参考となる枠組みである
が、逆ではない。

　そこで、ESD × PLC の枠組みと 'teacher agency' の関係であるが、
Priestley（2015）の 'ecological approach' を参考にして、「教師の内発的
な実践のための基礎理論」として位置付けたい[11]。ecological な視点で自分
の学校をこれからどうしていくのかと問うことは、これは 'sustainable' と
いう視点でもある。地域・学校を 'sustainable（持続可能な）」' ものにして
いくにはどうしたらよいのかを、子ども達が学んでいくことができるようにす
るために学校・教師のあり方と役割を見直していく。また、その取組の実績と
知見に基づいて教育政策に発信し、制度や条件を発信していくことを含んで、
「ecological 教師 agency 論」であると捉えたい。

　一方で、行政学や政治学や経営学では、agency 論は「依頼人（principal）
と代理人（agent）の関係」で扱われ、特に「agent が好き勝手やらせないた
めにどう管理・統制していくか」が大きなテーマとなっている。想起されるの
は、民間委託論や独立行政法人と国立大学法人化の理論も、「agency 理論」
である。そういう意味で、教育学において「内発的」かつ「エコロジカルな教
師 agency 論」を良質な枠組みとなるように検討を続けたい。併せて教育政
策学会や教育行政学会の役割は、今の国立大学法人制度の持っている負の問題
（実態）や構造的な問題点をどう考え、それをどの実践的に改革していくのか
も考える必要がある。

おわりに

　社会・地域及び学校が大きな歴史構造的な転換期にあり、そのシステム転換
を内発的にどのように行っていくのかを、ESD や大学の役割の観点から考察

し報告した。秋田の実践事例も、ESD の観点で学校・教師が内発的に実践・活動を行うための枠組みを構築して、さらに発展させていくことを期待したい。

注
（１）静岡県（2010）
（２）参考文献の一連の報告書を参照のこと。なお伊藤博隆（2017）を参考のこと。
（３）SDGs 動向の詳細については配布資料10頁参照。
（４）ESD 動向の詳細については配布資料6-7頁参照。なお、国立政策研究所（2014.3）は ESD の研究報告書をまとめている。
（５）ユネスコ国内委員会（2017）を参照。同委員会（2016、2018）発行の『手引』がある。
（６）GAP2015-2019。A.Lelcht et al.（2018）は、SDGs 教育の最新研究である。
（７）コンソーシアム（2019-a）で詳細を確認されたい。
（８）梅澤収（2018）でこれからの教科外活動と21世紀型カリキュラムについて検討した。
（９）文部科学省（2018）「OECD Education 2030 プロジェクトについて」及び OECD（2018）を参照のこと。シュライヒャー（2019）やセンゲ（2014）も参考となる。
（10）UNESCO（2015），Education 2030 Framework for Action。木村（2019）参照。
（11）M.Priestley et als.（2015）参照。iterational（反復的），projective（未来投影的），practical-evaluative（実践-評価）の３次元の総合的な枠組みを図示している。

参考文献
・ESD・国際化ふじのくにコンソーシアム事業（静岡大学主幹）
（2017-a）『教員養成に関する国際会議2016報告書』／（2017-b）『初年度（平成28年度）事業報告書（全体版）』／（2017-c）『初年度（平成28年度）事業報告書（分冊版）』
（2018-a）『第３回 ESD 実践研究会 トークセッション講演録』／（2018-b）『第４回 ESD 実践研修会・研究集会シンポジウム講演録』／（2018-c）『ESD・国際化と教員育成支援に関する国際会議 2018報告書』／（2018-d）『平成29年度成果報告会報告書』
（2019-a）『ESD・国際化と教員育成支援に関する国際会議2018報告書』／（2019-b）『実践研究ラウンドテーブル in 静岡2018報告書』／（2019-c）『平成30年度成果報告会報告書』／（2019-d）『コンソーシアム事業（2016-

2018）評価会会議録』
・伊藤博隆（2017）「ESD・国際化ふじのくにコンソーシアム（国内事例121紹介）」地球環境パートナーシッププラザ（GEOC）
・木村大輔（2019）「SDGs を教育で扱うことの目的って？」
・国立政策研究所（2014.3）『学校における持続可能な発展のための教育（ESD）に 関する研究』（最終報告書）
・A. Leicht, J. Heiss and W. J. Byun（eds）（2018）, Issues and Trends in Education forSustainable Development. 2018 UNESCO
・文部科学省（2015）「公立小学校・中学校の適正規模・適正配置等に関する手引の策定について（通知）」2015.1.27
・文部科学省（2018）「OECD Education 2030 プロジェクトについて」
・日本ユネスコ国内委員会（2016）『ESD（持続可能な開発のための教育）推進の手引（版）』、同（2018）『同（改訂版）』
・OECD（2018）, The future of education and skills: education 2030： the future we want（Education2030 position paper）.
・M.Priestley, G.Biesta, S.Robinson（2015）, Teacher Agency :An Ecological Approach. Bloomsbury Academic
・P.M.センゲほか（2014）『学習する学校―子ども・教員・親・地域で未来の学びを創造する―』リヒテルズ直子訳　英治出版
・白井俊（2019）「OECD における Agency に関する議論について」
・静岡県（2010）「静岡県の平成の大合併（2010.3.31現在）」
・A.シュライヒャー（2019）『教育のワールドクラス―21世紀の学校システムをつくる―』鈴木寛・秋田喜代美監訳　企画・制作ベネッセコーポレーション　明石書店
・梅澤収（2018）「これからの教科外活動の理論と実践―21世紀型カリキュラム改革をめざして―」静岡大学教育学部附属教育実践総合センター紀要第28巻19-28頁
・UNESCO（2015）, Education 2030 Framework for Action
・ユネスコ国内委員会（2017）「持続可能な開発のための教育（ESD）の更なる推進に向けて〜学校等で ESD を実践されている皆様へ（メッセージ）」

（静岡大学）

特集２：これからの地域と学校の関係性を考える

公開シンポジウム「これからの地域と学校の関係性を考える ──秋田での取り組みを踏まえながら」のまとめ

佐藤　修司

１．はじめに

　第二次安倍内閣において、地域の衰退が問題となり、「地方創生」が政策の重要課題となって久しいものの、首都圏を中心とした大都市部への人口集中と、地方での人口減少の進行には未だに歯止めがかからないだけでなく、加速している。中でも、秋田は全国一の人口減少率となっており、深刻さの度合いが大きい。2017年４月に県人口は100万人を割り、2018年６月現在96.9万人となった。ピークだった1956年の135万人から４分の３にまでなっている。毎年１万人強が減少し、国立社会保障・人口問題研究所は、40年に70万人まで減ると推計している。2018年10月現在の17歳人口は8446人であるのに対して、０歳は5096人、１歳は5464人である。この少子化傾向が学校統廃合につながっている。

　秋田は「全国学力テスト」における小中学生の学力が全国トップレベルを維持し続ける一方で、長年取り組んでいる「ふるさと教育」は心の教育やキャリア教育など、多様な要素を持ちつつも、郷土を支える人材の育成を目指してきた。教育政策として、コミュニティスクール化が努力義務とされ、地域学校協働活動、地域教育コーディネーターなどが次々に打ち出される中で、学校が地域によって支えられる体制づくりが進められている。また、東日本大震災の被災地では、学校やその教職員が主体的に地域の復興に関わり、それを教材化し、子どもたちが地域復興の主体となっていく「○○ふるさと科」などの取り組みが進んでいる。「地域に支えられる教育」だけではなく、「地域を支える教育」、そして、「地域と共に歩む教育」「地域と共にある教育」が求められていると言える。

　本シンポジウムでは秋田での取り組みを踏まえながら、地域と学校の関係の今後のあり方を協議した。東成瀬村は県内でも学力の高さで知られるところで、その中での地域と連携した教育の取り組みが特徴となっている。五城目町では

地域おこし協力隊などの取り組みが進んでおり、五城目小学校の関わりが報告された。石沢真貴（秋田大学教授）からは、社会学の立場から、秋田の地域が置かれている状況や地域おこしの取り組みについて報告が行われた。梅澤収（静岡大学教授）からは、ESDの観点から、地域と学校との関係性について報告された。ここでは、各報告や全体協議を踏まえ、東成瀬中学校、五城目小学校の報告等について補足しながら、全体のまとめを行う。

２．東成瀬中学校の取り組み

　東成瀬村は岩手県と宮城県の県境に位置する、人口2500人の村である。年5回は雪下ろしが必要になる豪雪地帯である。一村一小一中で、生徒数は45名、保護者世帯数は43で、7割が三世代同居となっている。PTAの参加率はとても高く、子どもの数以上に保護者が来る。子どもたちは真面目な学習態度で、優しさと素直さはあるが、自分の考えを話す点で課題を抱えている子どもたちもいる。

　学力向上の点では、小規模であることが有利に働くことは確かだが、それだけでなく、学校として組織的な取り組みを行っており、小中の教員が年2回、授業研を実施している。6月に小学校、11月に中学校で行う。小中で共同研究、共同実践を行い、指導案づくりから行っている。そこでは、教員の授業力を批判するようなことはない。教員の授業力向上を目指すというより、村の子どもたちの状況に合った、自分たちの教育技術の引き出しを多く持とうというのが共同研究の狙いになっている。教員批判にならないような研究体制をとって、丁寧な指導にあたっていることが学力向上に結びついていると捉えられている。

　子どもにとっていいことは教員にとって多忙化につながる。学校では基礎定数では全教科が埋まらないので、免許外の非常勤講師もお願いし、また、村費負担の講師を一人雇っている。加配定数1ももらっている。通学に使っている民間バスの最終が5時50分のため、それに合わせて子どもたちも帰ることから、それに合わせて教員にもできるだけ早く帰ってもらうようにしている。

　東成瀬村では行政と小学校、中学校が距離的にとても近いとともに、連携が非常に密で濃く、教育にお金をかけてくれている。教育長はフットワークがあり、元気に全国を飛び回って講演などをしているが、ちょっと油断すると職員室に座っている。いろんな情報を感知して、じゃあこれをやろう、となる。それは、校長の仕事なんだけど、と思うほどである。卒業生は全員村外の高校に

行くことになるが、村としては、小中の給食費は無償、民間バスの交通費も無償にし、高校生の通学費も8割を負担している。

　村の学校支援ボランティアは人口2500人のうち約200人で、体育祭の手伝い、文化祭での成瀬太鼓の指導など、様々な場面で活躍している。ボランティアの人がたくさん来てくれても休んでいくところが学校にないため、昨年の夏休み、校長と事務職員と校務員でボランティアルームを職員玄関の横の教材室だったところに作り、ふるさと交流室と名付けた。学校の様子が分かる掲示物、お茶などを置いて、9時から4時まで開放して、地域の会議にも使ってもらっている。学校の様子を伝えるとともに、地域の子どもたちの様子を聞かせてもらう機能も持っている。校長室にあった歴代の校長の写真をそこに置いたところ、お年寄りたちは自分の子どもの時の校長だ、などと懐かしく見てくれている。学校内にこのようなスペースを作ることで地域と学校との連携が進み、住民、保護者との心理的な距離も近づくことは明らかであろう。

　住民は小中学校の子どもの名前をみんな知っている。地域の人たちもみんな名前で呼び合っている。これが強みになっている。黄花コスモスの除草作業やリサイクル活動などでも参加率がとても高い。それだけ地域の子どもたちを地域で育てていかないと、この村が続かない、そういう危機感も持っていて、頑張っている。

　学校運営協議会はないが、小学校にボランティアをコントロールしてくれるコーディネーターが一人、村費で配置されている。中学校に関わることでもその人が全部呼びかけてくれる。ただ、それが組織だって行われている訳ではない。お互いに知った仲間なのでできている。高齢化は課題で、学校に来てくれる地域ボランティアの人たちは、自分たちのあとの人がいない、と言っている。ただ、PTAの方々がこの後を引き継いでいってくれると話している。

　教育課程の面では、2年生の職場体験とは別に、「わが村体験」を9月に学年縦割りでやっていて、1年目は稲刈り、2年目はホテルなど、3年間で三カ所を回るようにしている。総合学習では、1年生が「地域に学ぶ」、2年生が「職業に学ぶ」、3年生が「生き方に学ぶ」をテーマとして、ポスターの部とセッションの部を作り、地域の人に投票してもらって、グランプリを決めている。朝の15分の時間では縦割りグループで全校ミニ討論会をやり、去年は、ご当地スイーツを考えることにして、「でっちまろん」（栗入り大福）を作り、大変好評を得た。地域の支援があってできたもので、子どもたちも達成感を感じるも

のとなっていた。

　仙人思考力コンテスト（東成瀬村は仙人修行が行われていて、仙人の里とも呼ばれる）では、難問に挑戦させているが、地域の方々から問題を募集して、村のことについても出題している。俳句集会でも、東成瀬の方言を使った俳句を作る活動を入れ、地域の専門家の方に指導してもらっている。マイランチデーでは自分で弁当を作ってきて、自分のものを写真に取り、お互いにコメントし合う活動をしているが、保健師さんや地域のボランティアの人が事前に、こういう献立や食材が良くない？など、子どもたちにアドバイスしている。全員が何かの楽器を担当して全校吹奏楽を行っていて、自分の部活の他に、全校で地域の音楽祭や、お年寄りのグループホームなどでの演奏活動を行っている。教員も全員楽器を持って音楽活動を行っている。

　このような様々な取り組みを行っても、多くは村外に出て行って、人口減少に歯止めがきかないのが課題である。それでも何らかの形でこの村に生まれてこの村で育ってこの村で教育を受けて、何らかの形で社会や地域に貢献できる、そういう子どもたちを育てていきたいと思っているとのことであった。

　東成瀬の取り組みは、地域、保護者との win-win の関係を保ちながら、学校、保護者、地域が一体となって村の子どもを育てるものになっている。それぞれが当事者意識を持って取り組んでいる。また、校長は教職員に対して、私達が何のためにここにいるのか、これから10年後、今の子どもたちが20代になったとき、どのような社会が子どもたちを待っているのか、それに向けて学校はどんなことをしなければならないのか、このことを考えるように言っている。保護者も地域も同様に考えないといけないと感じているとのことであった。

　大沼校長は、他の報告など全体を聞いて、学校が教育目標の副題にしている「未来につながる今を大切にする教育の実践」ということを特に力を入れなければならないと感じたとのことであった。今後10年後、どんな社会になっても対応して生きていける子どもを育てていかなければならない。そのために、学校、保護者、地域が、地域の未来を担う人材育成に取り組む、これは一つの大きな課題だと感じ、また、解のない未知なる問題、課題に対して、人と上手に関わり、対話しながら解決していく力、こういう力をつけてやらなければならないと感じたと述べていた。

3．五城目小学校の取り組み

　人口は9千人あまり。昭和35年には2万人いたが、人口減少が続いている。小学校は6校あったが、4年ほど前に統合され、一町一小一中学校となっている。小学校は児童数275名。現在10クラスとなっており、他に特別支援学級3、通級指導教室がある。

　五城目小学校の場合、多い学級は児童数が39名にもなるので、学級としては小規模と言えないところもある。学級担任の外に教育専門監が一人配置されている。専門監は秋田県の制度で、指導主事とは違い、学校に籍を置きながら複数の学校や教員に対する指導に特化した教員である。五城目小の場合、理科が専門で3校を兼務している。加配によるTTの指導を行っている。中学校のALTは小学校も兼務して、外国語の時間にほぼ毎時間入ってもらっている。町の予算で学習支援員が二人配置され、全学年、特に算数では全学年全時間、二つのクラスを3人の教員で担当し、少人数や複数での指導を行っている。生活支援員として町の職員が7名入っていて、支援を要する子どもへの生活上、学習上のサポートに当たっている。

　一小一中学校、一こども園ということで、教育委員会は手厚く対応している。学校に関しては学校教育課が関わり、各団体との連携では生涯学習課でいろいろ考えてくれる。まちづくり課や福祉保健課など、その都度学校に来て、いろいろやってくれる。学校も、福祉の作文や標語やイベント参加など、積極的に町に協力している。ギブアンドテイクの関係になっている。

　また、教員の多忙化の要因として、外部との折衝や交渉、連絡など、子どもに関わる以外のところが大きいが、学校支援地域本部事業での地域コーディネーターがそれらの業務を担ってもらうことで、負担軽減になっている。地域コーディネーターがとても頑張ってくれているが、地域コーディネーターだけが頑張っているのではダメで、やはり学校担当者がしっかりとタッグを組んで、担任たちの要望を引き受けたり、吸い上げたり、地域に還元していったりという取り組みが必要である。それを教頭がやっている。

　地域のボランティアは140人が登録しており、給食の配膳補助、社会科や総合的な学習の時間の指導、稲作指導、絵本づくり、図書修理、裁縫、昔遊び、校舎修理、読み聞かせなど、様々なことで協力が得られている。

　高齢者の中でも50代はまだ働き盛りで学校に関わっているヒマなどない。70代も高齢者の中では若手。80代になればそろそろ現役で、一番頑張っている。

85になって、90に手が届くようになればそろそろ退く。そのように高齢者は補充されていくので人手不足はあまり問題にはならない。退職教員も多くいて、65位までは再雇用などで働いて、その後また学校に貢献してくれる。今のところ人材不足は心配ないが、高齢者よりも学校の方が先にいなくなるのではないかというのが心配である。

　松野校長からは、全体を聴いた上で、小学校の子どもたちの状況について触れられた。小学校の子どもたちは、田舎であれ都会であれ、家に帰ればゲームやメディアに囲まれて同じ暮らしをしている。せめて学校にいる間は、自分たちの住んでいる地域や地元と関わらせてあげたい。どういうものがあるか、どういう人がいるかを見せてやりたい。いろいろな取り組みをしているが、それが終わった後、「後」には意味が二つあって、一つは放課後や休日、夏休み、冬休みなど、その時に地域に出て、見知ったことをさらに体験し、地域に還元することをしてほしい。もう一つの「後」は、将来、大人になったときに自分の地元を考える目や心をもってほしい。決して定住してほしいとは思っていない。出て行ってもいい。子どもたちの故郷、心の中の故郷は、生まれ育ち、いろいろな経験をした地元だと思う。その故郷に思いをはせる子どもになってほしいと願ってこのような取り組みをしている、とのことであった。

　五城目町は人口減少等に対応するため、2014年から地域おこし、地域づくりを重視し、地域おこし協力隊を若者中心に委嘱している（３年までの任期で、一定額の報償費の支給）。また、2013年３月に閉校した馬場目小学校の校舎（2000年１月完成のもの）を改築し、起業やコミュニティ活動などを実施する事業者を支援する場として、地域活性化支援センターを2013年10月に設置している。そこを「馬場目ベース」と呼んでいる。そこには、①入居企業・団体が、更なる活躍を広げるための活動の場としての基点となること、②様々体験学習やイベントなどを通じて、これまで旧馬場目小学校が担っていた、地域交流の基点となり続けること、の意味が込められている。（https://babame.net/）。

　ここに入居しているものの一つに「ハバタク」がある。東京に本社があり、"Design for a Co-Creative World" をスローガンに、教育事業とコンサルティング事業を行っている。教育機関・企業向けの教育プログラムづくり（国際教育・アントレプレナーシップ教育・英語学習）、地域発の新しいビジネスづくりを支援しており、東京、東南アジア、米国に活動拠点がある。ハバタクの本社がある千代田区と五城目町が姉妹都市であることから、丑田俊輔氏が家

族とともに五城目町に移住して活動している。この美しい秋田のイナカから、地域にどっしり根ざした起業家が増殖していくような仕掛けや事業づくり、そして、町の豊かな教育環境づくりに貢献していきたいとしている。

　古民家再生プロジェクトとして、シェアビレッジも行われている。「シェアビレッジ」は秋田県の辺境から始まる「村」の概念をひっくり返すプロジェクトで、「村があるから村民がいるのではなく、村民がいるから村ができる」という考えのもと、消滅の危機にある古民家を村に見立てて再生させていくこうとしている。クラウドファンディングで「年貢」を集め、「寄合」という交流会を行い、物語性を持った施設とし、多くの人で一つの家を財政的にも運営的にも支える仕組みを作り、全国の古民家を村に変えていきながら、「100万人の村」をつくることを目指している。

　古民家を改修したギャラリー「ものかたり」は、地域おこし協力隊であった小熊隆博氏が五城目町に移住し、「ベネッセアート直島」での勤務経験を活かして開設したものである。展覧会、ワークショップ、講習、書籍、アーティストグッズ、地元職人によるオーダー商品等を取り扱っている。

　五城目小学校では、これらの場所を訪問・見学し、協力を得ながら教育活動が展開されていることも特徴である。センターに入居している教育コンサルティング会社「ハバタク」と連携して、6年生の総合的な学習で、「五城目で世界一周」と題し、秋田の国際教養大学の学生を招いて学習したりもしている。

　五城目小学校ではその他にも JA 湖東と連携して、枝豆栽培、稲作体験、ドン菓子作りを行ったり、給食生産者組合「エコ・ファーマーズ」（給食の地産地消を目指している）と連携して、ランチ委員会が農場を訪問して農作業を体験したり、給食食材生産者の方々を招いて交流会を開催する取り組みも行われている。

4．地域と学校、大学

　石沢氏は、質疑の中で秋田における人口流出の理由について問われ、働く場所がないから若者が県外に出て行くということは大きいと答えている。就職して地元に残りたいという希望は強い。けれども働き口がなくて東京や仙台に出て行く。自分のやりたい仕事が秋田にはない。また、大学についても、自分の学びたい学部が秋田にないということで、大学進学も関係している。一方、人工的に作られた干拓地である大潟村の場合、秋田で唯一若い女性が増加すると

推測されている。その意味でも雇用の面は大きいと思われる。

　ただ、石沢氏は、少子高齢化がマイナスで語られがちであるが、それは避けられない現実で、地方創生で人口そのものを増加させようとする国の政策は無理があるととらえている。現実的に減っていくことを踏まえた上で、減る中で教育をどうしていくか、どういう地域づくりをしていくのかを考えることも必要である。少子化なら少子化なりのやり方、高齢化なら高齢化なりのやり方、あり方があってもいいと個人的には思っている、とのことであった。

　報告の事例はうまくいっている事例だが、人口増加に結びついているわけではなく、本当に成功しているといえるのか、との質問については、人口自体は減っていて、高齢化も進んでいるが、そこに住んでいる人たちが何からの生きがいを見いだし、お祭りという一つのきっかけをつかんだことを評価すべき点ととらえる。これまで何も動きがなかったところで、自分たちの生きがいなり、自尊心なり、地域の良さを改めて感じることができるということは、今いる生活者にとって非常に重要な点である。

　では将来どうなるかというと、この集落が10年、20年先も続いていくかは分からない。確かに移住してくる人はいるが、劇的に増えることはない。むしろ消滅する可能性がないわけではない。そういう意味で、一番重要なことは、そこに今いる人たちが生きがいを持って生きていけるのか、楽しくやれているのかである。もし何らかの形で、自分たちなりにやれることを続けて、もし集落じまいのようなことになったとしても、納得のいくようなあり方、終わり方になれれば、それは一つの方向性なのだと思っている、とのことであった。

　梅澤氏に対しては、大学の教員養成での取り組みが質問され、静岡大学教育学部に、2016年に設置した初等学習開発学専攻は、定員15名で、21世紀型学習とESDのカリキュラム、あるいは授業実践力を得意分野とする教員養成を目指しているとのことであった。教育学の教員、学習科学の教員、人権教育、国際理解教育、消費生活、日本語教育をやっている教員の7名で構成している。PBLということで、プロジェクトないしプロブレムをベースとした学習を展開することでやっている。

　また、主体性論と秋田の二つの事例との関連について問われ、二つの事例は、国に言われたとおりにただやればいいということではなく、自分たちに合うか合わないかをきちんと考えてやられているところに、主体性を感じると評価されていた。主体性論とESDの改革を合わせて考えると、ホリスティック・ア

プローチ、つまり、学校組織全体を包括的に再構成していく議論と実践の枠組みが大切になる。今の優れた実践だけではなく、将来、その子どもたちがどのように村を担っていくのか、担っていってほしいのか、教師がどのように成長し、それがどのように伝搬していくのか、学校等での成果が政策にどのように反映されるか。それらを含めてエージェンシーと言っている。

　持続可能性の視点が大事になる。学校も地域も Sustainable が問題になっている。その中で、学校やそこで学ぶ子どもや教師が、そういう困難な状況を担いながら社会を創る学びにつなげていくか。この点で、教師の役割は新しく捉え直され、重要視される。教師だけに責任を押しつけるのではなく、そのための条件整備、政策や制度改善等を求めていくことも含めて、エージェンシー論であるととらえたい、とのことであった。

　今回取り上げた東成瀬村と五城目町は人口減少、少子高齢化の問題が深刻化しているところであり、同時に地域共同体が高齢者を中心として確固たるものが存在し、学校を支え続けているところであった。秋田は学力向上に向けて、管理的、競争的な教育が行われているイメージがあるかもしれないが、学力の向上は、教師たちの地道なたゆまぬ努力によるだけでなく、地域住民の様々な形での支援によっても支えられるものであった。

　しかし、ある程度の子ども人口を抱えている秋田市の学校の場合は、地域とのつながりはかなり薄くなっている。新興住宅地を抱えている学校の場合はなおさらである。秋田市の中でも、現在は周辺部での小規模校化と同時に、都市中心部での人口減少、小規模校化に対応するための適正配置の取り組みが行われている。秋田市に限らず、急速な学校統廃合、バス等による通学が拡大する中で、地域との関係性の弱化が進みつつあり、それが学力の問題にも跳ね返ってくる可能性は高い。地域の衰退は学校の衰退でもある。地域と学校とは共依存関係にあることは明らかであろう。学校は地域の文化センター的存在でもあり、学校の廃止は子育て世代の若者の離脱をも誘発し、地域の衰退を加速するものともなる。

　全国的に見れば、外国人労働者の増加に伴って、その子どもが増加し、日本語支援などが大きな課題となっている地域も増えている。大都市部も含め、多様化する地域の課題に適切に対応することが求められている。教育政策、学校政策は同時に地域政策でもなければならないということであろう。

　本シンポジウムは、基盤研究（C）「大震災を契機とした地域・学校の復

興・再生と人口減少社会への対応に関する研究」（研究代表者：佐藤修司）の一環でもある。

（秋田大学）

III

特集 3

教育と福祉の統一的保障をめぐる
教育政策の課題と展望

特集３：教育と福祉の統一的保障をめぐる教育政策の課題と展望

特別な教育ニーズは一部特殊なグループだけではないという志向（Every Child Matters）と拡張学校の役割

岩橋　法雄

１．新自由主義の展開と〈教育と福祉〉

　戦後福祉国家体制の中で追求された理念は、すべての人が人権主体者として生活が保障されることであったことは誰も否定しないであろう。この生活保障のために完全雇用が追求された。それは失業（安易な解雇による雇用調整）による生活の不安定化や破壊を防止することであり、だからこそ最低賃金の確保や所得保障がシステム化されてきたのである。そして、教育の機会均等、雇用能力の形成への補助、在留するすべての人への無償医療（地域の一般医への登録制から NHS の全般医療まで）、その他年金や高齢者介護をはじめ様々な福祉諸施策が確立されてきた。こうしたイギリスの福祉国家における教育や福祉のあり方の経緯から導き出される一つの大原則は、労働市場の場以外での生活保障の多様な仕組みを整備することで、労働力の優勝劣敗による競争主義の強化がもたらす社会的不公正を緩和する役割であった。

　しかし、福祉国家システムの綻びが、経済のグローバル化と金融資本主義の進展の中で、製造業を中心に国内産業の低迷となって現れた。そして格差と貧困化が進む。貧困に陥らないためには、そして貧困から脱するためには、労働市場で競争して高い賃金と社会的地位を獲得する必要があるという新自由主義の理念を強力に推進した。そして、サッチャーは福祉依存から脱却し、稼働層の拡大（福祉援助削減、競争主義的「私」個人の創出）により、労働の場の市場化を政策的に造り出していく。鉄道（BR）の民営化をはじめ NHS（国民保険サービス）の準市場化などである。

　さて、たしかにアマティア・センが言うように、貧困は収入の絶対的欠乏のみではなく、「機能遂行能力 capability」の欠如により、社会生活における「排除」によってもたらせられている。この機能遂行能力は、一般に社会生活における人間関係を築くコミュニケーション能力だけでなく、一定の被雇用能

力（employability）をも意味するだろう。人は与えられるだけでなく、自ら
の力で労働し、生活資力を稼ぐプロセスで充実感、社会関係力をも築くことは
確かであろう。だが、このことは、先に述べた労働の場での優勝劣敗による格
差・不公正を緩和・是正していこうとする労働の場の外側での福祉施策の充実
を削減したり、労働市場への参入を福祉援助の受給の絶対的条件としたりする
ものではない。サッチャーの剥き出しの経済的社会的運営は、格差的貧困と社
会の分断による個人と地域社会（コミュニティ）の疲弊をもたらした。それは
サッチャーの後継のメージャーが市民憲章や患者憲章などを提起しても繕いき
れるものではなかった。その限りで保守党政権の後を担った労働党（ニューレ
イバー）のブレアが明確に社会的公正を打ち出し、長期失業による貧困の深刻
化の是正、教育・医療への支出の増大は、サッチャー以来の新自由主義とは画
期的な違いをなしていた。しかし、ブレア政権の政策構造の基本をなしていた
のは「福祉から労働へ welfare-to-work」である。つまり、福祉の援助は基
本的に就労を条件として行われるということである。就労へのインセンティブ
として機能し、かつ給付付き税額控除や最低賃金制度の運用により所得をある
程度保障できている間はいいけれども、条件としての福祉援助が削減されるに
従い、低賃金構造の労働市場への過酷な就労の側面が大きく一般化してくる。
少し例を挙げておこう。例えば一人親家族や障害者に対しても、給付の条件と
しての就労ないし求職活動を強化することになった。さらに付言すると、民間
と公セクターを含めた総雇用率が73％から74％と横ばいなのに、一人親の雇用
率は45％から53％と上昇している。ルス・レヴィタスの言を借りれば、女性
（母親）の低賃金労働への組み込みと扶助の削減であり（Levitas, Ruth,
1998）、積極的な福祉施策の意味を持つ保育学席の増加も、一面ではこの稼働
層の掘り起こし・拡大施策と密接に結びついているのである（拙著「ブレア教
育改革の虚と実」参照、『経済』、2008年９月号）。次のキャメロン政権では、
グローバル経済の下での金融危機の進展の中で財政緊縮政策が基本に位置づけ
られ、福祉施策がいっそう削減され、今日に至っている。かつての形態のすべ
ての子どもへの手当（児童手当）は廃止され、様々な制約が設けられたユニバ
ーサル手当に統合された。しかも一世帯が受給できる総給付の上限が設けられ
（benefit capping）、給付に就労条件が絶対的に強化されたことを述べれば状
況は理解できよう。しかし、就労を福祉の条件とする施策方針（Workfare）
は労働党政権下で、米・クリントン政権下での改革アイデアが持ち込まれたも

のであり、議会での委員会審議になり、すでに本質的な批判がなされていた（The Guardian, 2009/02/23）。

　ここで確認しておきたいことは、それでもブレア労働党政権下では、サッチャー＝メイジャー、キャメロンの政権の緊縮財政下とは異なって、「就労を通じた自立（Workfare）政策を一人歩きさせずに、それに職業教育・訓練の援助策を併せて有意味に取り組んだことは大きい。さらに当初、給付金付き税控除の受給要件から資産調査（Means Test）を外して受給枠の拡大に努めたこと、シュア・スタートなど貧困家庭への具体的な福祉諸施策にも取り組んできたことは評価されるべきである（拙著「イギリスの貧困削減戦略における教育政策」『教育機会格差と教育行政』、福村出版、2013年）。こうした福祉施策を国家の責任のもとで充足する、全体としての社会構造をどのように構築していくかが問われている。

2．『すべての子どもが大切』（Every Chaild Matters）
（1）貧困の広がり

　『すべての子どもが大切』はニュー・レイバー政権下での政策文書（教育・技能省2004）である。これが出されなければならなかった背景を確認する必要がある。それはなくならない貧困への対峙である。これまでも何度も述べてきたが、ニューレイバーは様々な福祉的諸施策を実施してきた。効果が無かったとはいわないが、それでも貧困は拡大しているのである。本学会秋田大会のシンポジウムでも報告したが、所得分配の不公正は厳然とした事実である。10分

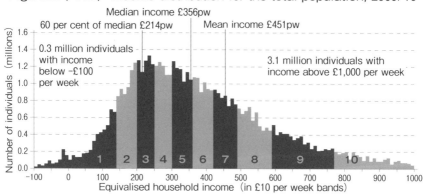

Figure2.1（AHC）：Income distribution for the total population, 2009/10

位の所得分布図を示せば十分であろう。

　図は労働・年金省の「平均所得以下の家庭数：1994/5-2010/11」からであり、2010年のものであるが、この傾向は2019年度もますますひどくなりさえすれ、変わっていない。少し図の説明を補足しておこう。

　縦軸に人口、横軸に所得額である、所得の数値は週給の額である。

　Median Income：国民の総所得額の中央値を示す。

　Mean Income：いわゆる平均値で、中央値と間違えないことが重要である。

　Median Income の60%が貧困ラインと言われている。

　AHC というのは住居費を控除した後の統計数値であることを意味する。この住居費こそは貧富の格差が如実に表れるものである。公営住宅が売却されてくる中で、とりわけ都会に出て職を求めなければならないものには、所得から住居費を支払わなければならないが、この負担が極めて大きく生活費を圧迫する。「雇用の増大」ということだけをとれば貧困の改善を期待しがちだが、低賃金労働が圧倒的に多いのである。そして、「低収入の家族に対するサポートが低下している」うえに、仕事が得られる都市部での住居の賃貸料が前述のようにますます大きく家計を圧迫している。これでは、仕事をすること（就労できたこと）自体が労働者とその家族を疲弊させていることになる。ジョセフ・ローントリー財団の貧困報告（2017年）によれば、低収入の労働年齢成人の47%が住宅に収入の3分の1以上を使っているとしている。こうして労働者の8人に1人が、子どもの30%が、年金受給者の16%が貧窮生活を送っている。右にスロープが長いのは、それだけ一部の富者と貧窮者の格差が開いていることを示している。また注目してほしいのは、それなりの生活をしていると自覚ないし思われている層（平均値あたりの層）が多様に前後に広がっていることである。中流と言われた人々の（中間層）の瓦解であり、階層分化を表している。

（2）基本コンセプトとしての総合的ケア

　貧困が慢性的な原因となって、家族の機能が脆弱化している事態が深刻化してきている。そこでは、就学前と就学中にかかわらず、学校内外での子どものケアの必要と、虐待防止のための適切な介入と保護の重要性がますます重要な課題となっている。そしてこのことは一部専門職の対象ではなく、社会福祉専門職、福祉当局関係職、医療関係者、学校関係者、そして時には警察関係者とも連携を強め、協働のシステムを構築する必要がある。と同時に、その家族が

暮らす地域の共同性による協働の人間関係作りが基盤として求められている。これは、イギリスではマリア・コーウェル事件（1973年：7歳で継父によって殴殺）やビクトリア・クリンビー事件（2000年：大叔母とその相手による虐待）の調査で、政府の認識としても受け入れられている。しかし、現実には、この協働は財源の制約、人材の不足、各専門領域間の相互理解の弱さなどにより、四苦八苦しているのが現状である。そんな中で「拡張学校（Extended School）」の実践が試みられているのは大きな救いである。また、ソーシャル・ワーカーや学校外教育活動のスタッフ（日本で言う学童保育など）の家庭訪問が積極的に行われている。様々なボランティアによる学習支援、日本での「子ども食堂」に通じる朝食クラブの活動も地域によって様々だが、積極的に取り組まれている。これらは、『すべての子どもが大切』の総合的なケアというコンセプトの現れである。子ども・青年が快適に過ごせる場づくり（人と施設）を充実させる必要がある。

（3）教育概念の再検討

『すべての子どもが大切』はその要約で次のようにターゲット設定している。「教育の失敗を経験して、攻撃的であるか、あるいは反社会的な行動をするか、不健康で苦しむか、あるいは十代母親になる子どもを減らすことを目指す」と。明確に教義の教育（学校教育）、つまり全くかまたは主に認知的な能力に焦点化するある種のフォーマル学習によって生み出されてきた生徒を救うとしているのである。そして学校教育自身、教育を広義にとらえて、学校で出会う人々を全人格体（例えば、学習する脳としてだけではなく、あるいは教室を片付ける働き手としてだけではなく）、「絶え間がなくなりつつある存在」、つまり固定された人ではなく変化しつつある可能性の人という状態にある子どもたちとスタッフであると見なす教育観を徹底すべきだと考える。こうしてこそ公教育システムは、競争主義的な達成主義教育という呪縛から解き放たれる。

『すべての子どもが大切』という政策方針は、この教育概念の再検討が徹底され、広義の意味によって常に吟味されなければ、福祉から労働へのワークフェア（workfare）に偏り、「すべて」は稼働層の掘り起こし・拡大施策に連動しかねない危険性を持っていた。象徴的なのは、一人母親層や障害者層からも稼働者を引き出したことである。福祉的援助を削減し、障害認定を厳しくし、心疾患の人も労働市場へ送り込むことになる。『すべての子どもが大切』というのは競争主義的学校教育システムの欠陥を修正し、かつ労働市場外の福祉的

援助の充実とセットとして常に結びつけられなければならない。

（4）特別ニーズを持つ子どもの教育と福祉

『すべての子どもが大切』で確認しておかなければならないことは、「すべて」が福祉援助削減の口実として稼働層の掘り起こし機能の正当化に結びつく危険性を指摘したが、同時にそれは一部の人たちだけではなく、できるだけ対象者を広範囲に設定するという側面を持っていたことである。

「特別ニーズ教育」の概念に触れておこう。

イギリスでも確かに従来の特殊教育制度においては、医学的診断のカテゴリーで、盲、聾、弱視、難聴、虚弱、糖尿、教育遅滞、癲癇、不適応、肢体不自由、言語障害と分類されていた。こうしたアプローチは、障害のある子どもの側の要因としてのみその責めを捉え、機能的欠損として完結させることになる。結果として、重要ではあるが、欠損に限定された補完的ケアとなる。その後、Warnock 報告（1978）を経て1981年教育法で、分離ではなく統合教育（インテグレーション）が提案され実践されてくる。しかし、いっそう差別が自覚され、公正さが追求されるのは、サラマンカ宣言（1994）を待たなければならなかった。『特別ニーズ教育に関する行動のための枠組』（サラマンカ国際会議、1994年）

この枠組みを特徴づけている基本原則は、学校というものはその身体的、知的、社会的、情緒的、言語的あるいはその他の条件とは関係なくすべての子どもに適合すべきであるということである。この原則は、障害児（disabled children）と英才児、ストリート・チルドレンや働いている子ども、僻地出身の子どもや遊牧民の子ども、言語・エスニシティ・文化の面での少数者集団の子ども、さらには不利益を被ったり周辺化されている地域や集団の子どもをも含むべきである。こうしたさまざまな条件によって、学校システムは多様な挑戦を受けているのである。この枠組みのなかでは、「特別な教育ニーズ」という言葉は、障害（disabilities）や学習の困難さからそのニーズを有するようになったあらゆる子どもや青年にかかわっている。多くの子どもたちが学校教育を受けている間に学習面での困難さを経験し、したがって同時に特別な教育ニーズを有するようになっている。（監修：嶺井正也、編集：共育への道 編集委員会『共育への道「サラマンカ宣言」を読む』、アドバンテージサーバー発行、1998年、167-8頁）

「特別な教育（的）ニーズ：SEN」は、教育と福祉のサービス対象者として

その機能的欠損よりは、だからこそ何を必要としているのかに注目し、一人一人の多様なニーズに応えようとするアプローチからの用語である。その立場に立てば、「障害」にこだわらず（「障害」を持っている子どもへの対応を曖昧にするのではなく）、普通児との統合的（インテグレーション）な教育空間において一人一人の子どもが特別に必要としている多様な教育ニーズに応えようということになる。これは学習の困難さと教育的措置による観点から捉えなおそうとする新たな教育学的観点である。イギリスでは、こうした国際的な動向に応じる形で「特別な教育的ニーズと障害法」（Special Educational Needs and Disability Act 2001：SENDA）が制定され、そこで、すべての子どもは一般学校で教育を受けることが一層強化され、強力に「インクルージョン」の推進が提起された。そして、とりわけ特別なニーズを必要とする者に対して、保護者と専門家の意見と評価を基本として具体的措置を決定した「判定書（statement）」を作成することになった。

　こうした障害者のニーズに応えようとして理解が進展してきたのだが、個々のニーズに応えていこうという対象者は決して障害者にとどまらない。疾病、未発達（精神的、身体的、社会的）、学習の遅れ、貧困から来る学習意欲の減退、不登校、多様な問題を子どもたちは抱えている。こうしたことに可能な限り応えていこうというのが、特別ニーズを持つ子どもへの教育と福祉である。

　さて、こうしたニーズに応えていくためのサービスが、イギリスでは〈教育福祉サービス〉であり地方当局の教育局の所掌である。もちろん福祉局のソーシャルワーカーも福祉サービスの一環として大きく関わっている。こうした教育福祉サービスの担い手の問題に入る前に、次に教育費援助を紹介しておこう。

3．教育費と児童・生徒・学生支援
（1）児童・生徒・学生への多様な手当
　就労と抱き合わせの福祉施策というニュー・レイバーの福祉システムであるが、それでもなお社会的公正を意識してきたことは何度も繰り返し言及してきた。その実相の一面を、子どもの貧困撲滅行動グループ（Child Poverty Action Group）のハンドブック第5版（Student Support and Benefits Handbook 2007/08）に拠り、具体的な諸手当についてイングランドに焦点を当てて整理しておく。ただし、自民・保守党の連合政権によって福祉改革法案（Welfare Reform Bill　2011/02/16）が下院で導入された。福祉大改革と緊

縮財源政策の中で、例えば福祉手当である子ども手当が2011年4月より凍結されたように、ここで示す教育援助費も、個々によっては2012年度以降に予算措置によって凍結や廃止になるものも生じた。これはと筆者が考えるものは同じくハンドブック第14版（2017/18版）で補正する

［継続教育（Further education）］（£はイギリス通貨のポンド、£＝¥140とする：2018年では¥152と見れば大きな誤差はない）

* ＊成人学習補助金（Adult learning grant）：これは子持ち学習者への保育補助（Care to Learn childcare bursary）である。インタビューによれば、地域や施設のオプションだが、学習している間の施設内保育に代えている場合もある。

  ロンドン　　：子ども一人あたりにつき週£175まで。

  ロンドン以外：子ども一人あたりにつき週£160まで。

  【2017/18年でも金額に変化なし。物価にスライドさせることは行われていない。実質上の減額である。】

* ＊教育維持手当（Education maintenance allowance）：週£30まで。

  これは通っている学校と契約するものであり、出席や成績を一定確保することを要件とする。

  【福祉改革により、17/18では、ウェールズと北アイルランドのみに教育維持手当として残り、2週間毎に£60である。出席や成績獲得の条件を厳しくし、通う学校との協約 agreement 遵守が求められている】

* ＊通学費（Transport）：地下鉄・バスのゾーン別の週定期パス。

* ＊資格取得コースへの補助。

  基本的に低料金に設定されている。また、求職者対象として補助が個々に応じて出されている。その他に、例えば個人学習口座（Individual learning accounts）もある。労働党の1997年マニフェストで謳われ、政権をとった後の1999年に財務大臣ゴードン・ブラウンによって発表されて、2000年から着手された。これは受講の証明と手続きを経て郵便局および銀行に開設した口座に助成金が振り込まれる。しかし、受講の証明と手続きに曖昧性があり（すなわち教育が提供されていないのに「提供」しているという詐欺行為も起こっていて、2001年の後半期には廃止の動きがでてきて、2002年には廃止された。このことはともかくとして、比較的に有効な援助となったところもある。次の例はウェールズである。

＊個人学習口座（Individual learning accounts）（Wales）：週£160まで。Level 2 以上の資格（GCSE, GNVQ intermediate など）取得を奨励するための奨学金である。GCSE は中等教育修了資格であり、後者のGNVG は国家職業資格体系で、中級（intermediate）はその第2レベル、GCSE と同等と位置づけられている資格である。

[高等教育（Higher education）]

イギリスでは基本的に無償であった授業料も、2007/08授業料を年£3,070まで状況に応じて課すことができるとなった（2006年入学年以前の学生救済として、授業料£1,225）。それでも日本の大学と比べてみると低額である。

〈全日制昼間学部学生〉

＊高等教育補助金（Higher education grant）：£1,000。【2017/18年にはなくなった】

＊生活援助金（Mandatory awards）：　ロンドン在住（年£2,765）、ロンドン以外（年£2,245）、親の家（年£1,830）。

＊学生支援ローン（Student maintenance loans）：資産審査を課さないものである。ロンドン在住（年£6,315）、ロンドン以外（年£4,510）、親の家（年£3,495）、海外（年£5,375）。

＊特別支援金（Special support grant）：低所得を背景に持つ学生向けのもので、年£2,510まで補助される。

その他に、学生自身が扶養すべき子どもを持つ親である場合に対して、年£1,435までの支援手当（Parents' learning allowance）がある。さらに、保育補助がある。

【2017/18の現況の補足】

前述の学生支援（昼間全日制の学部学生）は、大学生であることが要件となる補助金（Higher education grant）はなくなり、授業料を私費で支払うか、授業料相当額のローンを組むかということになる。また学生支援として、授業料だけでなく生活費（これは資産審査がある）もローンを組むことができる。イギリスも、多様な財政的教育支援を設定しつつも、新自由主義的経済運営の中でローンに象徴されるように返済を課す負担強制となってきている。

このように、福祉の部分が削除または制限されてきているが、日本に比べればまだまだ多様に援助されている。さらに気をつけなければならないのは、単に教育費の補助だけではなく、生活費の補助が加わっていることである。

さて、次に教育福祉サービスの担い手について確認しておこう。

4．教育福祉官（EWO）と教育ソーシャルワーカー（SWinE）
（1）教育福祉サービスの担い手

　何といっても教育福祉に関する当局のサービスを担ってきたのは、教育当局所掌の教育福祉官である。歴史的には訪問督学員（スクール・ボード・マン）として始まったが、欠席者とその親を取り締まるという姿勢よりは、子どもたちの実態把握に、従って「励まし援助する」役割を強く担うようになり、親からの信頼も得るようになる。とりわけ戦後、1944年教育法に「教育福祉官」と規定されるに至ったように、そして教育改革の進展とともに、取り締まり的要素を引きずりながらも福祉的援助の役割が大きくなってきた。そうした教育福祉官の基本任務を確認的に概観しておこう（例：イングランド南西部のデヴォン県の都市プリマス Plymouth）。少なくとも教育福祉局、教育福祉官を名乗るには次の1から13項目のすべてを担当する必要がある。ただし、各項目にはさらにそれぞれ詳しく要件が設けられている。それに関しては各当局によってどこまでできているかは千差万別である。例として①番のみを詳しく見ておこう。

①ハンディキャップを持った子どもたち；次の少なくとも1つ。
　　学席を確保すること、必要ならば特殊学校の入学許可の手配、家庭での授業の手配、離学者のケア、通学の付き添い、等。
②訴訟手続き：学校欠席を審判する法的手続き。
　　　　　　　少年裁判所での学校での成績などを取り扱う
③衣類：困窮している場合などの衣類支給の手続き。
④無料の食事：査定や申請手続き
⑤教育維持手当（education maintenance allowance）。
⑥子どもたちの配置：どの学校への入学かなど、学校区の適正をはかる。
⑦子どもの雇用：適正な法と権利が守られているかの監視。
⑧子どもたちのネグレクト：無視など虐待のケースに介入し、改善を図る。
⑨地区外の生徒：持ち込まれるクレームの処理。
⑩時間割り当て：活動時間の20％以上が親と子どもへのインタビューに使用されなければならない。
⑪移送：校長によって移送された20％以上をケースワークする。

⑫家庭への訪問：学校欠席以外の福祉問題の有無を調べる。

⑬クラス教師へのアクセス：有効なコンタクトを維持できていること。

（2）イギリスの教育ソーシャルワーカー

　教育福祉サービスの担い手として教育福祉官の概略について触れてきたが、今日では欠落させてはならない担い手として教育（あるいは学校）ソーシャルワーカーに触れておかなければならない。福祉サービス局所掌のソーシャルワーカーは、ソーシャルワークの機能が改革的に見直されたヤングハズバンド報告（1959年）以来、着実に専門性を高める取り組みがなされてきた。そして、ソーシャルワーク認定資格（CQSW: Certificate of Qualification in Social Work）など資格職化も進み、認定されたコースを修了して資格を取得する。また、最低前提として、2003年以降はソーシャルワークの学士号、さらに修士号がある。また、ジェネリックなソーシャルワーク志向に加えて、各分野における高度なソーシャルワークという志向も発展する。例えば医療分野のワークのために、オープン・ユニバーシティの学士号、BA（Honours）といったように、高度な専門分野に応じて認定コースが設定されており、修了後に保健とケア専門職カウンシル（Health and Care Professionals Council：HCPC）に認定され、ソーシャルワーカーとして登録する権利が与えられる。今日では、ソーシャルワーカーはこうして登録されていない限り、「ソーシャルワーカー」を名乗れないし（名称独占）、その地位は確保されている。

　さて、教育福祉サービスに戻ろう。残念ながら教育福祉官に関してはその専門職性を確立するに当たっての専門性の担保をどこにおくかに関して、心ある試みはいくつか志向されてきたが、決して十分に取り組まれてきたとはいえない。教育福祉官に福祉的役割が増すに従い、シーボーム報告（1968年）もラルフ報告（1973年）もソーシャルワークの対人ワークの活動技術の重要性を認識するが、教育福祉官の意識と実践は社会サービスに位置づくソーシャルワーカー（社会サービス局）との役割の協働と住み分けに戸惑わざるをえなかった。こうした中で教育福祉官の自己努力の結果として追求されたのが、教育サービスを意識しつつも広がる福祉的ケアに応えようとして、ソーシャルワーカーの専門性の獲得である。そして誕生するのが教育福祉官の全国協会の組織再編である教育ソーシャルワーカー全国協会（1977年、NASWE：National Association of Social Workers in Education）である。そしてラルフ報告と同じく、ソーシャルワーカーの資格（CQSW）を教育福祉官の適切な資格として

承認し、受容する。

　さて、これでは、確かにソーシャルワークの専門的アプローチ方法・技術を専門性として修得する意味の方向性としては、その限りにおいて教育福祉官は専門性を確保していくであろうが、独自な専門性の確立につながるとは言いがたい。極端を言えば、ソーシャルワーカーを教育福祉官として採用すればいいのである。学校の内外における生徒に対する対人的ケアサービスとしては、蓄積されてきているソーシャルワーク方法を率直に学び活用することはきわめて大切なことである。だが、教育福祉官の役割はそれだけではない。もっと深く教育領野にコミットできなければいけないし、言い換えれば学校教師との協働を進めるために教育的認識、価値規範などを共有し、さらには行政的あるいは法的手続き、管理の役割も担わなければならない。だからこそ、教育福祉官は社会サービス局に属するソーシャルワーカーとの仕事の重複・競合に、その専門職性の違いに当惑を続けるのである（教育当局と社会サービス局という所掌当局の違いからくる決定及び権限行使手続きも異なってくる）。協会は自らを、「管理者および実践者の意見を集約する唯一の全国組織」であると説明する。この自己規定が専門性及び専門職性に関わって二極化を固定化すると、それは「管理者」と「実践者」の乖離をもたらすことになる。そうすると子ども・青年に最大の教育利益をという理念も、彼らへの技術的対応を以て現状の学校及び教育へ順応させる役割が最大限化し、学校及び教育的環境の変革的提言・実践の役割は後退せざるを得ないリスクが生じることになる。そして、養成の基本的性格の教育的側面が不明となり、教師との教育的連携機能も互いの尊敬と協働性が低下しがちになる。さらに、教育福祉サービスにおいて教育福祉官が組織するチームのメンバーが受け持つ「補助員」的地位に甘んじさせられる危険性が生じてくる。そこでは正規のソーシャルワーカー、教育心理士の資格を持っていなくても、また低位の資格でも臨時的・有期限的に雇用されるということも起こってくる。英国においては今日に至っても、こういった点が教育福祉サービスに内包するきわめて重大な課題である（拙著『イギリスの教育と福祉研究』第1章第3節3「教育福祉サービスの教育（学校）ソーシャルワーク化」参照、2018年）。

5．教育と福祉の協働を志向して
　虐待、疾病、不登校、貧困、移民差別など、あらゆる子ども・青年を取り巻

く不利益な環境にメスを入れ、そのニーズに応じた補償措置を講じていく必要がある。その実践的な取り組みに拡張学校（Extended Schools）があることはすでに述べた。今少し補足して、協働の在り方を考えたい。先述したように、日本でも取り組まれている「学童保育」「子ども食堂」を想起すれば分かりやすいが、大事な点は単なる学校（school）の拡張（extend）ではないということである。施設の確保という点で、学校を有効に、かつフレキシブルに使うことになるが（時間、曜日、設備や器具）、基本理念は〈子どものホッとする居場所づくり〉である。だから、学校教師を排除するのではないが、学校での修学リズムの延長感で苦痛を与えないことが大切である。この点、教師サイドと十分な話し合いが必要で、コーディネーターとしての教育福祉官の役割が大きい。また、その他にも教育ソーシャルワーカーや特別教育ニーズ調整者SENCO）なども登場する場合があるが、それぞれの専門性と技量を考慮して協力関係を築く必要がある。そして、人的資源としての学習メンターや、リクレーションをはじめ多様な活動の指導員、ボランティアの親や地域住民などの関与を円滑に調整する。また、子ども・青年の側からの要諦は、何らかの「活動」が押し付けられるのではなく、ボーっとしている時間と環境の提供も大切だということである。こうして、そこでは、貧困や家庭的及び社会的、宗教的、文化的といった子ども自身の責めに帰せられない要因からくるトラブルを抱えている子ども・青年の多様なニーズに耳を傾け応えていくことが追及される。もちろん限られたスタッフだけでは対応はむつかしい。教育福祉官、教育ソーシャルワーカー、福祉、医療、スポーツジム、学習関連組織、さらには警察や消防など多様な機関との協力関係を、生活領域を共にする地域を基盤に築いていく必要がある。もちろん、拡張学校が一つと限定されるわけではない。さらに、家庭の家族機能を豊かに育むためにも、育児相談はもちろんのこと、親自身の休憩をはじめとする食事会、キッチンクラブなどの交流も行われている。

　こういう活動が豊かに育まれる中で、拡張学校参加者たちと教師との交流も進み、学校がハブになって地域共同体のネットワークが構築され、従来の学校がフォーマル教育の競争主義的でないあり方を追求し、地域に支えられ地域に貢献する「地域学校（コミュニティ・スクール）」（West-Burnham）へと自己変革していく。

　少しうまくいっている面を強調してきたきらいがあるが、イギリスの多様な地域で試みられていることは疑いない。ただ、新自由主義の政策基調の緊縮財

政の中で、この拡張学校の実践もバラ色のストーリーというわけではない。一言すると、重要な人的資源に関していえばボランタリー活動に甘えている面があり、現状は教員資格も専門知識も無いティーチング・アシスタントや学習援助助手が多く、スタッフの専門性の向上、待遇問題など改善されるべき点が多い。これらのサービスや活動は貧困克服の施策をベースに、ローカルでの統合した取り組みを必要とするので、中央政府は地方当局の取り組みを推進する財政的支援のプログラムを具体的に打ち出していく必要がある。そして、貧困とさらに真摯に対峙しなくてはならない。

参考文献

Child Poverty Action Group (2017), Student Support and Benefits Handbook, ver.14（2017/18）.

Levitas,Ruth（1998, 2005）, The Inclusive Society?: Social Exclusion and New Labour, Palgrave.

West-Burnham（2006）, 'Extended Schools in 2020: Prospects and Possibilities' in J.Piper ed.（2006）, Schools Plus to Extended Schools; Lessons from the Last Five Years, Contin You.

岩橋法雄（2008）、「ブレア教育改革の虚と実」『経済』、2008年９月号

岩橋法雄（2018）、『イギリスの教育と福祉研究』、中川書店。

仲田陽一（2016）、『地域に根ざす学校づくり——"子どもが主人公"の学校改革を求めて』、本の泉社。

嶺井正也監修、共育への道 編集委員会編集（1998）、『共育への道「サラマンカ宣言」を読む』、アドバンテージサーバー発行。

（鹿児島大学名誉教授）

特集３：教育と福祉の統一的保障をめぐる教育政策の課題と展望

教育福祉から考える青年期教育の政策課題
——障害のある人の「学校から社会への移行」を題材に

辻　　浩

１．教育福祉と教育改革
（１）教育福祉をどう考えるか

　教育福祉は、教育と福祉が連携して、子ども・若者が安定した生活基盤のもとで豊かな人間発達を実現することをめざす概念であり、社会構造の中で生み出される問題を見据え、制度・政策を求め、実践を展開する動態的なものである。それは、貧困や障害、差別、さらにはそれらの複合的な問題から、困難をかかえる子どもにかかわるものであるが、それだけではなく、教育全体のあり方を見直す視点であり、さらには、地域づくりの視点を提供するものである。教育福祉を今日的に考える時、次のような論点があると考えられる。

　１つは、〈教育福祉は困難をかかえた子どもの課題か、すべての子どもにかかわる課題か〉ということである。前者は、少数ではあっても見逃すことができない深刻な問題として取り組まれるのに対して、後者は、困難をかかえる子どもの支援に取り組みながらも、すべての子どもにかかわることとして教育福祉をとらえる。筆者は、教育福祉の提唱者である小川利夫の考えを受け継ぎ、不安定さが増大する現代社会において、教育福祉はすべての子どもにかかわることととらえられる必要があると考えている。

　２つは、〈教育福祉は学校の枠内の実践か、地域と連携した実践か〉ということがある。今日、一方で、学校内で多職種が連携して子どもを見守り指導する体制がめざされ、他方で、学習教室や子ども食堂のような地域の力と連携した体制づくりがめざされている。これらを必ずしも二律背反的にとらえる必要はないが、筆者は、学校教育を相対化する必要性を感じているので、学校と地域が連携した教育福祉のあり方を考えている。

　３つは、〈教育福祉は教育と福祉だけの課題か、地域づくり全体につながる課題か〉ということがある。困難をかかえた子ども・若者の問題は、教育と福

祉の両面から考えられなければならないというのが教育福祉である。しかし、そのような子ども・若者の課題に取り組むことで、地域が活気づいている様子に出会うことがある。したがって筆者は、教育福祉が地域づくりの起爆剤になるのではないかと考えている。

　４つは、〈教育福祉は社会教育にとって１つの領域か、本質的な課題か〉ということがある。福祉を社会教育で取り上げられる学習内容の１つと考えることもできるが、そもそも社会教育は学校教育を十分に受けることができない子ども・若者のために生まれてきたものである。このような歴史的な観点から、筆者は、教育福祉を社会教育の本質的な課題であると考えている。

（２）教育福祉と教育条件整備

　教育福祉は教育制度の不十分な点を取り上げ、その改善にかかわるものである。たとえば、義務教育であるにもかかわらず私費負担があり、それを補う就学援助制度の利用促進については自治体によって開きがある。また、奨学制度が貧弱なために、家庭の経済力が子ども・若者の進路に影響を与えているという問題がある。さらに、障害のある子どもたちが十分な学力が身についていないにもかかわらず、18歳になればほぼ一律に学校から離されるという問題もある。

　このような議論は一般に一条校を念頭においたものである。しかし、子ども・若者の教育は一条校だけで行われるわけではない。学校ではあるが一条校ではない専修学校や各種学校、そして各種学校扱いとなっている民族学校の場合、学校への助成が少ないために、施設や設備が整っていない上に、授業料が高額になっている。また、自主夜間中学は基礎教育を提供しているにもかかわらず、学校としては認知されず、理解のある自治体によってわずかに支援がなされているにすぎない。

　また、ノンフォーマル教育である社会教育や児童福祉の施設や機関で子ども・若者が教育を受けることもある。しかし、そこでは社会教育施設の有料化ということがあり、専門的な力をもった職員が配置されないために、困難をかかえる子ども・若者の問題を取り上げることが難しくなるという状況もある。児童福祉の分野では施設や里親、職員が不足しているために、十分な実践が行われていない。

　さらに、インフォーマル教育であるNPOやボランティア活動で、教育が行われることもある。今日、NPOが運営するフリースクールや学習教室、ボラ

ンティアが担う子ども食堂などが活発に活動を行っている。それらに対する助成もすすんできているが、多くの場合、まだ永続的なものにはなっていない。

（3）教育福祉からの新しい教育的価値の提供

教育の発達ということを歴史的に考えれば、未組織な教育がやがて一条校に組織化されていく過程と見ることができる。したがって、十分な条件が整備されていない専修学校や各種学校は傍系の学校としてあまり注目されず、注目されても一条校よりも遅れていて多くの課題をかかえているという見方がされてきた。

しかし、専修学校がもつ実践力を高める教育や、各種学校扱いである民族学校がもつアイデンティティの尊重、自主夜間中学がもつ学び直しの機能については、学校知に偏重した一条校を相対化するものと考えられる。また、社会教育の施設や機関で実施されるノンフォーマル教育は、さまざまなかたちであらわされる共生の価値や生き方を行政的に承認するものとなっている。さらに、NPOやボランティアが担うインフォーマル教育の中では、競争と排除に対抗しうる新しい生き方や働き方をめぐる先端的な議論が展開され、労働現場で不当な扱いを受けた人に対しては、働く権利を守るための実践的な取り組みがなされ、被害者を力づけている。

このように、教育福祉から教育を考えることで、絶対視されてきた学校知に対して、オルタナティヴな教育的価値が提供される。このことの重要性は、たとえば、2016年に制定された義務教育機会確保法に関して、通常の学校で学ぶものを別の機会でも学べるようにしたと評価される一方で、民族学校やシュタイナー学校など多様な義務教育のあり方を認めない姿勢が顕著に示されたという批判があることとかかわる。このことに端的に示されているように、今日の教育を教育福祉から考えると、学校教育を受けられるようにするという点では評価できても、学校教育に多様な教育的価値を持ち込むということには拒否的であるということが課題となっている[1]。

2．障害者の生涯学習に関する方向性

（1）文部科学省総合教育政策局の施策と関心

教育福祉と教育改革にかかわって、ここでは障害者の生涯学習に注目したい。そこで注目されるのは、2018年3月に設置された「学校卒業後における障害者の学びの推進に関する有識者会議」（以下、有識者会議）が、2019年3月に出

した報告書である[2]。また、それと並行して「学校卒業後における障害者の学びの支援に関する実践研究事業」がすすめられ、2018年度と2019年度に「障害者の多様な学習活動を総合的に支援するための実践研究」が委託されていることも重要である[3]。

　これは、文部科学省内「社会教育・生涯学習に関する実践的政策勉強会」の１コマで「福祉的な施策とも連携した生涯学習・社会教育の役割」が設定されたことともかかわっている。そこでの報告を依頼された筆者には、「高齢者や障害者などの学びを奨励する意義」「社会的孤立をせず暮らしていくための役割」「きめ細かいサービスを提供している民間団体との連携」といったことと並んで、「福祉サイドでは法令・施策等に基づく給付等の仕組みがあるが、それがない生涯学習・社会教育は何をすべきか」という問題課題が投げかけられた。社会福祉のように制度で動くだけではない生涯学習に何ができるかを考えた時、人間発達にかかわる事業であること、そしてその中核として学校教育も含めた変革を視野に入れる必要があるように筆者には思われた。

（2）有識者会議の報告の特徴

　有識者会議の報告の冒頭では、審議が必要となった経緯が示されている。それによれば、国際的な潮流と当事者運動に影響された国内法の整備の中でつくられてきたものであることがよくわかる。2006年に国連「障害者の権利に関する条約」が制定され、その批准をめざして、2009年に「障がい者制度改革推進本部」が設置され、2012年に「障害者総合支援法」が制定され、そこで障害概念の拡大や「社会モデル」的な障害のとらえ方の強化、「合理的配慮」の導入がなされた。そして、2013年の「障害者差別解消法」の制定によって、国内法の整備がすすんだということで、2014年に「障害者の権利に関する条約」を批准することができた。また、この間の国際的な「特別なニーズにこたえる教育」にかかわっては、2012年に中央教育審議会初等中等教育分科会報告「共生社会の形成に向けたインクルーシブ教育システム構築のための特別支援教育の推進」が出された。そして、このようなことを背景として、2017年に松野文部科学大臣メッセージ「特別支援教育の生涯学習化に向けて」が出されることになった。

　有識者会議は、年間16回の会議を開き、事務局は委員から提案されたことも含めて、都道府県、市町村、特別支援学校、大学、公民館、生涯学習センター、地域生活支援事業担当者、社会福祉法人、NPO法人に対して調査を行い、そ

の結果を公表している。その中から見えてきた「障害者の生涯学習推進において特に重視すべき視点」は、①本人の主体的な学びの重視、②学校から卒業後における学びへの接続の円滑化、③福祉、労働、医療等の分野の取り組みと学びの連携強化、④障害に関する社会全体の理解の向上ということであった。社会教育、学校教育、福祉・労働・医療、まちづくりが総合的に取り上げられたのである。

　その上で、2つの視点が提示されている。1つは「学校から社会への移行期の学び」であり、課題として、学校教育段階からの将来を見据えた教育活動の充実、移行期に求められる学習内容、学校卒業後の組織的な継続教育の検討が掲げられている。2つは「各ライフステージに求められる学び」であり、課題として、求められる学習内容の明確化、多様な実施主体による多様な学びの機会提供の促進が掲げられている。

3．障害者の「学校から社会への移行」に関する政策課題
（1）障害者の教育権保障の流れと課題

　「学校から社会への移行期の学び」と「各ライフステージに求められる学び」という2つの視点を見た時、学校と社会の接続のあり方を課題とする前者の方が、学校改革を含む教育学の全体にかかわる議論としてより重要である。そこでここでは、障害者の教育権保障の流れの延長線上で今起きている課題を示しておきたい。

　1960年代に展開された「不就学をなくす運動」の成果として、1979年に就学猶予・免除制度が廃止され、その勢いは養護学校高等部の増設を求める運動となり、さらには、休日の充実を求めて障害者青年学級が開設されるとともに、作業所をつくって働くことを通した人間発達を追求することとなった。

　しかし、1970年代～80年代のこのような教育権保障の成果は、その後停滞しているように思われる。障害者青年学級は自治体財政が縮小する中で、職員体制を充実させることができず、市民生活の変化とも重なって、ボランティアや市民スタッフが中心で運営することが難しくなってきている。休日の過ごし方としては2000年代に入って、福祉サービスとして外出支援が拡大したもののそこでは街には出るものの人との交流がないという課題をかかえている。また、障害者が働くということは、ノーマライゼーション思想の広がりの中で一般化してきたが、その広がりとは裏腹に、人間発達をめざすという当初の理念が曖

昧になってきている。

　このような状況の中で、「学校から社会への移行期の学び」を政策として掲げることは、既存の特別支援学校のあり方の見直しにもつながるもので、ここに教育改革のダイナミックな動きが展望される。有識者会議報告書では、「学校から社会への移行期の学び」とかかわることとして、「豊かな青年期」を求めている。そこでは、「自分で考え決定し行動する力、人や社会とかかわる力」をめざして、「資質・能力の維持・開発・伸長」「就業体験」「多様な生活体験」「性に関する学び・防犯教育」「教養・文化芸術・スポーツ」が学習内容として重要であるとされている。また、そこでの効果的な学習方法として、「自ら主体的・協働的に調べ・まとめ・発表する学習」「自分たちで学習や交流を企画する学習」があげられている。

　また、学校の改革は特別支援学校だけに求められるのではなく、高等教育機関における障害のある人の受け入れが大きな課題になっている。身体障害、精神障害、発達障害のある人への高等教育機関での「合理的配慮」のあり方をめぐってさまざまな取り組みがなされ[4]、知的障害のある人の専門学校での学習と地域貢献の可能性も追求されている[5]。

（2）修学年限を延長する取り組み

　特別支援学校高等部の拡充によって障害のある人が18歳までは学校教育を受けられるようになっても、発達に時間がかかるのに18歳で学校という環境から離れて社会に出なければならないことへの疑問がある。そのことから、私立の特別支援学校を中心に、高等部に2年制の専攻科を設けて、5年制の後期中等教育がつくられてきた。現在、私立特別支援学校9校と鳥取大学附属特別支援学校に設置され、2004年に全国専攻科研究会が発足して、後期中等教育にゆとりをもってじっくりと取り組み、社会への移行のあり方を豊かにしようと交流が行われている。

　その中で、社会福祉の「自立訓練事業」の制度を使った「福祉型専攻科」という道が開かれることになった。これは就労移行をめざす福祉サービスを使うものの、その中身は、狭い意味での職業訓練ではなく、学習・文化活動を中心にした取り組みである。職業訓練を受けることが自立につながると思われがちであるが、障害児の青年期に注目する人の間では、視野の狭い職業訓練だけでは会社に定着できず、社会からも孤立するということが知られている。その訴えが実り、社会福祉の予算で学習・文化活動を中心にした事業が実施されるよ

うになっている。

　このような特別支援学校高等部の専攻科は、現在のところ、公立の特別支援学校には設置されていない。数の多い公立特別支援学校に普及することが望まれるが、専攻科の関係者からは、その弊害が指摘されている。現状では、公立の特別支援学校高等部は、狭い意味での職業訓練に重点が置かれており、その状況を2年延長することは、青年期の学習としては好ましくないというのである。そのような中で、私立の特別支援学校高等部で青年期の学びの場としてふさわしい専攻科のあり方を確立し、それを政策化していくということがめざされている。

（3）「学校から社会への移行」に求められる学習の試み

　先に紹介した文部科学省の委託事業「障害者の多様な学習活動を総合的に支援するための実践研究」を受けて、NPO法人学習障害児・者の教育と自立の保障をすすめる会は、実践者・研究者からなる「連携協議会」、愛知県内の6大学を結ぶ「大学連携オープンカレッジ」、障害のある青年と地域の人が学びあう「公開講座」を実施した[6]。

　このうち、筆者が講座長を務めた「公開講座」の中で、「学校から社会への移行」がどのようにめざされたのかを紹介してみたい。この講座には、見晴台学園の専攻科と見晴台学園大学の在籍者および卒業生23人が参加し、チューターとして名古屋大学の学生・大学院生7人が加わった。

　準備会では、まず、子どもから大人への移行期にあたる青年期には、自分のこれまでをふり返り、現在を理解し、未来を展望することが必要であり、それを仲間の中で行えるといいのではないかという基本方向が確認された。これにもとづいて、全体テーマは「私もあなたも Happy Life～考えよう！生涯輝き続けるために～」となり、第1回「今までの Happy 探し～過去にはやさしく～」では、自分の歴史を仲間の中でふり返り、第2回「生涯輝き続けるために～未来は楽しく～」では、自分のやりたいことやなりたい自分の姿を仲間と語り合い、第3回「いつでもどこでも誰でもが学べる社会～北欧の教育事情から学ぶ～」では、大学風の授業を聞いて仲間で討議をして質問するというプログラムを用意した。

　本来の自分史学習は、辛かったことも嬉しかったことも含めて自分の丸ごとをふり返る必要があるのかもしれないが、障害のある人の場合、これまでの人生、とりわけ学校で傷つくことが多いということを考慮して、できるだけ過去

を前向きにとらえることをめざした。また、自分史を年次的にふり返ろうとしてうまくいかなかったことがあることから、今回はトピックス的に過去をふり返ることとした。一方、未来を考えるプログラムでは、実現可能性は度外視して、それぞれが持っている夢を尊重し、夢に向かって少しでも近づければいいというスタンスで臨んだ。

　このような取り組みの中で、子どもから大人への移行期である青年に対する教育上の課題が見えてきた。その1つは、「自分を語る」ことの重要性であり、自分を語り、それに対して仲間から反応があることで、「自分もなかなかがんばってきたなあ」「結構いいことがあったなあ」「あれは嬉しかったなあ」と思えることが重要である。2つは、「改まった場」の重要性であり、親しい人だけではない中で、緊張しながら一生懸命話し、わかってもらえたという達成感は大きなことであった。3つは、「チューターとの共同作業」ということであり、自分を語ることを支援してくれるが、青年同士という対等の立場で理解しあう努力もする存在は重要であったように思われる。

　もう一点重要なことは、このような話し合いを中心とした学習活動が成り立ったのには、普段の見晴台学園の専攻科や見晴台学園大学の実践があるということである。個人の尊重と生活を豊かにする教養を通して、青年期の課題にじっくりと取り組んできたことの成果が、このようなかたちであらわれていると考えられる。

　以上の実践はささやかではあるが、既存の学校教育で求められるものを相対化するものであると考えられる。教育福祉からの新しい教育的価値の提供の一例として位置づけたい。

　注
（1）辻浩『現代教育福祉論—子ども・若者の自立支援と地域づくり—』ミネルヴァ書房、2017年。（1）は「序章　教育福祉とは何か」、（2）（3）は「第4章　教育福祉で教育の改革を」から。
（2）学校卒業後における障害者の学びの推進に関する有識者会議「障害者の生涯学習の推進方策について—誰もが、障害の有無にかかわらず共に学び、生きる共生社会を目指して—」2019年。
（3）2018年度の委託先は、都道府県教育委員会4件、市町村生涯学習センター1件、大学4件、社会福祉法人4件、NPO法人4件、親の会1件、計18件である。

（4）「障害者の多様な学習活動を総合的に支援するための実践研究」では4つ
　　の大学に委託がなされている。
（5）仙台リハビリテーション専門学校『平成30年度専修学校における地域産業
　　中核的人材養成事業』（2019年）では、知的障害者に教育を提供することを
　　めざして調査が行われている。
（6）NPO法人学習障害児・者の教育と自立の保障をすすめる会『生涯の学び
　　としての、障害青年の「学校から社会への移行期」における継続的な学習
　　の役割と課題　報告書』2019年。

（名古屋大学）

特集3：教育と福祉の統一的保障をめぐる教育政策の課題と展望

課題研究「教育と福祉の統一的保障をめぐる教育政策の課題と展望」のまとめ

勝野　正章

1．はじめに

　第26回大会の場では、2年目を迎えた標記の課題研究として、イギリスにおける教育と福祉の連携・協働を対象とする政策・制度研究を長年に渡って進められ、近年『イギリスの教育と福祉研究』（中川書店、2018）を著された岩橋法雄会員と社会教育学の立場から教育福祉論に取り組まれており、『現代教育福祉論—子ども・若者の自立支援と地域づくり—』（ミネルヴァ書房、2017）の著者である辻浩氏よりご報告いただき、全体での議論を行った。

2．教育福祉の担い手に求められる専門職性

　岩橋会員の報告は、「特別な教育ニーズは一部特殊なグループだけではないという志向（Every Child Matters）と拡張学校の役割：戦後イギリスにおける学校欠席への取り組みと競争主義的学校教育の見直し」という演題で行われた。イギリスは第二次世界大戦後における福祉国家の範例とみなされているが、世界規模での経済・産業・社会システムの変化から免れるものではなく、むしろ1970年代後半以降は新自由主義路線の先導者として市場主義、自己責任の原理に基づく諸改革を推し進めてきた。岩橋報告ではまず、こうした変化・改革（そして、その結果としての貧困、格差拡大、差別など）が子ども・青年の人間的成長に甚大な歪みをもたらしているとの認識に基づき、1990年代後半からのニュー・レイバー政権が採用した修正路線の典型として、2004年の『すべての子どもが大切』を位置付け、就学前からの学校内外における子ども・青年への総合的ケアが政策課題化されたことの確認がなされた。それはまた、教育を学校教育（フォーマル・エデュケーション）の範疇にとどめず、「子どもたちと若者の全体的な充足と発達と、効果的に（彼らの）環境と相互に作用して、良い生活を送る能力を育み、サポートする」ものと広義に捉えなおす、概念の

再定義を伴うものであったことが指摘された。

　一方では、障害を持つ子どもたちの機能的欠損への対応という観点から理解されてきた「特別な教育ニーズ」概念も、「インクルージョン」理念（サラマンカ宣言、1994年）の展開という世界的動向からの影響を受けながら、障害に限らず、すべての子どもがそれぞれに「何を必要としているのか」という観点から捉えなおされた。そうした文脈のなかで「特別な教育的ニーズと障害法」（2001年）が制定され、ティーチング・アシスタントの導入や特別な教育ニーズ・コーディネーター配置が就学後の学習保障と支援を目的として講じられたことが報告では指摘された。

　岩橋報告で特に踏み込んだ論及が行われたのが、学校欠席の問題と教育福祉サービスの担い手についてである。学校欠席は、「経済的問題、ヤング・ケアラー（家庭でより年少の弟妹、様々なトラブルを抱えている親や祖父母など、そして傷病者の面倒を見ている子ども・若者）、虐待などの家庭的問題、家庭の文化的背景、到達進度の遅れなど、様々な問題で学校での学習を放棄」せざるを得ないという、長い歴史を持つとともに、現代の子ども・若者の置かれている困難な状況を典型的に象徴している問題である。イギリスには、この問題に取り組む教育福祉官（EWO: Education Welfare Officer）という職が置かれてきた歴史がある。しかし、子ども・若者の人間的成長を阻む環境的条件が複雑化、深刻化が進行するにつれて、教育福祉官の基本任務が拡張されるとともに、その専門職性をめぐる葛藤が深まっているという。岩橋会員は、教育分野のソーシャル・ワーカーと比較して、教育福祉官の専門職性確立の取り組みが脆弱であったと指摘するとともに、教育の専門性に根差した専門職性を教育福祉官が発展させるべきであるとの見解を示した。

3．教育福祉（研究）からの教育改革

　辻氏の報告は、「教育福祉から考える青年期教育の政策課題—障害のある人の「学校から社会への移行」を題材に—」との演題で行われた。まず、教育福祉について、「教育と福祉が連携して、子ども・若者あるいは成人が安定した生活基盤のもとで豊かな人間発達を実現することを目指す概念である・・・困難を抱える子どもにも等しく教育を与える機会を提供するものとみなされがちであるが、それだけでなく、教育全体のあり方を見直す視点であり、さらには地域づくりの視点を提供するものである」（傍点は本稿の筆者による）との定

義により、報告の射程が提示された。辻氏の報告は、演題が示すように、障害のある人の青年期教育を切り口として、その政策課題を中心的に論じながら、教育福祉（論）が一条校における実践を中心とするフォーマル・エデュケーションの価値基盤を相対化し、変化させる契機としての可能性を持つことを適示するものであった。

辻氏は、文部科学省に置かれている「学校卒業後における障害者の学びの推進に関する有識者会議」の審議と報告（2019年３月）を読み解き、障害者の生涯学習に関する文部科学省（総合教育政策局）の政策において、社会教育と学校教育と福祉・労働・医療、それにまちづくりを一貫して結びつける視点が現れていることを指摘した。この政策の背景には、障害者の権利保障に関する国際的潮流と当事者運動があり、岩橋報告でも言及されていた「特別なニーズ」理解の発展とインクルージョンに向けた国内法の整備があった。辻氏は、自身が講師として出席した文部科学省内の「社会教育・生涯学習に関する実践的政策勉強会」の１コマを紹介しながら、関係者を巻き込んだ審議・議論と実践研究事業（2018、19年度）の実行を通じて障害者の生涯学習に関する理解が深められ、その理解が政策に反映されていることを明らかにした。

そのうえで辻氏は、障害者の「学校から社会への移行」に関する現代的な政策課題として、「学校卒業後の行き詰まりの解消」と「特別支援学校さらには高等教育機関のあり方の見直し」をあげた。歴史的には、義務教育段階の不就学をなくす運動、養護学校高等部の増設、障害者青年学級の開設、福祉作業所での人間発達の追及などの形で障害者の教育権保障を進める努力が積み重ねられてきたものの、現在は「ひと・もの・かね」の問題や本来の趣旨の曖昧化などの困難を抱えている。そこで、辻氏が教育福祉論の視点からダイナミックな教育改革につながる可能性を見出しているのが、特別支援学校高等部専攻科を利用した就学年限延長の取り組みである。これは就労を中心とした自立を早急に促すのではなく、豊かな人間教育（学習・文化活動）を基本理念として、全国では私立特別支援学校９校と鳥取大学附属特別支援学校で行われており、教育と福祉、学校教育と生涯教育を制度的かつ実践的に深く結びつける試みであると言える。

さらに、辻報告で言及された高等教育機関における障害者受け入れの取り組み（「平成30年度専修学校における地域産業中核的人材養成事業」）を受託した仙台リハビリテーション専門学校は、知的障害者の社会参加を通じての地域活

性化をねらいとしており、障害を持つ青年の教育と地域づくりとを繋ぐ可能性が見いだされるものであった。こうした取り組みにおいてはいずれも、障害のある人の「学校から社会への移行」における豊かな人間教育を支える学習の目標と内容と方法の模索が課題となる。その点では、辻氏自身が深く関わって行われた「NPO法人学習障害児・者の教育と自立の保障を進める会」の公開講座を通して見いだされた、「学び合う関係」のなかで働く「力」の指摘は説得力を持っていた。

4．まとめにかえて

　岩橋会員の報告は、イギリスの経済・社会システム全般の変容という歴史的文脈のなかで、子ども・青年の貧困、障害、差別に起因する困難に対する教育と福祉を貫く総合的ケアを実行することが政策的課題になっている様を描くとともに、その担い手に求められる専門職性を改めて問い直す必要性を指摘するものであった。一方、辻氏の報告は、日本における障害者の青年期教育に関する近年の政策を解きほぐすことで、教育福祉（研究）の視点から、学校教育と社会教育・生涯教育の境界を跨ぎ、さらには地域づくりへとつなげる方向で教育及び教育政策を再定位する可能性を示すものであった。

　両報告を受けて、イギリスの特別なニーズ教育における「判定書（statement)」についての質疑応答や教育と福祉の連携における地域の位置づけについての意見交換がなされた。また、日本の公立特別支援学校高等部に専攻科を設けて、就学期間延長を図ることの是非が論点となり、保障されるべき青年期教育の理念、内容、方法に関する議論の重要性が改めて浮かび上がった。いつものことではあるが、内容豊かな両報告を受け、十分に論点を整理して議論を深める時間がなかったことがたいへん悔やまれる。

　本課題研究は、教育と福祉の統一的保障を主題に掲げながらも、両者の性急な一体化を進めようとする立場とは一線を画し、「統一的保障」が意味することの理解を丁寧に深めながら、教育学と教育政策研究を前進させることをねらいとしている。その意味で、最終年度に向けて非常に有意義な内容を持った時間であったことは参加者全員に共通の感想であったのではないだろうか。

（東京大学）

IV

投稿論文

［投稿論文］
教特法制定に対する日本教職員組合の影響力

高木　加奈絵

1．課題の設定と先行研究

（1）はじめに

　戦後教育政策の歴史を考察しようとする際、野党側アクターとして日本教職員組合（日教組）が教育政策に対して影響力を発揮しえたのかどうかを考察することは重要な課題である。しかしこの問題は、これまでほとんど分析されてきていない。本稿は、戦後の教員身分に関する重要な法律である教育公務員特例法（教特法）の制定にあたって、日教組が影響力を与ええたのかを論じる。

　教特法が国会で議論され、成立、施行された1948〜49年は、日教組にとって組織の存続が危ぶまれるほど、混乱を極めた時期であった。それは、マッカーサー書簡（1948年7月22日）や政令201号の発出（同年7月31日）と、政令201号の内容を反映した国家公務員法（国公法）の改正（同年11月29日に衆議院・参議院を通過）によって、公務員の労働三権が制約されたことに起因している。こうした事態によって、日教組は団体交渉権のなかの協約締結権と争議権を失い、労働組合としての活動に大きな制約がかかった。

　こうした日教組にとって厳しい制約がかかった状況のなかで、教特法案の国会での審議が進んだわけだが、日教組は教特法の制定に影響を与ええたのか。本稿ではこの点について、当時の政治状況や労働戦線の状況にも目を向けながら、日教組の内部文書[1]を用いて、教特法制定にあたっての日教組の路線選択の状況を明らかにしていく。具体的に扱う時期は、政令201号発出後の1948年8月から、教特法が公布・施行された1949年1月12日までとする。

　教特法の制定や、教特法制定にあたって日教組が何をしたのかについては、いくつかの先行研究が存在している。そこでまず、こうした先行研究を簡単に整理することで、ここでの視点を明らかにしておきたい。

（2）教特法案の変遷に関する研究

　教特法案に関する先行研究は、法律案（「教員身分法案」や「教育公務員の任免等に関する法律案」）の段階からどこがどう変化したのかの変遷を分析した先行研究や、そうした変化がなぜ生じたのかを政策形成主体間の関係や折衝の過程から明らかにしたものなど、数多く存在している。こうした諸研究からは、教特法にいたる法案形成過程での変更点とその背景が述べられている。本稿にとって重要なことは、以下の4点である。

　第一に、教特法の前身であった「教員身分法案」の作成過程（1946～1947年4月に存在していた「教員身分法要綱案」[2]）では、教員の労働基本権制約という消極的規定が含まれていた（羽田1980）が、日教組の前身団体である全教協と教全連が文部省と労働協約を締結したことから労働基本権制限条項が削除され、教員の地位・権利を保障した立法としての性格が強まった（羽田1985）。

　第二に、立法化された教特法は、国公法に従属する形になったことである。当初文部省は、教員身分法案を教員のみを対象とした単独立法として制定し、国公法の適用を受けない措置を講じるものとして構想していた。しかしGHQの占領方針の変更（フーバー報告書や民政局の指導など）により、国公法附則第13条を根拠とした特例法として、この法案を作成することとした（嘉納1995：94）。

　第三に、成案された「教員公務員の任免等に関する法律案」が、変更を加えて教特法となったことである。「教員公務員の任免等に関する法律案」は1948年6月30日に第2回国会に提出されたが、会期の関係で審議未了となった。この法案は第3回臨時国会で継続審議される予定であったが、政令201号の発出による国公法の改正が1948年末に行われることとなったことと、教育委員会制度が成立することになったことから、必要な個所の修正を施すこととなり、再度第4回通常国会に提出されたのが教特法案であった（嘉納1995：94-95）。

　第四に、教特法案の国会審議で中心的な論点となった部分は4点[3]あったが、結局は衆議院では満場一致、参議院では共産党の反対者1名という大多数の賛成を得て可決成立したということである。

　このように、教特法の成立にあたっては、政策形成主体（GHQ各課、文部省、教育刷新委員会、国会など）の間の折衝や議論に分析の焦点があてられ、その変更の要因が分析されてきた。

　しかしこれらの研究は、労働協約が破棄されたことにより、教員の身分や待

遇に関する法案に対して最も反発したはずの日教組の影響力が考慮されていない点が不十分である。小出（1981）や嘉納（1995）が指摘してきたように、当時の組合と文部省との間で取り交わされた労働協約は、事実上、教員身分・待遇に関する地位保障制度として機能していた。このことを考慮に入れれば、労働協約が破棄され、教員身分・待遇に関する法律案が作成・審議される過程で、日教組が何らかの直接／間接の影響力を行使しようと動いたはずである。

　ショッパ（2005）も指摘しているように、こうした教育政策における主要アクターを政策形成主体に絞ってしまうことによって、戦後教育政策における政策形成の構造を、政策形成主体のみに矮小化してしまうことにもなってしまう。

（3）日教組の教特法への対応に関する研究

　では日教組の沿革史である『日教組十年史』では、こうした法案に対する日教組の闘争がいかに記述されているのか。『日教組十年史』によれば、教特法に対する日教組の「たたかい」は、「相当に効果を発揮し、政府も教育公務員の任免に関する法案を若干修正する」（日本教職員組合編1958：134）にとどめたとある。一体、日教組は何をして「相当に効果を発揮」する運動をしたということになるのか。また、そもそもこの運動は「相当に効果を発揮」したのか。

　こうした教特法に関する研究や日教組の沿革史の情報があるなかで、教特法に関連する日教組の動きを分析した研究として、高木（2018）と久保（2015）がある。こうしたいずれの研究も日教組は教特法の前身の「教員身分法案」や、教特法の制定に対して影響力を行使しえなかったという結論となっている。

　高木は1948年7月までの「教員身分法案」（教特法の前身）に関する闘争を、日教組がどのように行ったのかを分析し、1948年6月以降は全官公庁労働組合協議会（全官公）同様に国公法修正闘争で対応しても、教員のみの身分立法（特に単独立法）を選択したとしても「成算がない」状況になっていたという。しかしながら、高木の研究では、これ以降の教特法制定に対しての言及はない。

　他方で久保は、高木が検討した時期以降の教特法制定時の日教組の動きを、教特法の研修条項に焦点をあてながら明らかにしている。久保によれば日教組は、教員の身分や待遇に関する単独立法を求めていたため教特法に反対していたこと（久保2015：236）、しかし国会審議にあたっては、日教組が国民協同党（国協党）に働きかけをしたおかげで、法意の確立に寄与した可能性があることが述べられている。久保は、日教組が単独立法にこだわっていたと評しているが、日教組が国会での審議で何らかの影響力を発揮したとするならば、日教

組としてはどこかの時点で闘争の方向性を変化させていたことになる。しかしそれはいつの時点であったのか、どういった理由付けであったのかということが久保の論考からは不明確である。また、久保の分析は、当時の日教組の機関紙を用いたものであるため、日教組の動きやその論理が断片的なものにとどまっているという限界がある。

さらに久保がいうように、国協党の協力を日教組が得ていたとするならば、国会での審議が荒れ、賛成反対の票が割れていたとしてもおかしくなかったはずだが、国会で教特法が可決成立した際には賛成多数で可決していた。この点も、日教組が一貫して教特法の抵抗勢力であったならば、矛盾する記述となる。

そこで本稿は、日教組の教特法闘争の経緯を明らかにすることを通して、日教組の教特法への影響力を分析する。本稿の構成は以下のようである。2節では、日教組の教特法闘争を分析するための視点を3つ立てる。3節、4節では、日教組の教特法闘争の経緯を整理する。3節では特に、日教組が国公法と教特法の関係をいかに把握していたのかが問われ、4節では情報収集の過程と、要求を実現するためのルートの問題が扱われることになる。5節では結論として、教特法闘争に対する日教組の影響力とその成果について論じることとする。

2．分析の視点

本稿では分析のための3つの視点を立てる。

第一に、国公法闘争と教特法闘争との関係を日教組がいかに把握していたのかという視点である。先述したように高木（2018）では、教特法の直接の前身法案である「教育公務員の任免等に関する法律案」が国会に提出される直前の日教組は、国公法の修正闘争に軸足を置きつつ、国公法の適用を受けないようにするために教員身分を単独立法化しようとする二段構えの戦術を取らざるを得なかったことを指摘している。この闘争戦術は、国公法の改正が目前に迫るなかで教特法を制定していった本稿の扱おうとする時期には、より切実な問題となり日教組に速やかな路線選択を迫ることとなっただろう。そしてこの路線選択の結果、日教組の教特法への対応が進んでいったはずである。

特にこの問題を考える際に注目すべきは、この時期の全官公の国公法改正に対する方針の足並みがそろわなかったことである。この時期の日教組は、公務員に関する重大な動きに関しての情報収集をするために、官公労働者の連絡協議体であった全官公に入り、この動きを見ながら、自らの組織の運動方針を立

てて動いていた。しかし政令201号の発出以降、全官公のなかで中心的な単産であった国鉄労働組合（国労）と全逓労働組合（全逓）の方針が食い違うようになっていた。それは、この時期の全逓はまだ日本共産党の影響を強く受けていたため、急進的な運動方針を取ろうとすることがしばしばあったが、国労は1948年9月30日から10月2日に開かれた国労金沢大会以降、日本共産党の影響から距離を置こうとする国鉄民主化同盟（民同）が、中央執行委員のヘゲモニーを握ったため比較的穏健な運動方針を取っていたからである。

　このことは国公法の改正という事態のなかでも異なる2つの運動方針として顕在化していった。つまり全逓は、国公法改正に対して絶対反対の運動を展開しようとしたのに対して、国労は、国公法修正案の動きを見ながら、自らの運動を大きく拘束しようとする動きが立法化してしまわないよう、国公法改正への修正闘争を行おうとしていたわけである。

　日教組は、こうした労働戦線の状況を勘案しながら、国公法改正や教特法立法に関する情報も収集し、路線選択をしていくことになった。そのため、この分析の視点を検討することは、日教組の路線選択に影響を与えたであろう要因を分析するために重要である。

　第二に、日教組が自分たちの要求を法案に反映させるためのルートを有していたのかどうかという点である。教特法案が国会審議に入る前後で日教組が自らの要求を法案に反映させようとするならば、広範な大衆運動や要望書の提出、インフォーマルな水面下での工作といった方法が考えられる。しかし本稿が扱おうとする時期にはすでに法案が国会に提出されているため、法案の修正要求は、国会議員を通して、国会の場で行われた可能性がある。まさに久保の研究で論じられていた、日教組が国協党の協力を得ていたという動きがそうである。

　しかし、日教組はそもそも具体的に何を求めていたのか、そしてその要求を実現するために何をしていたのか。久保の記述はこの点に対しては明らかではない。そのため本稿では、日教組が具体的にどういう手段を取って法案に要求を盛り込もうとしたのかというルートの問題を扱う。

　第三に、日教組は国公法や教特法に関する情報を収集できていたのかどうかという問題である。国公法修正案が第二次吉田内閣期に、スピード審議で成立していたし、教特法についても、何がどう「教育公務員の任免等に関する法律案」から変更されるのかという問題も日教組は抱えていたことになる。

　こうした国公法修正案に何がどう盛り込まれるのかの情報を得られないまま

では、その路線選択はままならなかっただろう。日教組は国公法案や教特法案の情報を把握しえたのかどうか。これは日教組の闘争の成否を決定づける重要な要素であったと考えられる。

　以上3つの分析の視点を設定したうえで、教特法闘争に対する日教組の動きを検証していく。

3．日教組の路線選択の方針

　高木（2018）によれば、「教員身分法案」に関する日教組の路線選択は、国公法の動きを勘案しながら、情勢によっては、教員に関する身分法制を単独立法（国公法の拘束を受けない形）する余地がないかどうかを探っていたという。では、本稿の扱う時期の教員の身分法制に関する日教組の路線選択は、以前までの方針から変化があったのだろうか。

（1）国公法改正闘争と教員身分法制との関連の把握

　まずは、日教組が国公法改正闘争をいかに行おうとしていたのかについて見てみる。その手がかりとなるのは、1948年8月20日付の「国家公務員法改正に関する件」（『1947－1948 日教組運動資料（法制）1948.3－1949.2』）というプリントである。この史料からは、国公法改正に向けた動きが始まったばかりの時期に、日教組が全逓のような国公法改正反対闘争と、国労のような国公法修正闘争の両足かけの闘争を考えていたことが読み取れる。

　日教組は、国公法改正に対して、基本的には国公法の改正に「反対」する方針で行動を進めようとしていたが、「客観情勢の推移によっては　政府原案に対する修正斗争をも併行して推し進め」ようとしていた。

　国公法と教員身分法制の関係の把握を日教組がいかにしていたのかは、第8回中央委員会（1948年8月22-23日開催）の史料からうかがえる。この中央委員会の議題には、「公務員法改悪反対斗争に関する件」があったが、そのなかで「3．教員身分法（仮称）単独立法化」が扱われたようである（「第八回中央委員会日程」〔第8回 日教組中央委員会議案報告資料〕）[4]。この時点では、国公法などの公務員関連法案のなかで、教員の身分法制が議論されていたことになる。このことは、1948年8月末の日教組が公務員法制に対する法改正を、国公法と教特法の二段構えで行っていたというということを意味する。

　この方針は、1948年9月17日付の「国家公務員法改正闘争委員会原案」（『1947－1948 日教組運動資料（法制）1948.3－1949.2』）という史料にもあら

われている。この史料では基本方針として、「1．公務員法改正の重要性を徹底せしめ、〔教育──括弧内筆者〕委員会選挙中は勿論特に選挙終了後は公務員法改正斗争に全力をそそぐこと」、「3．国家公務員法と教員身分法の斗争を一体にして行う」という文言が掲げられていた。この史料からは、日教組が公務員法制（国公法や教特法）に関する闘争に全力を注ぐ必要があると認識していたことが読み取れる。さらに国公法と教特法の闘争は「一体」のものとして、つまり国公法と教特法の二段構えで闘争を行おうとしていたこともわかる。

　すなわち、この時期の日教組にとっての当面の課題は、改正される国公法によって教育公務員の労働三権に対する制約が厳しくならないようにすること、この国公法の修正闘争がうまくいかなかったときのために、教特法を国公法に従属しない形で単独立法させることであった。つまり日教組の教特法闘争は、高木（2018）が論じていた教員身分法闘争と同様、国公法の改正状況をにらみながら進められたということになる。そのため日教組は、教特法案への対応を進めながらも、まずは先行して国会に出されるであろう国公法改正への対応を行っていった。

（2）国公法改正と教特法制定に対する日教組の論理

　1948年10月後半からは、国公法の修正と教特法の制定について、日教組がいくつかの要望書を出している。また、日教組は全官公から集めた情報をもとに、国公法改正案に対する日教組案を作成していた。これらの史料を見てみると、日教組が国公法や教特法について何を求めていたのかがわかる。

　国公法についての1948年10月28日付「要望書」（『1947－1948 日教組運動資料（法制）1948.3－1949.2』）では、教育公務員には、①国公法を適用せず、②教育公務員法を単独立法し、③労働法に認められている組織を結成し、④政治活動の自由を保障すること、を求めている。その際の論理として、教育基本法や米国使節団報告書をもち出し、教員には①～④の特別な適用を求めていた。この要望書は所管官庁だけでなく、各政党にも提出されたようで、これをもとに各政党への日教組の要望が説明されたようである（「法案斗争経過　日本教職員組合（法制部別府大会報告）一九四九．二、三─五」『日教組運動資料（法制）1948.3－1949.2』）。

　他方で教特法に関する1948年11月10日付「要望書」（『日教組運動資料（法制）1948.3－1949.2』）でも、「（一）教育公務員法単独立法について」のなかで、国公法の適用除外、教育公務員法の単独立法、教員の労働法の適用と政治

活動の自由という、今までの日教組の主張が繰り返されている。つまり、日教組の国公法闘争と教特法闘争では、国公法の適用除外などといった日教組の主張が共通していることから、日教組にとってこうした主張が重要であったことがわかる。

しかし、11月10日付の要望書では、（二）で給与に関して具体的に述べられ[5]、（三）では教育予算に関しての言及がなされているという点で、今までの主張とは異なる部分がある。この要望書は、それまで別々に行われていた教育予算や給与に関する要望を大きくまとめ、第3国会に働きかけるために作成されたものであった（[中執会議記録17]）。そのため、この要望書には教育予算や給与に関する記述が記載されていた。

こうした要望書から、当時の日教組が重視していたのは、教員の政治活動の自由と労働基本権の確保、教員に関する身分法制の単独立法化であったことがわかる。そのために、国公法から教育公務員を適用除外させようとしていたのである。

4．国公法・教特法に対する日教組の議会闘争
（1）国公法に対する闘争
①国公法・教特法に関する日教組の情報収集

教特法案の原案である「教育公務員の任免等に関する法律案」は、第2国会の時点で一度国会に提出されていたため、日教組としては元の法案の内容は把握していた。問題は、教特法案になった際に「教育公務員の任免等に関する法律案」からどこがどう変わるのかということであった。先行研究で高橋（2019）が述べているように、教特法案はGHQ内での教特法案の文言をめぐる対立や折衝があったため、教特法案を作成した文部省にとっても、どう変更されるか不透明な状況にあった。そのため、教特法闘争の情報収集のほとんどは、全官公から情報収集が可能な国公法改正案に関するものに集中し、教特法案の情報収集は状況が許さなかったのだろう、さほどなされていなかった。

国公法の改正に関する日教組の情報収集は、全官公を通して行われた。それは日教組の内部史料である「国家公務員法改正方針答申案」（1948年10月15日、『日教組運動資料（法制）1948.3－1949.2』）に全官公庁法制対策委員会と書かれていることや、「公務員法改正案　全官公庁」（1948年10月1日、『日教組運動資料（法制）1948.3－1949.2』）という史料から明らかである。こうした情

報収集は10月に行われており、こうした情報をもとに、日教組では、日教組の国家公務員法改正案を作成していった。

　なお、日教組では国公法の日教組案だけではなく、久保（2015）が指摘している様な教特法の日教組案も作成していた。こうした日教組の対案は、全官公を通して日教組の要求を法案に反映させようとすると共に、各県単組にも流すことで、各県出身の国会議員に働きかけることを目的として作られたようである。このことは、1948年9月25日付のプリント「法案斗争に関する指示（案）」（〔中執プリント11〕）に、「三.議会斗争に於いては組合員が中核となり、貴地区出身議員と懇談会を開催、又は中央、地方に於ける直接、面談の機会把握によって法案に対する日教組の趣旨を徹底させ、議会斗争を有利に展開せしめるよう積極的に活動されたい」と記されていることからうかがえる。

　②国公法改正の動きへの対応

　では、日教組中執内では国公法改正や教特法制定の動きに対して、何を議論し、どう対応しようとしていたのか。この内部議論を見ていくことで、日教組は国労と同様の国公法修正闘争へと舵を切った（＝穏健な手段を取った）こと、さらに国公法修正闘争がうまくいかなかったときのために、教員身分に対する単独立法構想を二段構えで行おうとしていたことがわかる。

　10月28日の中執会議（〔中執会議記録16〕）では、全官公の拡大委員会で国公法改正の件が議論されたことが報告された。この全官公の拡大委員会では、10月15日付で全官公から出した「国家公務員法改正方針」に対する修正案を国労が持って来たようだが、この修正案を全官公として打ち出すのかどうかの結論が出なかったという。

　この報告をした金本東治郎（宮城）によれば、全官公が10月15日付でまとめた原案は、「労働者としての基本的権利は飽くまで認められるべきである」（労働省編1952：360）と国公法の改正そのものに強く反対するものだった。だが、国労の出した修正案は「①労働者としての基本的権利は原則としてみとめられるべきである」（〔中執会議記録16〕）という、弱い表現となっていた。さらに国労は、全官公がまとめた原案にあった「2　既得権は、全面的に確保されねばならない」（労働省編1952：360）という文言を削除するよう求めていた。この国労の修正案に対して、労働基本権は全面的に確保されるべきだという反対論が出されて議論が紛糾し、各単組に持ち帰り検討することになった。

　こうした報告を受けて日教組としては、「労働者としての基本的権利は獲得

されるべきであるという拡大委のまとめについて、日教組は反対する」、つまり全官公の強硬な方針に反対することが決まった。この時点で、全官公のなかがまとまらないことが明白になり、また労働運動の弾圧も予想される微妙な政治情勢だった。日教組はそれらを勘案して、強硬な主張を押し通す動きに追随するのを断念したのである[6]。

　代わりに浮上してきたのが、教育公務員に特別な権利を確保させる期待を、教特法に寄せることであった。日教組は国公法改正案の修正闘争がうまくいかなかったときのための準備として、教特法への対応を同時並行で進めていた。教特法への日教組の代案の作成がその一例である。この日教組草案の作成段階では、職務と職責をどう使い分けるのかという議論がなされていた。ここでは、職責という言葉が義務的意味合いを持つため使用を避けた方がいいのではないかという議論を通して、教育業務の特質をいかに代案に盛り込むかが、教育公務員の職務や身分は特別であるという中執の意見が一致した状態で、議論されていた（1948年9月28日中執会議〔中執会議記録16〕）。

　そして日教組は、国公法改正案に対する修正がうまくいかなかったときのために、「教育公務員法」を立法する闘争を行うつもりであることを、全官公に伝えたのである（1948年11月5日中執会議、〔中執会議記録16〕）。この動きは、他官公労組から見て、日教組が抜け駆けをしているわけではないことをアピールするものであったろう。

　国公法改正案は11月9日に国会に提出された。野党各党は国公法改正に対する修正案を用意していたが、この日、国公法改正案が微修正を加えただけで大きな修正はなされず、衆議院を通過してしまった。

　それは GHQ 民生局の国会対策課長ウイリアムスが衆議院議長室に「いすわって」修正案の提出を許さなかったためである（ものがたり戦後労働運動史刊行委員会1997：170）。この時点で、全官公や日教組の国公法闘争は成果を上げられないままとなった。

（2）教特法闘争の後退と方針の変更

　国公法改正案が GHQ によって修正をはばまれたため、日教組はそこからは教特法の闘争に全力を投入することになった。社会党や国協党の国会議員への働きかけをすることで、教特法案の修正を求めていったのである。

　しかし、修正された教特法案の文言は、教員の給与に関するものにとどまった。日教組が強く求めていた、国公法と教特法との二重の縛りは解消できない

ままとなった。では日教組は、教特法制定にあたって、内部でいかなる議論をし、どう対応策を立てていたのか。

　まずは12月8日の中執会議（[中執会議記録18]）の議論から、教特法に対する見通しを日教組がどう持っていたのかを見てみよう。この報告では教特法について、国協党が中心になり、働きかけたこと、またその内容を国協党も了承し、国会に出されそうなことが報告されている。

　この報告で注目すべき点は、教特法の国会闘争では国協党が中心となって日教組の要求を議論してくれる算段となっていたこと、同時に、国公法や地方公務員法と教特法との二重の縛りを解消するような修正は難しいかもしれないと、国協党との交渉を担当していた坂尾徳太郎（徳島）から述べられていたこと、の2点である。後者はきわめて重要な意味を持っていた。教特法によって国公法よりも大きな権利や自由を確保する道が、協力を取り付けていた国協党の修正案作成の段階ですでに閉ざされていたことを意味しているからである。

　実際この日の議論では、結核療養に関する条文の「俸給」を「給与」に修正させたいと議長（岡三郎、神奈川）が述べているように、この時点で日教組は、与野党への働きかけは継続するものの、日教組が求めていた二重の縛りの解消をもはやあきらめ、より現実的な結核教員の給与の条項を修正することに重点を移した議論に終始した。

　結核教員の処遇問題に終始したことは、12月9日の中執会議（[中執会議記録18]）での報告からも裏付けられる。この報告からは、文部省が作成した教特法案と国協党案の「内容は同じ」であると分析されている。なお、法案が国会に上程されたのは12月8日のことである。国協党の法案が管見の限り存在しないため、厳密に比較はできないが、国協党案と教特法案の内容が全く同じであるわけではなかろうから、この報告は、教特法案と国協党案を比較し、日教組が懸念していたほど厳しい制約とはなっていないことを確認したということであろう。

　この後、諸政党の状況が報告され、国協党は日教組の要求を反映して動いていてくれると述べられていた。日教組は国協党に協力を仰ぎながら、給与の件と結核療養の件を修正できないかどうかを探っていった（[中執会議記録18]）。つまり日教組はこの時点で、教特法のなかに教員の政治活動の自由や労働三法の適用を求めるという修正を求めることを止め、結核療養の件と、給与の件の部分修正に甘んじざるを得なくなっていたのである。

　教特法の国会での議論は、12月12日の衆議院文教委員会で最大の山場をむかえた。この文教委員会では修正案が出され、2つの修正点が法案に盛り込まれることとなった。その2つとは、①結核療養の際に、「俸給の全額を支給することができる」から、「給与の全額を支給する」と修正する（教特法14条）こと、②第33条（公立学校の学校長等に関する特別規定）から「国立学校の学長、校長、教員又は部局長の例に準じ」という文言を削除させる、というものであった。なおこの修正案を出したのは、社会党の松本七郎である。そして同日に衆議院の本会議で修正案が採決され、教特法案は衆議院を通過した。

　続けて12月13日参議院文教委員会でも質疑、討論、採決が行われ、12月14日には教特法案が参議院本会議に提出され、討論の結果、可決した。

5．結論

　ここからは、日教組の教特法闘争の経過を、分析の視点に沿って整理しなおすと共に、本稿全体の問いである「日教組は教特法の制定に影響を与ええたのか」に対して回答する。

　分析の視点1「国公法闘争と教特法闘争との関係を日教組がいかに把握していたのか」については次のように回答できる。日教組は国公法と教特法を二段構えものとして捉えたため、先行して国会で議論された国公法改正への対応を最優先して動いていた。しかしこの動きは、国公法改正への闘争がうまくいかなかった上、教特法案の作成段階での働きかけを立ち遅れさせることになった。

　分析の視点2「日教組が自分たちの要求を法案に反映させるためのルートを有していたのかどうか」については次のように回答できる。日教組は自分たちの要求を法案に反映させるためのルートを有していた。教特法については、国協党を足場として、国会での法案の修正を求めていた。確かにこういった意味において、『日教組十年史』にあるような教特法闘争は、「相当程度の効果を発揮」したといえよう。

　しかしこうしたルートを有していたにもかかわらず、日教組は国会の状況や政党との交渉の展開を見て、日教組の最大の目的であった二重の縛りを解消することを断念した。

　分析の視点3「日教組は国公法や教特法に関する情報を収集できていたのかどうか」については、次のように回答できる。日教組は、状況が許さなかったために、教特法に関する情報収集がほとんどできなかった。国公法に関する情

報収集は、全官公を通じて行われていた。こうしたことから、日教組は、教特法案が国会に出て来た時点で微修正を求める動きしかできなかったことになる。

　こうした知見をもとに、本稿全体の問いである「日教組は教特法の制定に影響を与ええたのか」に対しての回答をしてみよう。日教組の国公法闘争は、GHQの国公法改正への強硬な態度のためにうまくいかなかった。教特法闘争も、当初予定していたものからは大きく後退することを余儀なくされた。つまり、日教組は当初自らが立てた国公法と教特法による二重の縛りの解消と、教員の政治的自由に関する要求、労働基本権の確保を実現させるという意味では、教特法の制定に大きな影響を与ええなかったことになる。

　国公法や教特法制定に対する日教組の運動が十分な成果を上げられなかった結果、結成間もない日教組は、多くの権利や自由を失うことになった。この時期に教特法闘争で当初の主張を通すことができていれば、1960年代のILO闘争や、60〜70年代の労働基本権回復運動などで、他の官公労組とともに取り組んでいく必要はなかったかもしれない。

　しかし、この闘争自体は日教組にとってきっと無意味ではなかった。国会議員に働きかけて法案の修正を行うという、院内闘争の本格的な取り組みのスタートになったのは確かである。国会を舞台に政府と日教組とが鋭く対立した1950年代の問題では、日教組はもっと効果的に院内闘争を展開するようになったから、その意味では重要な教訓を得る経験となったといえるのかもしれない。

付記：本稿は、科学研究費補助金基盤研究(A)「戦後日本の教育労働運動の構造とそれが教育政治に与えた影響に関する実証的研究」（研究代表者：広田照幸）の研究成果の一部である。

注
（1）日教組の内部史料の書誌情報は、「史料名」と史料の作成年月日（会議記録の場合は会議日）及び『簿冊名』を本文中で示し、簿冊の作成年次は文献一覧に示した。角括弧は整理者が付した整理記号、亀甲括弧は仮標題である。
（2）『戦後教育史料』Ⅴ-23、Ⅲ-39所収。
（3）中心的な論点となった4点とは、①学校事務職員に教特法を適用するかどうかの論議、②大学教員と大学以外の教員の休職に関する規定に関する論議、③校長・学校教員の採用及び承認にあたって、教育長が選考権者に入ることに関する論議、④研究費支給をめぐる論議である。

（4）なお第8回中央委員会の議事録は、決定事項だけが列記されており、議論の経過がわからなかった。

（5）具体的には次のような文言であった。「（二）給与について　1．給與標準七．三〇〇円を八月分より支給すること。2．本年四月から七月までの生活補給金として二・八ヶ月分を支給すること」。

（6）この時期の日教組の他団体との距離の取り方については、広田照幸編『歴史としての日教組　上』名古屋大学出版会、2020年に詳しい。

引用文献一覧（引用した史料はすべて日教組所蔵の未公刊史料である）

嘉納英明「教育公務員特例法の立法過程に関する研究―法案審議過程の検討―」『琉球大学教育学部紀要第一部・第二部』46、1995年、93-100頁。

久保富三夫『戦後日本教員研修制度成立過程の研究』2015年、風間書房。

国鉄労働組合編『国鉄労働組合20年史』1967年、労働旬報社。

羽田貴史「教育公務員特例法の成立過程　そのⅠ」『福島大学教育学部論集』32(3)、1980年、37-48頁。

羽田貴史（1985）「教育公務員特例法の成立過程　そのⅢ」『福島大学教育学部論集　教育・心理部門』37、1985年、29-41頁。

小出達夫「戦後教育改革と労働協約」北海道大学教育学部産業教育計画研究施設『産業と教育』2、1981年、217-271頁。

高木加奈絵「教員身分法をめぐる日教組闘争―日教組はどのように闘争を行ったか―」『教育学研究』85(3)、2018年、14-26頁。

高橋寛人『教育公務員特例法制定過程の研究』春風社、2019年。

日本教職員組合編『日教組十年史』1958年。

ものがたり戦後労働運動史刊行委員会『ものがたり　戦後労働運動史Ⅱ―片山内閣から民主化運動の結集へ―』1997年、第一書林。

レオナード・ショッパ著、小川正人監訳『日本の教育政策過程―1970～1980年代教育改革の政治システム―』2005年、三省堂。

労働省編『資料労働運動史　昭和23年』1952年、労務行政研究所。

［第8回　日教組中央委員会議案報告資料］（1948）。

『日教組運動資料（法制）1948.3－1949.2』（1948－1949）。

［中執会議記録16］『一九四八・九・二八～一〇・一九（昭和二三）中執会議録　日教組』（1948）。

［中執会議記録17］『二三・一〇月　中執会議事録』（1948）。

［中執会議記録18］『二三・一二月　二四・一月　中執会議議事録』（1948－1949）。

［中執プリント11］『一九四八．九　中斗配布　庶務』（1948）。

（倉敷芸術科学大学　講師）

［投稿論文］

学習指導要領の改訂過程における専門職と視学官の関与
——1958年小学校社会科の改訂過程を事例に

澤田　俊也

1．はじめに

（1）課題の設定

　本稿の目的は、1958年小学校社会科の改訂過程を事例として、学習指導要領の改訂過程に専門的な職員がどのように関わるのかを検討することである。

　行政活動において求められる専門性の一つに、高度な科学的・技術的知見がある。この専門性は行政・法律以外の特定の領域における専門職（スペシャリスト）が発揮する「専門知識」であり、事務系行政官（ジェネラリスト）がもつ行政・法律に関する「執務知識」と対置される（内山ほか 2012、村上 2017）。文部（科学）省においても、専門知識をもつ職員が一定数位置づけられてきた。

　具体的には学習指導要領を策定する教科調査官や視学官の存在が指摘されており（前川 2002、青木 2015、合田 2019）、これらは専門性を発揮して教育課程政策の形成過程に携わる重要なポストである。一方で、学習指導要領の改訂過程をめぐる多くの先行研究が着目してきたのは、外部専門家を招聘して諮問事項を議論する審議会であった（e.g. 水原 2017）。しかし、文部（科学）省が審議会に改訂案を提示してきた（清水 1989）ことに鑑みると、文部（科学）省による改訂過程への影響を無視できず、省内の専門的な職員である教科調査官や視学官が改訂過程にいかに関わってきたのかにも目を向ける必要がある。

　いくつかの先行研究は、改訂過程における専門的な職員の関わり方を論じている。村上（2017）は、事務系職員と専門的な職員の間にエージェンシー・スラック[1]が生じた場合、専門知識をもつ後者の主張が反映されやすいと理論的に考察している。また澤田（2018）は、「道徳」特設の事例から、専門的な職員が事務系職員によって示された改訂案を修正あるいは拒否する可能性を論じている。これらの研究は専門的な知識をもつ職員が改訂案の形成に影響を及

ぼし得ることを示唆しているが、どのような場面でどのような影響を及ぼすのかを具体的に論じてはいないという課題がある。そこで本研究は、各教科等の改訂過程のいかなる場面でポリティクスが生じ、教科調査官や視学官といった専門的な職員がそのポリティクスにいかに関わるのかについて、より具体的な知見を示すことを試みる。

（2）本研究で着目する事例

　先の課題を検討するために、本研究は1958年小学校学習指導要領における社会科の改訂過程に着目する。1958年改訂は戦後の教育課程政策における転換点の一つであり、小学校社会科は道徳教育との関係で最も大きく変化したとされる（岩浅 1969）。1955年改訂の社会科では各学年の目標に道徳教育が位置づけられていたが、1958年改訂では社会科で社会認識の獲得、「道徳」で習慣および心情の育成と役割が分けられた。さらに、当時の文部省で社会科専門職[2]を務めていた小林信郎によれば、低学年の道徳教育・社会科・理科を「生活科」に統合することが1957年度教育課程審議会（以下、57年度教課審）で議論されたが、結果的に社会科は残された（小林 1958）。そのため、社会科の内容だけでなく存廃をめぐって、道徳教育や理科との関係が問題となった。

　ただし、社会科と他教科領域の関係についての方針が文部省内でいかに形成されたのかは判然としない。さらに、低学年社会科の存廃をめぐる対立が57年度教課審に限られていたとは言い切れない。57年度教課審は文部省から改訂案を提示されていたが、文部省内で社会科の改訂方針をまとめるのが難しかったために、57年度教課審で議論が紛糾したということもありうる。本稿の結論を先取りするならば、小学校社会科と他教科領域の関係をめぐって文部省内で対立が見られ、社会科担当の専門職や視学官がその当事者であった。そのため、小学校社会科と他教科領域の関係が形成された過程は、本稿の課題を検討するための重要な事例である。しかし、1950年代後半を対象にした社会科教育史研究は進んでおらず（木村 2010）、このことを検討している研究は見当たらない。

　そこで本研究は、1958年の小学校学習指導要領改訂における社会科と他教科領域の関係をめぐる議論を通して、専門職や視学官が改訂過程にいかに関わったのかを検討する。文部省や57年度教課審における議論を検討するために、文部省が改訂作業の過程で作成した資料や57年度教課審の議事要旨を分析する。

2．改訂過程に関わる専門的な職員の構成と役割

　事例の検討に先立ち、専門的な職員の概要を示す。表１は1957年11月１日時点の視学官と初等教育課専門職である（国立教育研究所庶務部会計課 1957）。専門職は担当する教科領域の改訂案を作成していたが[3]、それぞれの教科領域における専門職の数は当時１～２名と少数であった。そのため、個々の専門職は強い影響力をもって担当教科の改訂作業に関わり得たと言える。

　初等教育課の社会科専門職は、小林信郎と山口康助の２名であった。視学官にも担当教科があり、社会科の主担当は内海巌、副担当は鳥巣通明であった[4]。小学校社会科を担当していた視学官と専門職の略歴を表２に示す。

表１　1957年11月１日時点の視学官と初等教育課専門職の構成

視学官室			初等教育課　専門職		
主任視学官	大島	文義	国語科係	木藤	才蔵
視学官	天草	卯	算数係	中島	健三
視学官	鈴木	秀三	社会科係	小林	信郎
視学官	高山	政雄	社会科係	山口	康助
視学官	内海	巌	理科係	谷口	孝光
視学官	小杉	巌	図画工作科係	渡辺	鶴松
視学官	鳥巣	通明	家庭科係	鹿内	瑞子
視学官	倉沢	栄吉	音楽科係	眞篠	将
			学校図書館係	深川	恒喜
			実験学校並調査係	沖山	光
			教育心理係	大内	茂男

表２　小学校社会科を担当していた視学官と専門職の略歴

内海　巌		鳥巣　通明	
1930年	広島高等師範学校卒業	1935年	東京帝国大学文学部国史学科卒業
1942年	広島文理科大学哲学科卒業	同年	日本思想史研究所助手
1945年	広島高等師範学校教授	1936年	大阪府立浪速高等学校教授
1951年	広島大学教育学部教授	1941年	陸軍予科士官学校教授
1956年	文部省入省	1948年	活水女子専門学校講師（翌年教授）
		1956年	文部省入省
	出典：伊東（1988a）		出典：鳥巣（1997）
小林　信郎		山口　康助	
1943年	東京帝国大学文学部教育学科卒業	1947年	東京大学文学部国史学科卒業
同年	新潟第一師範学校助教授	不明	同校付属図書館司書
1948年	文部省入省	不明	山梨大学講師
		1953年	文科省入省
	出典：内海ほか（1960）		出典：山口（1962）

　これらの視学官や専門職は、社会科教育や国史研究に携わった経歴をもつ。内海は広島大学で社会科教育学を研究していた（伊東1988b）。小林は1951年改訂で中学校社会科、1955年改訂で小学校社会科を担当した（小林ほか1967）。鳥巣と山口は国史学科出身で、国史や歴史教育に関する著作を残している（e. g. 鳥巣1997、山口1966）。鳥巣と山口が歴史教育担当であった一方で、内海と小林は小学校社会科全体を担当して改訂作業に従事していたとみられる[5]。

　内海と小林は、その経歴から社会科の内容に精通していたと推察される。1955年小学校社会科では、道徳教育の観点に「社会生活に対する正しい理解を得させることによって、児童の正しい判断力の基礎を養い、望ましい態度や心情の裏づけをしていく」とある。社会生活の理解に基づく道徳的判断力の育成を通じて、道徳的態度や心情の間接的な涵養をねらっていた。彼らはこの内容を認識しており、当時担当者であった小林は同様の選好をもっていた可能性がある。

　さらに、内海はIFEL（教育指導者講習会）の社会科教育講座で主事を勤め、その講義内容は系統的な社会科教育であった（松本2003）。また小林が担当した1955年小学校社会科は、系統的な立場から改訂された。そのため、内海と小林は、社会科教育について系統性重視の選好をもっていたと考えられる。

　視学官と専門職の位置づけも確認する。視学官は「初等中等教育に関する事項について、局長を補佐し、関係課長と連絡連けい」することとされ、具体的な職務に「担当事項に係る学習指導要領……の編集について関係課の調整を図る」「担当事項について関係課を援助する」ことが含まれていた[6]。視学官の職階は課長と同等以上で、関係課を支援し取りまとめて改訂作業にあたることが求められていた。専門職は、それぞれの専門性に基づいて改訂作業にあたることが期待されていた[7]。また、初等教育課は教育課程審議会初等分科審議会の事務局を務めていたが（文部省1957）、各教科領域の審議経過に関する資料を専門職が作成しており（澤田2019）、審議会運営にも専門性をもってあたることとされていた。これらを踏まえ、本稿で着目する事例を検討する。

3．文部省内における改訂方針の形成
（1）専門職による当初の改訂方針
　1956年12月12日付の資料「小学校教育課程に関する問題点」[8]には、社会科に関わる問題点が記されている。1955年改訂に加えて新たに修正すべきか否かが焦点となり、再検討の必要がある場合、低学年社会科は独立教科として必要

か、また１年生から６年生まで社会科という構成で行うかが問題とされた。

　文部省内では1957年１月初旬から改訂案の検討が始まった。社会科の改訂案を見ると、１月10日の案[9]には、社会科を統合分化しないこととある。すなわち、社会科専門職は、低学年社会科を存続させることを志向していた。

　２月17日の案[10]になると、道徳教育との関係がより詳しく記されている。「社会科における道徳教育の系統をはっきりさせることは重要であるが、指導要領の中で道徳に関する目標や内容だけを他の内容ときりはなして抽出することは不可能なので、この問題は別途の方法（指導書の作成その他）によって解決すべきである」とある。専門職の当初案では、道徳の時間を特設するといった方法で社会科から道徳教育の内容を抜き出すことは想定されていなかった。

　なお、理科については、２月21日頃の資料[11]に、各学年の発展的系統と小中の一貫性を意識することで「低学年では、自然と親しみ自然への興味をひろげることと、健康生活の習慣を養うことに重点をおき、高学年へいくに従い、論理的思考や問題解決能力の初歩が養えるようにする」とある。理科の専門職は、低学年の理科を独立教科とし系統的に内容を配列することを志向していた。

（２）道徳教育のための時間特設案と社会科

　ところが、その後に道徳教育のための時間特設案が浮上し、社会科と道徳教育の関係について議論が生じた。２月23日に開かれた初等・特殊教育課の会議[12]では、大島主任視学官の私案として「生活科」[13]が構想され、上野芳太郎課長から説明があった。「生活科」は、家庭科や低学年社会科を解体して道徳教育の強化を目指すものであった。この案に対して、教育心理係の大内は、社会科の内容が地歴公民に限定されることを危惧した。社会科係の小林は、生活科の新設よりも社会科や学級活動で道徳教育を強化すること、実践的な教科として高学年に新設しうるが低学年の社会科も実践的であることを主張した。また小林は、低学年の社会科を廃止すると１年生から地理歴史教育の基礎が培われないことを危惧し、習慣形成や道徳的心情の内容であれば特設を認めた。さらに社会科係の山口は、「生活科」を新設すると道徳的側面を踏まえた歴史教育に発展しにくいと論じた。上野課長や大島主任視学官は低学年社会科の廃止と「生活科」の設置を提示したが、社会科専門職は社会科の系統性や道徳教育の問題から同意せず、習慣形成や道徳的心情の育成を内容とする活動については承諾した。そしてその背景には、先に整理した当時の社会科における道徳教育の位置づけや系統性重視といった社会科専門職の選好があったと思われる。

　2月27日の課内会議(14)では各教科の改訂案が検討されたが、社会科改訂案の提示は先送りされた。奥田真丈課長補佐は社会科と教科外活動を峻別すると社会科が知的な内容に限られることを危惧し、山川武正小学校係長も問題解決学習を重視しながら知的な内容に重点をおくことに疑義を呈した。一方で社会科係の小林は、社会科を理性的な学習の場として捉え、実践的な内容については他教科の協力によると述べた。社会生活の理解という目標や系統性重視の視点から、小林は知的理解を育む教科として社会科を捉えていたと推察される。

　3月9日の「小学校中学校教育課程研究資料」(15)では、社会科の改訂方針として「社会生活についての基礎的理解を基に適切な道徳的判断のできる青少年を養い、あわせてこの判断を裏づける豊かな道徳的心情の育成をめざすのが社会科として重要である……小学校では、下学年における身近な生活を通じての具体的な道徳指導が、上学年においても、児童の発達段階に適切なかたちでじゅうぶん発展していくような方法を検討する」とある。ただし、「生活指導との関連も考慮して」「地理・歴史・道徳教育の立場から……検討する」と手書きされており、依然として道徳教育の特設時間と社会科の関係は未決定であった。

　この点を議論した会議のメモ(16)が残されている。高山視学官は、現場教員の視点が重要であり、低学年の「生活指導」と社会科は統合できると述べた。一方で小杉視学官は、「生活指導」は実践的活動で社会科は知的教科であり、低学年の「生活指導」はしつけ中心であるものの併設を否定しなかった。社会科主担当の内海視学官は、「生活指導」は個人を中心に扱い、社会科は社会認識の育成をねらうと述べて併設を主張した。社会科係の小林は、これらの関係をさらに明確にする必要があり、低学年では非常に似ているとした。社会科と「生活指導」の関係はなお議論されていたが、小林だけでなく社会科主担当の内海視学官も社会認識の育成のために低学年社会科を存置させる意向であった。

　さらにこの会議で、上野課長は「生活指導」に理科も加える構想を述べた。低学年では、社会科と道徳教育に加えて理科との関係も問題として浮上した。

　これらのうち社会科と道徳教育の論点については、57年度教課審への諮問前に一度方針がまとめられたとみられる。「社会科存置の理由」(17)には、社会認識を育成するために1年生から社会科が必要であること、低学年の社会科を廃止する積極的な理由がないことが記されている。また、「低学年社会科を特設道徳指導の中に統合した場合の問題点」(18)には、低学年の特設時間で社会科の内容も扱うと道徳的心情と行動様式を強調する特設時間の意図が不明瞭になる

こと、低学年と中学年以上における教育課程の違いを説明することが困難であることといった説明がある。57年度教課審への諮問前に、低学年社会科を存置すること、基本的には社会科で社会認識の育成をねらい、道徳教育のための特設時間では道徳的心情の育成や習慣形成をねらうことが合意されたと推察される。この社会科と特設時間の関係は、先に確認した諸会議における社会科担当の小林や内海による主張と同様のものであった。

４．1957年度教育課程審議会における議論と文部省内の動向
（１）総会および初・中合同会における議論と文部省内の動向

　1957年９月14日に57年度教課審第１回総会が開かれ、松永東文部大臣からの挨拶と内藤誉二郎初等中等教育局長による諮問事項説明がなされた[19]。社会科に関わるものでは、松永文相から学校教育における積極的な道徳教育の充実施策の必要性が述べられた。また内藤局長は、社会科における道徳教育は人間関係の知的理解を主に扱い、生活習慣や道徳的心情の育成が困難な実情にあるために道徳教育のための時間を特設すると説明した。内藤局長から説明された社会科と特設時間の関係は、前章で触れた社会科担当の小林や内海による主張と同様のものであった。さらに各教科に関わる事項として、学年ごとの発達段階に即して各教科の目標や内容の配列に一貫性をもたせるとされた。社会科は、各教科と同じく系統的に教育内容を配列することが要求された。

　10月12日の第４回初・中合同会[20]では、社会科の内容配列が議論された。委員からは「学ぶ内容の論理性にしたがって分けることは結構である。小学校の５、６年においても一段と工夫すべきである」「高学年ではある程度系統学習が必要である」など、系統的な配列を肯定する意見が複数出された。

　57年度教課審で審議が進められる一方で、文部省内部では低学年における社会科や理科のあり方について再び議論がなされていた。文部省内には、７月31日に「教育課程改訂に関する研究会」が設置されていた。この研究会は、教育課程の基準の示し方や基準の内容、審議機関の運営方法について議論するためのものであり（澤田 2019）、57年度教課審への諮問後も改訂方針が定まっていない低学年の社会科や理科についても検討が行われていた。

　先に議論されたのは低学年の理科である。10月16日に視学官室で行われた第７回研究会[21]では、低学年の理科について大島主任視学官から説明があった。そこでは、低学年における理科の存続が決定されたこと、低学年では自然観察

を主な内容とすることが報告された。

この研究会の記録に低学年理科を存続させる理由は記されていないが、57年度教課審の第8回初等分科会[22]で文部省から決定事項として説明された。そこでは、低学年に理科を置く理由として「高学年までを通しての発展が明らかに把握できるようにすることが必要」で、低学年では自然に対する見方・考え方の初歩を指導し、高学年の理科学習の素地を培うと述べられた。理科学習の系統性のために低学年理科の存続が文部省内で決定されたと推察できる。

一方で、第7回研究会で残された研究問題に低学年の社会科があげられており、10月21日に開かれる研究会で検討されることになった。第8回研究会の記録を確認できないものの、10月21日には「大島委」[23]が開催された記録が残されており、内海視学官より低学年社会科について中間報告が行われたと記されている。具体的には、「局議の要望により視学官室で作業して明日報告する」こと、「小・低・社会科と特設道徳教育は並設の前提で考えたが一案でよいとの意見もある……社は並設、一案両面で考えている」とある。前章では初等・特殊教育課において低学年社会科の存置が合意された可能性を指摘したが、局議でその決定が差し戻され、視学官室が再度検討することになったと見られる。

（2）初等分科会における議論

10月26日に開かれた第5回初等分科会[24]では、文部省担当者から社会科の改訂方針について説明があった。文部省担当者は低学年社会科について検討中としつつも、56年度教課審では低学年の社会科と理科を「生活科」に統合するよりも学校現場で合科的に指導できるように配慮するとの意見が強かったと述べた。低学年社会科の存廃については10月22日に視学官室から報告される予定であったが、この時までに明確な結論は得られなかったと推察される。

さらに、11月2日の第6回初等分科会[25]では、低学年社会科を維持するかどうかについて意見の相違が見られる。「現在の社会科の線をくずしてはならない」という意見もあれば、「低学年は具体的思考の段階であるから一緒にした方がよい。社会科もあり、道徳もありではますます混乱するおそれがある」「1、2年は社会科、理科、道徳を一緒にして、『生活』としてくくるとよい」といったように道徳教育の特設時間や理科と統合する案も提示された。

11月9日の第7回初等分科会[26]でも低学年社会科について意見が分かれたが、一応の結論が得られた。前回の分科会と同様に、複数の委員が、生活指導的な性格から低学年において道徳教育の特設時間や理科と社会科を統合するこ

表3　57年度教課審答申における社会科改訂方針

1. 社会科の目標・内容については、「道徳」との関連を考慮し、学年の児童発達段階に即して発展的・効果的な指導が行われるよう再検討を加えること。
2. 低学年の内容は、特に「道徳」との関連をじゅうぶん考慮し、その取扱方について細心のくふうをすること。
3. 中学年は、高学年への移行的段階として、児童の発達段階および社会科の全体構造の上からみて、再検討を加えること。
4. 高学年においては、地理、歴史について基礎的な理解を得させるため、その内容、指導方法を再検討すること。

とを提案した。対して低学年社会科を存置する立場の委員は、低学年では道徳教育の特設時間と社会科における内容の重複が多いことは認めつつも、社会科の内容のすべてが特設時間に吸収されず、また中学年以降の社会科に結びつけるために低学年においても独立教科として設置する必要があると主張した。この対立に対して、審議の取りまとめ役であった日高第四郎会長は、社会科廃止の意見は出ていないとし、社会科と特設時間の統合案について「それも一つの問題である」と述べるにとどめた。文部省担当者も、低学年社会科については検討中としながら、内々の考えとして発達段階ごとの内容を説明した。具体的には、低学年では自己と身近な社会環境との繋がりを意識させ、中学年では郷土に関する学習を通して高学年で必要な地理・歴史教育の基盤を築き、高学年では国民意識の育成をねらうとされた。その後、日高会長が社会科を従来通り存置するとまとめた。社会科教育における系統性重視のため、また社会科との統合が模索された低学年理科の存置が決定済みであったために、この分科会の前に文部省内で低学年社会科を存続させる方向で検討されていたと推察される。

　11月16日の第8回初等分科会(27)では、社会科のまとめが引き続き審議された。日高会長は社会科に道徳教育を位置づけると不明瞭になるという意見が強かったと前回の議論を振り返った。委員からは低学年では不明瞭であることが望ましいという意見も出されたが、特に取り上げられることはなかった。一方で、ある委員からは道徳教育のための特設時間と社会科を統合する場合には教科として位置づけられるが、第4回初・中合同会で特設時間は既に教科としないと合意されているため、統合は難しいとの意見が出された。そして、最終的にこの理由をもって低学年でも社会科を独立して設置することが合意された。

　これらの議論を経て1958年3月15日に答申され（表3）、低学年社会科の存続を前提として特設時間との関連を考慮する必要があることが述べられた。

5．答申後の低学年社会科と特設「道徳」の関係

　57年度教課審の答申後、文部省内で告示案が作成された。5月19日の「学習指導要領に関する局議資料作成要領」[28]には、改訂原案は各教科担当の専門職が作成すること、局議資料となる原案は事前に担当課長、視学官、専門職等関係者による会合で検討しておくことと記されている。原案はまず担当専門職によって作成され、担当課長や視学官などとの協議を経て、局議に図られた。

　告示案を作成するにあたって、文部省内では57年度教課審答申を踏まえて改訂方針が立てられた（表4）[29]。この方針では、特に低学年で特設「道徳」との関係を考慮する必要性が指摘されている。

　改訂案では、低学年の中でも第1学年における「指導上の留意点」に特設「道徳」との関係性が説明されている。表5は、第1学年における特設「道徳」との関係性について、第1案[30]と改訂後の記述を並べたものである。

　小林や内海の主張と同じく、第1案と改訂後の内容ともに社会科を社会認識の育成の場としている。社会科と特設「道徳」の関係について社会科担当者の意見を反映させて第1案が作成され、微細な修正を経て告示されたと言える。

表4　文部省内で作成された社会科改訂の基本方針

1．各学年とも内容を精選、整理して、発達段階に即した発展的、効果的な学習ができるようにする。
2．特に低学年においては、「道徳」との関連を考慮し、道徳教育における社会科の役割を考えてその内容を構成する。
3．中学年における郷土の学習について再検討を加え、社会科全体の目標・内容からみた適切な位置づけを行う。
4．小・中学校における内容の一貫性を考え、第6学年までに日本の地理、歴史等についての基礎的な理解や概観的な把握ができるようにし、国土に対する愛情や日本人としてのほこりを育てる。

表5　社会科第1学年の「指導上の留意点」における特設「道徳」との関係

第1案	第1学年の社会科は、特に「道徳」の指導との関連が深い。しかし、社会科としては、たとえば健康安全のための習慣形成とか世話になっている人々への感謝の気持を育てることなどだけがねらいではなく、具体的な社会生活の中で人や事物がどんな働きをしているか、その働きはどんな条件に支えられているか等についての認識を育てながら、その発展として上記（社会科第1学年の目標や内容―筆者注）のような習慣作成や心情の育成もめざされるのである。この点あくまで前章の（社会科目標における―筆者注）説明とあわせて、社会科の特性を生かした単元構成が行われるべきである。
改訂後	この学年の社会科は、特に道徳の時間における指導との関係が深い。しかし、社会科としては、たとえば健康・安全のための習慣形成とか世話になってる人々への感謝の気持ちを育てることだけがねらいではなく、具体的な社会生活の中で人や事物がどんな働きをしているか、その働きはどんな条件にささえられているか等についての認識を育てながら、その発展として上記（社会科第1学年の目標や内容―筆者注）のような習慣形成や心情の育成をも目ざすのである。このような社会科の特性を生かした単元構成とその指導を行うべきである。

6．総合考察
（1）事例についてのまとめ

　本研究で着目した、社会科と他教科領域の関係が形成された過程をまとめる。

　まず、道徳教育の特設時間との内容面の関係について、もともと社会科専門職は時間特設を意図していなかった。しかし、文部省幹部から「生活科」案が示され、対応せざるを得ない状況となった。そこで社会科専門職の小林は、社会科が社会生活の理解、特設時間が習慣形成と道徳的心情の育成を担うと論じた。さらに、社会科主担当の内海視学官も同様の考えをもっていた。この主張は文部省の方針として57年度教課審で説明され、承認を得た。

　また、低学年の社会科・道徳教育・理科を統合する声が文部省内外で強まったものの，最終的に見送られた。その理由として、以下の2つがあげられる。

　ひとつには、小学校社会科の担当者が低学年社会科の存置を主張したことを指摘できる。社会科専門職の小林は、低学年社会科の実践的性格を認めつつも社会科全体としては知的学習を重視し、低学年社会科が廃止された場合に地理歴史教育の基礎が培われなくなることを危惧していた。社会科主担当の内海視学官も、社会認識を育成するために低学年社会科を存続させる意向であった。57年度教課審では、低学年の具体的思考や生活指導的な性格を重視する立場と、中・高学年に向けて地理・歴史教育の素地を育成しようとする立場が議論を展開した。ただし、文部省内では後者の意見が優勢であったために、57年度教課審でも同様の結論となったと考えられる。

　もうひとつには、社会科と道徳教育が強く結びついて議論されたこともある。系統性重視の理由から、低学年理科の存続が文部省内で先に決定されていた。文部省としては社会科と特設時間の統合に論点が絞られたが、57年度教課審で特設時間を教科としないことが合意されていた。教科と教科でないものの統合は困難であるとの理由から、低学年社会科の存置が57年度教課審で決定された。

　このように見ると、社会科と他教科領域との関係をめぐって、関係者間でポリティクスが生じたと言える。そして、「道徳」は特設されたものの、社会科担当者は社会科と特設「道徳」の関係について自らの主張を反映できた。低学年の社会科についても、特設時間に実践的性格をもたせようとする立場や低学年の具体的思考や生活指導的な性格を重視する立場から統合案が示されたものの、社会科担当者による主張が反映されるかたちで存置された。

（2）専門的な職員に関する考察

　先行研究は専門職や視学官といった専門的な職員による改訂過程への関与を指摘してきたものの、各教科等の改訂過程における具体的な関与のあり方は必ずしも明らかにされてこなかった。本研究で着目した事例の検討と第2章で整理した専門職や視学官の概要を踏まえて、以下のことを指摘できる。

　まず視学官について、専門職とともに各教科等の改訂案を検討して専門職とは異なる改訂案を提示したり、局議から差し戻された改訂案を再検討する役割を担っていたりといったように、改訂作業を積極的に牽引していた姿が確認された。当時の視学官は、関係課の連絡調整や消極的な援助にとどまらず、専門職から相対的に独立した視点から改訂案を検討し、必要な際には強力なリーダーシップを発揮して改訂作業に関わっていたと言える。

　また、政治学では専門家が専門性だけでなく利害や選好によっても政策形成に関わると指摘されている（内山ほか2012）が、このことは本事例の専門職と視学官でも見受けられた。利害については、担当する教科領域の存廃をあげられる。担当教科領域の廃止は管轄権の喪失を意味するため、社会科担当者は低学年社会科を存置すべく抵抗したと考えられる。選好については、改訂案の内容が該当するだろう。社会科担当者の経歴から、彼らが1955年小学校社会科の内容や系統的な社会科教育を志向していることが予想された。そして、小学校社会科と他教科領域の関係について議論が生じた際に、社会科担当者は予想された選好と同様の意見を述べて自らの正当性を主張していた。このように、担当教科領域の存廃や改訂内容について意見の相違が生じた場合、専門職や視学官は自身の専門性を活用して意見を反映させようとする側面があると言える。

　ただし、社会科担当者は新しい道徳教育施策を打ち出すことを退けられなかったため、改訂の基本方針を覆すことは困難であったと推察される。また社会科専門職の小林は、「生活科」案を拒否しつつも習慣形成や心情育成のための時間特設を提案した。そのため、小林は「生活科」提案側と完全な敵対関係にあったというよりも、自身の利害や選好だけでなく「生活科」提案側の意向も勘案しつつ妥協案を模索していた点で、一定の協力関係にあったとも言える。

（3）今後の課題

　他教科領域や異なる時期の改訂において専門職や視学官がいかなる専門性や利害および選好をもって関わってきたのかについては、さらに検討を重ねる必要がある。文部省外における専門職や視学官の発言や叙述も踏まえて、より精

緻に分析していきたい。また、同じ教科領域を担当する専門職と視学官との間で意見が対立した場合にどちらの意見が優先されるのかは検討しきれなかった。

　さらに、1989年改訂では生活科の誕生に伴って低学年の社会科が廃止された。その際に低学年教育がいかなるものとして議論され、文部省内でいかに生活科の新設が合意されたのかという新たな問いが生まれた。今後の課題としたい。

註
（1）エージェンシー・スラックとは、「本人よりも情報面で勝る代理人が、本人の利益にならない行動をとること」（曽我 2013、p.22）である。
（2）教科調査官は1958年11月10日に設けられ、戦後から1958年11月9日までは専門職として位置づけられていた。
（3）『教育課程改訂』（文部科学省所蔵）に収められている1月10日付の音楽科の改訂案には、「基本的方針（音楽係）」とある。
（4）大島文義旧蔵資料（S31_20）（国立教育政策研究所所蔵）。
（5）大島文義旧蔵資料（S31_14）では山口に「歴」とあり小林に記述はない。
（6）大島文義旧蔵資料（S31_21）。
（7）大島文義旧蔵資料（S28_1）。
（8）『学習指導要領研究（一）S31』（文部科学省所蔵）。
（9）『教育課程改訂』。
（10）『小学校学習指導要領研究（一）昭31.12 林部』（文部科学省所蔵）。
（11）『教育課程改訂』。この資料に日付はないが、ともに綴じられている国語科の資料が2月21日付であるため、このあたりに作成されたと思われる。
（12）『教育課程改訂』。
（13）当時の文部省内で特設時間は「生活科」として議論されていた（澤田2018）。
（14）『教育課程改訂』。
（15）『改訂方針』（文部科学省所蔵）。
（16）『改訂方針』。作成時期は不明だが、諮問前に文部省内では特設時間を「生活指導」という名称で検討していた時期がある（澤田 2018）。
（17）大島文義旧蔵資料（S32_39）。
（18）大島文義旧蔵資料（S32_39）。
（19）稲垣（1971）に大臣挨拶と諮問事項説明、審議日程が記されている。
（20）鹿内瑞子旧蔵資料096-57_81（4）（国立教育政策研究所所蔵）。
（21）『学習指導要領研究（一）S31』。
（22）鹿内瑞子旧蔵資料096-57_81（8）。
（23）『学習指導要領研究（一）S31』。課長補佐以上を対象にした会議とある。
（24）鹿内瑞子旧蔵資料096-57_81（5）。

(25) 鹿内瑞子旧蔵資料096-57_81（6）。
(26) 鹿内瑞子旧蔵資料096-57_81（7）。
(27) 鹿内瑞子旧蔵資料096-57_81（8）。
(28) 鹿内瑞子旧蔵資料096-57_828（57）。
(29) 『学習指導要領第二次案』（文部科学省所蔵）。
(30) 『第1次改訂案』（文部科学省所蔵）。この冊子には複数の改訂案が綴じられているが、内容から最初期と思われるものを「第1案」として検討する。なお、1958年5月21日から6月2日にかけて各教科領域の改訂案について事前課内会議が開かれ、6月9日から13日に局議がもたれた後、6月中旬以降に課内研究会が開催される予定となっていた（鹿内瑞子旧蔵資料096-57_828（58））。『第1次改訂案』の「徒手体操」には「33.6.20」と記されていることから、「第1案」は1958年5月下旬から6月中旬にかけて作成されたものと推察される。

参考文献

青木栄一（2015）「教育行政の専門性と人材育成」『年報行政研究』50、pp.24-56。
伊東亮三（1988a）「初代理事長内海巌先生のご逝去を悼んで」『社会科教育論叢』35、pp.120-121。
伊東亮三（1988b）「内海巌先生のご逝去を悼んで」『ヒロシマ・ユネスコ』第21・22号、pp.2-3。
稲垣忠彦（1971）「第7章 1958年の学習指導要領の改訂」肥田野直・稲垣忠彦編『戦後日本の教育改革 6 教育課程 総論』東京大学出版会、pp.323-366。
岩浅農也（1969）「第1章 社会科教育 第3節 社会科の変貌」岡津守彦編『教育課程 各論』東京大学出版会、pp.58-95。
内海巌・小林信郎・朝倉隆太郎（1960）『道徳教育と社会科指導』光風出版。
内山融・伊藤武・岡山裕編（2012）『専門性の政治学』ミネルヴァ書房。
木村博一（2010）「20世紀後半における社会科教育史研究の展開」『社会科教育論叢』第47集、pp.3-12。
合田哲雄（2019）「第6章 教育課程行政」青木栄一編『教育制度を支える教育行政』ミネルヴァ書房、pp.75-90。
国立教育研究所庶務部会計課（1957）『文部省職員録』日刊教育情報社。
小林信郎（1958）「学習指導要領の改定について 1改訂の経過と基本的考え方」岡津守彦編『小学校社会科の新教育課程』国土社、pp.60-69。
小林信郎・酒井忠雄・金子廉・内海巌（1967）「社会科教育の争点（研究協議会）」『社会科教育論叢』14、pp.1-40。
澤田俊也（2018）「1950年代後半の文部省初等・特殊教育課における『道徳』案の形成過程についての一考察」『教育学研究』第85巻第3号、pp.321-331。

澤田俊也（2019）「文部省内における1958年学習指導要領改訂の基本枠組みの形成過程」『教育制度学研究』第26号、pp.73-92。

清水俊彦編（1989）『教育審議会の総合的研究』多賀出版。

曽我謙悟（2013）『行政学』有斐閣。

鳥巣通明（1997）『戀闕』青々企画。

前川喜平（2002）「第6章 文部省の政策形成過程」城山英明・細野助博編『続・中央省庁の政策形成過程』中央大学出版部、pp.167-208。

松本和寿（2003）「戦後経験主義教育と社会科」九州大学大学院人間環境学府修士論文要旨（http://www.hues.kyushu-u.ac.jp/education/student/pdf/2003/2HE02091G.pdf: 最終閲覧日2020年3月24日）

水原克敏（2017）「教育課程政策の原理的課題」『教育学研究』84（4）、pp.421-433。

村上祐介（2017）「行政における専門職の責任と統制」『年報行政研究』52、pp.69-88。

文部省（1957）『文部省機構関係法令集』。

山口康助編（1962）『社会科授業の分析と改善』新光閣書店。

山口康助（1966）『歴史教育の構造』東洋館出版社。

（大阪工業大学）

[投稿論文]
大阪市各区の学校選択制の利用状況と地域的背景の関係
──都心回帰による児童生徒数の変化に着目して

濱元　伸彦

1．問題の所在

　本稿の目的は、大阪市の事例に基づいて、都心回帰の中にある自治体における人口動態等の地域的背景が、学校選択制の利用状況にどのように影響を与えるかを検討することである。以下、本稿の問題設定について述べていく。

　学校選択制は、子どもとその保護者のニーズに合わせ、居住地域で定められた校区以外の学校も就学先として選択可能にする制度である。しかし、それが制度として機能しうるかどうかは、その都市の人口動態等の地域的背景にも大きく左右されると考えられる。特に、近年、大都市の地域的背景として影響が大きいと考えられるのが、いわゆる「都心回帰」の動きである。2000年前後から、東京都や大阪市等の大都市では、利便性の高い都心部への人口流入、そしてそれと並行して起こる都市周縁部の人口流出により、地域間の人口格差が広がりつつある（八木2015）。また、都心回帰による人口動態は、自治体内の経済格差の拡大や階層分化にもつながるものであると指摘されている（鰺坂2015）。このような都心回帰の動きは、大都市内部において、地域間の児童生徒数の格差を広げていると考えられるが、もし、そこに学校選択制が広範囲に導入されるとすれば、そうした人口動態は保護者の学校選択制の利用にどのような影響を与えるのであろうか。

　学校選択制に関する国内の先行研究は、久冨（2000）による東京都の足立区の分析や佐貫（2010）による品川区の分析に代表されるように、選択制導入後の学校の児童生徒数の動向に着目し、学校間の競争的状況や学力格差の拡大に分析の焦点を当ててきた。また、東京都およびそれ以外の自治体の学校選択制の事例も検討した嶺井・中川（2005）も、基本的に同様の視点で分析を行っている。これらの研究は、導入された学校選択制が、学校および自治体の教育システムにどのような影響を及ぼすかを検討しているが、他方で、学校選択制の

機能それ自体が自治体の地域的背景からどのように影響を受けるのかについては焦点が当てられていない。また、これらの先行研究は、都心回帰の動きが顕著になる以前のものであり、都市の人口変動にそもそも注目していない。

　都心回帰のように地域間にばらつきのある人口変動とそれが学校選択制に与える影響を検討するためには、そうした都心回帰の動きの中にある大都市の学校選択制の事例を分析する必要がある。そこで、注目したいのが大阪市の学校選択制の事例である。大阪市では、橋下徹元市長（2011年12月から2015年12月まで在職）の教育改革の取り組みとして、2014年度より市立小中学校の学校選択制の導入が実施されている。これは、政令市では、岡山市や広島市（両市は2005年度より導入）、浜松市（2006年度より導入）につぐ全市的な学校選択制の実施事例である。また、大阪市では選択制の導入にあわせて、保護者の学校選択に資する情報源として、全国学力・学習状況調査の学校別結果公開も行っている。そして、次節で詳述するように、大阪市において学校選択制を利用して就学する児童生徒の数は年々増加する傾向にある。

　大阪市の学校選択制の事例が、本稿の課題に照らして興味深いのは、地域性の異なる24区を有する大規模な自治体の導入事例であるとともに、それが同市の都心回帰の状況の中で実施されていることである。このように、市内各区の学校選択制の利用状況の違いについて、都心回帰により変動する地域的背景と関連付け、区間で比較検討することが可能であることから、本稿では、大阪市の学校選択制の事例を分析対象とする。

　大阪市の学校選択制の利用状況については先行研究の数は少ないが、特に以下の二つの研究の知見を整理しておく。まず、小川（2017）は、大阪市内の複数の区の学校選択制の実施状況について事例研究を行っている。それによれば、特に、人口増加が進む西区、天王寺区の学校では児童生徒の過密状況が生じていることを背景に学校選択制が機能しにくい状況があるという。一方で、市の南部に位置する住吉区では比較的活発に学校選択制が利用されており、区の学校間で学級数の増減が発生している。次に、中西（2019）は、市による学校選択制の保護者アンケートや学力テストのデータ、区の人口動態の分析を行っている。その分析から中西は、学校選択制の利用以前に、保護者世帯が学力の高い学校の校区に転入していく傾向が強いこと、そして、選択制の利用自体には、公開される学力テストの結果が直接的な影響を及ぼしているように見えないことを指摘している。以上の先行研究は、学校選択制の利用実態について、それ

ぞれに重要な知見を提供してくれるものの、都心回帰下にある大阪市全体の人口動態やその中にある各区の地域的背景がどのようなメカニズムで学校選択制の利用に影響を与えるかを理論的に説明できていない点が課題である。

こうした先行研究の課題をふまえ、本稿では、近年の都心回帰の動きの中での人口および児童生徒数の増減が、地域的背景として、どのように各区の学校選択制の利用に影響を与えているかを研究上の問いとして設定し分析を行う。

特に、前述の小川（2017）が示す3区の学校選択制の利用実態から推察されるのは、都心回帰の流れの中で、学校選択制が機能しうる環境条件が区の地域的背景により異なるのではないかということである。この環境条件の指標として注目したいのが、毎年度、市の各小中学校が学校選択制で校区外から自校で受け入れ可能な児童生徒数として設定する「受け入れ枠」である[1]。都心回帰の動きの中で、児童生徒数が増加傾向にある区と減少傾向にある区が生じているとすれば、前者の区では、区内の各学校が毎年の学校選択制にむけて設ける受け入れ枠が限られるのに対して、後者の区では逆に空き教室も多くあり、受け入れ枠が増えるのではないかと仮説を立てることができる。この仮説に基づき、本稿では区別の学校選択制の利用状況や各校の受け入れ枠、児童生徒数の増減傾向や社会経済的背景の関係に焦点を当て、統計データを用いた分析を行っていく。

２．大阪市の地域性と学校選択制の概要
（１）大阪市の人口動態の概要

以下、まず、学校選択制に影響を与える地域的背景として、大阪市の地域性や人口動態について見ていきたい。

大阪市は、同市の行政上の区分によれば、図1に示すように、都心部地域、北東部地域、東部地域、西部臨海部地域、南部地域の5つの地域に分けられ、それぞれ異なった就業構造および社会経済的背景を持っている。特に、就業構造で言えば、都心部地域に事務従事者・販売従事者が多い一方、他の地域、特に、西部臨海部地域や南部地域は生産工程・労務従事者、いわゆるブルーカラー層が多い地域である（鰺坂ほか2011）。

大阪市全体の人口は1960年代半ばより減少傾向が続いたが、2000年前後から都心回帰の動きにより、市の都心部で人口の増加が見られる。徳田・妻木（2019）によれば、交通利便性の高い都心6区（北区、中央区、福島区、西区、

図1　大阪市の地域分類表

(大阪市経済戦略局発行『大阪の経済』（2018年度版）の資料をもとに筆者作図)

天王寺区、浪速区）では、急増する高層マンションに子どものいる核家族世帯が多く転入し、2005年以降に15歳未満人口が増加傾向にある（pp.104-105）。

このように都心部の人口が増加傾向にある一方、都心部の周縁に位置する多くの区ではなおも人口減少が続いている。特に、西部臨海部地域、南部地域の区では，鰺坂ら（2011）も指摘するように交通や居住環境の面での不利が大きく関わり、一貫して人口および児童生徒数が減少している。また、鰺坂（2015）が指摘するように、大都市における都心回帰の動きは、職業的・経済的な階層分化の動きと連動したものである。実際、大阪市における都心回帰の動きでは、住宅価格がますます上昇傾向にある都心部に経済的に余裕のある子育て世帯が多く流入している。これは、人口減少が進む他区では、低所得層の占める割合が増えることを意味しており、市の区間での経済格差の拡大が懸念される。

（2）大阪市の学校教育および学校選択制の概要

大阪市の学校教育の概要について見ていく。表1に示すように、2018年度において、大阪市は415校の市立小中学校があり、約16万5千人の児童生徒が通っている。市立小中学校の数についていえば、市の住宅開発に合わせ1980年代まで増加が続き、表1に示す1983年度にピークとなった。他方で、大阪市の児童生徒数は1960年代半ばから減少が続いており、学校数がピークとなった1983年度と2018年度を

表1　1983年度と2018年度の大阪市の市立学校数と児童生徒数（5月1日時点）

	1983年度		2018年度	
	学校数	児童生徒数	学校数	児童生徒数
小学校	303	214,481	287	114,590
中学校	130	113,856	128	50,708
合計	433	328,337	415	165,298

比較すると、その間に児童生徒数はほぼ半減している。しかしながら、同じ期間に、学校数は統廃合によって約4％（18校）減少したに留まっており、結果として、小規模校の占める割合が増えている[2]。

　こうした状況の中、導入されたのが大阪市の学校選択制である。この学校選択制を、橋下徹氏が2011年の大阪市長選挙の公約の一つとして掲げた。当時の選挙マニフェストによれば、学校選択制は「児童、生徒、保護者が学校を選ぶことができず、学校間の競争がないため、教育サービス提供の切磋琢磨がない状況」（大阪維新の会2011, p.7）を打開する方策として提案されている。2011年末の橋下氏の市長就任後、学校選択制は教育改革の最優先事項として導入が進められた。その後、大阪市教育委員会が2012年に出した答申「就学制度の改善について」（大阪市教育委員会2012）は、学校選択制導入のメリットについて、「子どもや保護者が意見を述べ、学校を選ぶことができる」「子どもや保護者が学校教育に深い関心を持つ」「特色ある学校づくりが進められ、学校教育の活性化が図られる」「開かれた学校づくりが進む」の4点を挙げている（p.11）。

　この答申の後、2014年度には市内12区で小中学校の学校選択制が先行実施され、その翌年度には、選択制の実施区は、学校統廃合に重点的に取り組む一部の区（生野区・浪速区）を除き[3]、ほぼ全区に拡大した。最終的に、2019年度には、上の二区も含め、市内全区で小中学校の学校選択制が実施されている。

　大阪市の学校選択制では、選択の権利を行使できるのは小中学校の入学時のみであり、全区から選択可能な一部の学校[4]を除き、選択先は各区内に限られている。また、小学校では、通学の安全性を考慮し、自由選択制ではなく、「ブロック制」（区内を複数のブロックに分け、そのブロック内で選択する）や「近隣区域制」（居住する校区に隣接する校区の学校を選択する）をとる区がある。一方で、中学校では旭区をのぞき全てが自由選択制をとっている（各区の学校選択制の方式は表3を参照）。

表2　学校選択制の年度別利用率と利用者数

	年度	2014	2015	2016	2017	2018	2019
小学校	利用率（％）	5.1	4.6	5.3	6.5	7.5	8.5
	利用者数（人）	249	812	944	1180	1373	1623
中学校	利用率（％）	2.9	3.1	3.7	4.1	4.6	5.5
	利用者数（人）	244	543	631	687	762	922

注）2014年度は学校選択制を先行実施した一部の区（小学校は6区、中学校は12区）のデータである。

表3　2018年度の大阪市各区の学校数、学校選択制の実施方式、
学校選択制の利用率および利用者数

地域	区名	学校数 (小／中)	小学校 の方式	中学校 の方式	小・利用率 (利用者数)	中・利用率 (利用者数)
都心部	北	13／7	ブロック	自由	2.7 (20)	6.3 (30)
	福島	9／3	ブロック	自由	3.2 (20)	1.4 (6)
	中央	7／3	自由	自由	7.5 (38)	2.2 (7)
	西	8／3	隣接区域	自由	3.5 (26)	2.2 (10)
	天王寺	8／3	隣接区域	自由	6.8 (47)	0.7 (3)
	浪速	6／3	未実施	自由	–	5.6 (10)
北東部	都島	9／5	隣接区域	自由	7.9 (64)	2.8 (19)
	淀川	17／6	自由	自由	11.7(145)	3.2 (32)
	東淀川	16／8	自由	自由	7.2 (82)	5.4 (54)
	旭	10／4	隣接区域	隣接区域	11.4 (68)	8.1 (45)
	鶴見	12／5	自由	自由	3.8 (45)	3.0 (30)
東部	東成	11／4	隣接区域	自由	5.7 (30)	2.3 (11)
	生野	19／8	未実施	自由	–	6.8 (46)
	城東	16／6	隣接区域	自由	5.1 (67)	1.8 (22)
	平野	21／1	隣接区域	自由	7.6(113)	5.3 (76)
西部臨海部	西淀川	14／4	隣接区域	自由	9.6 (71)	1.8 (14)
	此花	8／4	自由	自由	15.6 (84)	4.6 (19)
	港	11／5	隣接区域	自由	6.6 (36)	9.6 (53)
	大正	10／4	隣接区域	自由	13.9 (63)	8.4 (44)
	住之江	14／8	自由(1.5km)	自由	6.2 (54)	8.5 (70)
南部	阿倍野	10／5	自由(2.0km)	自由	4.6 (41)	3.2 (23)
	西成	11／6	隣接区域	自由	14.8 (70)	8.7 (41)
	住吉	14／8	自由	自由	12.1(135)	7.6 (76)
	東住吉	15／8	自由	自由	5.7 (54)	2.5 (21)
全体					7.5(1373)	4.6(762)

注）①学校数について、小中一貫校は小学校、中学校それぞれ別々にカウントしている。
②「小学校の方式」で住之江区・阿倍野区で「自由（1.5km）」などと表記している
のは、自宅から1.5km以内の学校というように、学校の選択に制限が設けられてい
ることを意味する。③2018年度の段階では、浪速区、生野区で小学校の学校選択制は
未実施である（両区とも2019年度では実施）。

　次に、市全体の学校選択制の利用状況を概観したい。表2は、2014年度の学
校選択制導入以降の市全体の選択制の利用率[5]および利用者数の推移を示し

ている。表が示すように、2019年度においても利用率は小・中ともに1桁台に留まっている。しかし、ほぼ全区で導入された2015年度以降の推移を見ると、選択制の利用率および利用者数は小中ともに毎年増加する傾向にある。

　大阪市教育委員会は、学校選択制の利用実態を調査するため、小・中学校の新入生の保護者にアンケート調査[6]を毎年行っている。同アンケートの2014年度から2018年度までの結果を見ると、保護者で学校選択制を利用して他の学校を選んだ理由（複数選択可能）として、小・中共通して上位を占めるのは「自宅から近い」「友達が同じ学校に行く」「学校の校内環境」「教育方針や教育内容」の4つであり、中学校ではさらに「やりたい部活動」がこれに加わる。これらのうち、中学校では理由の順位に毎年若干の変動があるのに対し、小学校では選択制導入後の全ての年度で「自宅から近い」が最多の理由となっている。同アンケートの年度別の結果を分析した中西（2019）によれば、大阪市が積極的に学校別に公開する「『学力調査』『体力調査』の結果」は理由の上位には来ず、むしろ、上記のように「通学のしやすさや交友関係、部活動や学校の雰囲気などが重視されている」（p.70）と指摘している。

　以上、大阪市の学校選択制の概要を見てきたが、それでは、その利用状況は、都心回帰の流れの中にある各区の地域的背景とどのように関係しているのか。これについて、次節以降で、各種の統計データの分析により検討する。

3．分析結果
（1）各区の学校選択制利用率

　以下では、2018年度の大阪市の区別の学校選択制の利用状況のデータを用いて分析を行う。ちなみに、2018年度を分析対象とするのは、分析開始時点において、市からの情報公開により入手可能なデータとしてこれが最新のものであったからである。

　まず、表3は、2018年度の小・中学校の選択制の利用率を区別に示している。表が示すように、学校選択制の利用率は、小学校で2.7%〜15.6%、中学校で0.7%〜9.6%と区により大きな違いがあり、選択制が活発に利用されている区とそうでない区の差が大きいと言える。

　また、表3で示す地域別に見ると、小・中ともに西部臨海部および南部に利用率が高い区が多く存在している。例えば、小学校で10%を越える比較的高い利用率をもつ区は6区存在するが、その内4区は西部臨海部もしくは南部に位

置する。ただ、他の地域にも利用率が高い区は存在しており、例えば、都心部における北区の中学校の6.3%など、やや高い利用率を示す区も一部存在する。

（2）人口動態・社会経済的背景と学校選択制利用率との相関

それでは、このような区による選択制利用率の違いは、各区の地域的背景としての人口動態や社会経済的背景とどのように関係しているのであろうか。

これを検討するため、2018年度入学者の学校選択制の利用率（小・中）を用い、区を単位とした二変量相関係数の分析を行った。ここで、人口動態を反映した変数としては、区の児童生徒数を用いる。これに関しては、学校数が最多となった1983年度から2018年までの35年間の各区の長期的な児童生徒増減比率（1983年度の値を1とした時の2018年度の率）、そして、近年の都心回帰の影響を検討すべく、2001年度から2018年度までの18年間における短期的な児童生徒増減比率（2001年度の値を1とした時の2018年度の比率）の二つを用いる[7]。また、各区の社会経済的背景の指標としては、2018年度の土地・住宅統計調査（総務省統計局）の市区町村別データに基づき、各区の「子のいる世帯」における「年収300万円未満の世帯」の構成率を算出した[8]。以下、これを「低所得世帯構成率」と呼び、分析に用いる。以上に説明した長期・短期の児童生徒増減比率および低所得世帯構成率の区別のデータは後掲の表5に示している。

表4は、2018年度の学校選択制の利用率、2018年度入学者の小・中の学校選択制の区別の利用率、児童生徒増減比率（長期）、児童生徒増減比率（短期）、

表4　区別の学校選択制利用率（2018年度）と地域背景変数の相関係数

	小・利用率	中・利用率	児童生徒増減比率（長期）	児童生徒増減比率（短期）	低所得世帯構成率
小・利用率	1				
中・利用率	.449*	1			
児童生徒増減比率（長期）	-.522**	-.769**	1		
児童生徒増減比率（短期）	-.482*	-.703**	.679**	1	
低所得世帯構成率	.623**	.614**	-.727**	-.545**	1

※相関係数は、*5%水準で有意（片側）　**相関係数は1%水準で有意（片側）

そして低所得世帯構成率の間の二変量相関係数を示している。これらの係数の中で、まず、注目したいのが、小・中の利用率と児童生徒増減比率（長期）、児童生徒増減比率（短期）の間に比較的大きな負の相関が見られることである。以上から、全体的な傾向として、長期的にも、短期的（つまり、都心回帰下の変動）にも、児童生徒数の減少が大きい区ほど学校選択制の利用が活発になる傾向が確認される。

　一方で、選択制の利用率と児童生徒増減率（長期・短期）の相関を小学校と中学校で比較すると、小学校よりも中学校のほうがやや値が高くなっている。これは、一つには、小学校では、中学校とは異なりブロック制や隣接区域制といった選択先を一定制限する仕組みがあることが影響していると推察される。また、前述の市のアンケート結果からもわかるように、小学校では学校選択制利用の理由として「自宅から近い」ことが中学校に比べてより重視されており、このことから、保護者が近隣の学校を選択する傾向が、区の児童生徒数の増減傾向とは関わりなく存在している可能性を示している。

　最後に、低所得世帯構成率と他の変数の相関についてもふれておく。低所得世帯構成率は小・中ともに選択制の利用率と有意な正の相関をもっている。すなわち、学校選択制の利用が活発になっているのは、市内でも社会経済的背景が厳しい区であると言える。さらに、低所得世帯構成率と児童生徒増減率が負の相関をもつことから、そうした社会経済的背景が厳しい区ほど、大阪市の中で児童生徒の減少が長期的にも、短期的にも大きいことが示されている。

（3）児童生徒数の増減パターンによる区の分類

　前項では、児童生徒数の増減比率と学校選択制の利用率の相関関係について確認した。本稿の問題設定では、この相関に、2000年代以降の都心回帰の中で生じる各区の学校の受け入れ枠の多寡が関係しているという仮説を提示している。以下、これを検証するための分析を行う。

　まず、都心回帰の動きの中で、市の24区の児童生徒数が「増加」「維持」「減少」のいずれのパターンにあるのか分類を行う。具体的には、各区の児童生徒数について、前項で用いた児童生徒増減比率（短期）（2001年度の値を1として2018年度の比率）を用い、この比率に基づき、0.05（5％）以上増加した区を「増加区」、±0.05未満の区を「維持区」、0.05以上減少した区を「減少区」と3つの類型に分類した[9]。この分類により、表5に示す通り、増加区は7区、維持区は5区、減少区は12区となった。増加区は、大阪市の地域区分でい

表5　児童生徒増減比（短期）による区の分類
と社会経済的背景表

区分	区名	地域	児童生徒増減比率（長期）	児童生徒増減比率（短期）	低所得世帯構成率
増加区	中央	都心	0.51	1.52	24.9%
	西	都心	0.71	1.42	23.9%
	福島	都心	0.73	1.29	18.4%
	鶴見	北東	0.78	1.11	23.7%
	城東	東	0.58	1.07	24.4%
	天王寺	都心	0.67	1.07	20.4%
	北	都心	0.49	1.05	24.2%
維持区	西淀川	西部臨海	0.67	1.01	24.1%
	阿倍野	南	0.54	1.00	15.7%
	淀川	北東	0.53	0.99	27.8%
	東成	東	0.54	0.99	24.4%
	都島	北東	0.69	0.97	22.3%
減少区	浪速	都心	0.39	0.93	39.4%
	此花	西部臨海	0.50	0.91	29.3%
	住吉	南	0.51	0.85	25.6%
	東住吉	南	0.45	0.85	25.9%
	旭	北東	0.40	0.84	25.3%
	平野	東	0.45	0.83	30.0%
	港	西部臨海	0.40	0.82	29.9%
	東淀川	北東	0.46	0.78	32.7%
	大正	西部臨海	0.36	0.76	32.8%
	西成	南	0.32	0.73	39.5%
	生野	東	0.32	0.70	32.5%
	住之江	西部臨海	0.45	0.70	27.3%
全体			0.50	0.91	26.6%

う都心部6区のうち、浪速区[10]を除く5区と、都心部の東部に位置する城東区、鶴見区である。これらの区は、都心回帰の動きの中で、特に子育て世帯の流入が進む区である。次に、維持区は、児童生徒数の増加は見られないが、市全体の少子化傾向を考えると、子育て世帯が一定流入してくる地域であると考

えられる。最後に、西部臨海部や南部を中心とする減少区であるが、2000年代以降、生野区や住之江区のように3割近い児童生徒数の減少が見られる区もある。

　以上の分類により、都心回帰下における区の児童生徒数増減の二極化傾向がより明らかになったが、加えて、こうした都心回帰後の児童生徒数の増減パターンと各区の社会経済的背景との関係についても見ておきたい。表5に示す各区の低所得世帯構成率によれば、市全体の平均値（26.6％）以上の値を示している区は、増加区ではゼロ、維持区では5区中1区、減少区では12区中9区となっており、減少区に社会経済的背景が厳しい区が多く存在する。ちなみに、減少区12区のうち此花区を除く11区は、市内で住民の生活保護受給率が高い上位半数の区にそのまま入る[11]。つまり、都心回帰下で児童生徒数の減少が続く減少区の多くは、社会経済的背景が厳しい区であり、鰺坂ら（2011）も指摘するように、交通や居住環境の面での不利が関わっていると考えられる。

（4）グループごとの「受け入れ枠」の違い

　以下、前項に示した都心回帰下の児童生徒数の増減パターンの分類を用い、それが各区の受け入れ枠の多寡とどのように関係しているかを明らかにする。

　まず、2018年度に各区が発表した学校選択制の「希望調査結果」の資料[12]（各校の受け入れ枠の数が記載）に基づき、全学校を受け入れ枠の人数により、「空き待ち」「1〜4人」「5〜9人」「10〜19人」「20〜29人」「30〜39人」「40人以上」の7区分に分類した。こうして分類された学校が、前述の増加区、維持区、減少区の3つでどのように分布するかを示したのが図2、図3である。

　小学校の分布（図2）を見ると、まず、減少区では48.0％、維持区では43.3％の小学校が「40人以上」の受け入れ枠を持っている。「20〜29人」

図2　3区分による学校選択制の「受け入れ枠」の違い（小学校）

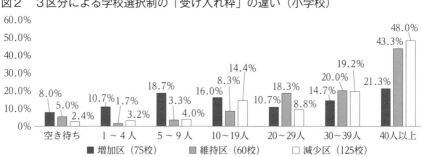

図３　３区分による学校選択制の「受け入れ枠」の違い（中学校）

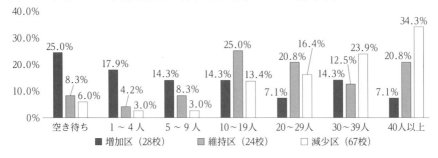

「30〜39人」「40人以上」の３区分を合計してみると、減少区では76.0％、維持区では81.6％となり、どちらも大半の小学校において学校選択制が一定機能しうる程度の受け入れ枠を保有していると考えられる。他方、増加区では、同じ３区分（20人以上）の学校は38.3％と、他の２類型の値の約半数にとどまっている。また、「空き待ち」「１〜４人」「５〜９人」を合計すると、受け入れ枠が１桁台の学校が37.4％となる。このように増加区では受け入れ枠の規模が他の２類型に比べて小さいことが確認される。ちなみに、図２のクロス集計における３類型間の値の違いはカイ二乗検定の結果、0.1％水準で統計的に有意である。

　次に、中学校であるが、中学校の受け入れ枠のグラフ（図３）では、小学校に比べ、３類型の分布の違いがより顕著なものとなっている。まず、減少区は、最頻値が「40人以上」（34.3％）で、「20人以上」の３区分を合計した値は74.6％である。次に、維持区では、「10〜19人」（25.0％）が最頻値であり、「20人以上」の３区分を合計した値は54.1％と、減少区に比べてかなり小さくなっている。最後に、増加区では、「空き待ち」（25.0％）が最頻値となっており、４分の１の学校で学校選択制の受け入れが困難な状況がある。また、増加区の「20人以上」の合計値は28.5％となっている。最後に、図３のクロス集計における３類型間の値の違いは、カイ二乗検定の結果、１％水準で統計的に有意である。

　以上をまとめると、減少区では学校選択制の受け入れ枠が十分にある学校が多く、それらの区内では学校選択制が機能しやすい状況があると言える。他方、維持区も、2000年代までの児童生徒数の減少があるためか、小学校に限っていえば、その受け入れ枠は減少区とほぼ同程度に多い。また、中学校では、維持

区の受け入れ枠の規模は、減少区と維持区のほぼ中間に位置すると言える。最後に、増加区は、減少区、維持区に比べると、受け入れ枠の規模が小さい学校が多く、学校選択制がより機能しにくい状況にあると考えられる。

　以上より、都心回帰下の各区の児童生徒数の増減傾向の違いが、学校選択制を機能させる環境条件としての受け入れ枠の増減と関連していると言える。すなわち、児童生徒数の減少傾向にある区（減少区）では受け入れ枠が増えることで、学校選択制が十分に機能しうる状態が生じ、これが選択制の利用を活発化させる一因になっていると考えられる。逆に、増加区において受け入れ枠が少ないことは、学校選択制を機能させる上での制約になっていると言えよう。

　一方で、上の結果で特に興味深いのは、３類型による受け入れ枠の分布が、小学校に比べ中学校の方で違いが顕著である（つまり、児童生徒数の増減パターンと受け入れ枠の増減の関係が明確である）ことである。これは、前掲の表３において、児童生徒の減少率と学校選択制の相関係数が小学校よりも中学校のほうが高いという状況を説明する理由の一つになりうると考えられる。

４．考察と今後の課題

　本研究では、2000年代以降、都心回帰の中にある大阪市において、そうした地域的背景がどのように各区の学校選択制に影響を与えているかを統計分析をもとに検討した。以下、前節に示した分析の知見を整理し、考察を加えたい。

　まず、相関係数の分析から、各区の長期的、短期的な児童生徒数の増減傾向と小中学校の学校選択制の利用率の間に有意な相関があることがわかった。この結果をふまえ、特に都心回帰下における短期的な児童生徒数の増減のパターンにより全区を３類型（増加、維持、減少）に分類し、分析を行った。この分析から、児童生徒数が一貫して減少している区では区内の「受け入れ枠」が豊富にある一方、増加傾向にある区ではそれが限られていることが確認された。以上の結果は、都心回帰の動きにより、区間の児童生徒数の二極化が学校選択制における区内各校の「受け入れ枠」の増減につながり、学校選択制の利用率に影響を及ぼすという本稿の仮説を支持するものである。

　以上のような本稿の分析は、都心回帰下における大阪市の人口動態と学校選択制の利用率の関係を明らかにした点で、同市の学校選択制に関する研究として意義を持つものである。さらに、そうした本稿の分析結果の中で、特に、学校選択制一般に関する教育政策研究上の知見として重要だと考えられるのは、

以下の点である。それは、「区」のような行政エリアごとの学校選択制の利用率を比較した場合、そのエリア内の学校に受け入れ枠が相互にどの程度あるかが、学校選択制を機能させる基礎的な環境条件となることである。さらに、そうした受け入れ枠の多寡は、その行政エリアにおける中長期的な児童生徒数の増減傾向により大きく左右される。特に、本稿で取り上げた大阪市のように、都心回帰下にある大都市では、児童生徒数が増加傾向にあるエリアと減少傾向にあるエリアの二極化が進んでいる。この二極化の影響を受け、主に都市の周縁部に位置する減少傾向のエリア（社会経済的背景が厳しい区が多い）ほど受け入れ枠が増えるため、学校選択制の利用が活発化しうる。結果として、都心回帰下において、学校選択制の利用が、都心部では不活発に、周縁部で活発になるという機能上の不均等が生じると考えられる。

　この地域的背景による学校選択制の機能上の不均等は、当然、選択制が学校教育に及ぼす影響をも不均等にすると考えられる。大阪市の学校選択制の目的が、保護者の学校選択を可能にし、「教育サービス提供の切磋琢磨」を促すことにあるとすれば、この「切磋琢磨」（競争）に強く曝されているのは、選択制利用がより活発な、都心周縁部に位置する児童生徒数の減少が大きい（かつ社会経済的背景が厳しい）区の方だと言えよう。しかし、こうした区で学校選択制の利用が活発化すれば、次年度の児童生徒数やそれに合わせた学校の組織体制の予測が困難になることや、区内各校の児童生徒対応における小中連携が複雑化することなど、学校運営上の負担が増えると予想される。また、それらの区で学校選択制が活発化し、各校の児童生徒数の変動が大きくなれば、規模が大きく縮小する学校も生じうる。実際、中学校での学校選択制の利用率が最も高い港区では、生徒の他校への流出により生徒数、学級数が著しく減少し、存続の危機に立たされている中学校も存在する[13]。都心回帰は全国の大都市に共通してみられる現象であるが、今後、大阪市のような大都市で学校選択制が導入された場合、同様の状況が生じる可能性があることを本稿の分析は示している。

　最後に、本研究では、都心回帰下の児童生徒の増減傾向に注目して分析を行ったが、その他にも、各区の学校選択制の利用率の増減に影響を与える個別の要因は多く存在すると考えられる。例えば、各区内での学校の地理的な位置関係、学力の高さや特色ある部活動など保護者を惹きつける要素をもつ学校の有無、区長の学校選択制に対する姿勢やその振興策などである。また、紙幅の都

合上、本稿で検討できなかった区別の背景的要因として、各区で私立小中学校に進学する児童生徒数の割合があり、これも公立学校における保護者の選択制利用と深く関連している可能性がある。以上のような学校選択制に影響を与える個別要因についてさらに検討しつつ、「選ばれる学校、選ばれない学校の固定化」が進むのかどうかなど、各区の学校選択制の利用実態に着目して分析を進めていくことが今後の研究課題である。

　注
（1）各校の受け入れ枠は、各学校の概要や教育成果（全国学力・学習状況調査、全国体力テストの学校別結果など）の情報とともに保護者向けの学校選択制の紹介冊子に記載され、次年度就学予定者の家庭に配布されている。筆者による区役所の担当者への聞き取り（2018年10月、此花区役所にて）によれば、各校の受け入れ枠の人数は、区役所が区内小中学校の児童生徒数や空き教室等の設備状況を考慮した上で人数を割り出し、校長と協議の上で決定されている。
（2）例えば、2014年に大阪市教育委員会が出した「大阪市立小学校学校配置の適正化のための指針」（https://www.city.osaka.lg.jp/kyoiku/cmsfiles/contents/0000267/267190/sisin.pdf）〈2019年11月20日確認〉によれば、当時の小学校297校のうち110校が全学級数が11学級以下の学校となっている。
（3）この内、生野区は、2015年度から2018年度まで、学校統廃合に関係しない区内の一部地域に限定して、中学校のみ学校選択制を実施している。
（4）大阪市は2018年度までに全市募集の小中一貫校を4校設置しているが、これらについては紙幅の都合上、本稿の分析の対象から外している。
（5）この利用率とは、各年度で市立小中学校に新たに就学した児童生徒の内、学校選択制を利用して、居住地域で指定される校区以外の学校に就学した児童生徒の率のことである。本稿に示す大阪市全体および区別の学校選択制の利用率は、2018年7月に情報公開請求により大阪市が開示した情報による。
（6）2018年度のアンケート調査の結果は、大阪市教育委員会「平成30年度学校選択制実施区における保護者アンケートの結果」（https://www.city.osaka.lg.jp/kyoiku/page/0000448892.html）〈2019年11月20日確認〉で公開。ちなみに、同アンケート調査の結果では、区別の結果は公開されていない。
（7）児童生徒数については各年度の学校基本統計に基づき、5月1日時点の値を用いている。また、1989年に大淀区と北区が合併して北区に、東区と南区が合併して中央区になったが、1983年度の北区、中央区の児童生徒数は

合併前の区の値を合計して算出した。
（8）「子のいる世帯」の数は、「夫婦と子供からなる世帯」と「男親又は女親と子供から成る世帯」の二つの数を合計して算出した。ちなみに、土地・住宅統計調査における「子のいる世帯」の「子」は成人も含む。そのため「子のいる世帯」が「子育て世帯」を直接指すわけではなく、この点が分析上の課題である。
（9）ここで、維持区を分類する基準として用いた「±0.05以内」は、特に統計学上の根拠に基づくものではなく、分類の必要上筆者が考案したものである。
（10）浪速区は都心回帰の動きの中で、2010年代後半から児童生徒数の増加が見られるが、2000年代全体としては減少率が高いため減少区に分類した。
（11）2018年3月に大阪市が発表した「生活保護状況」（https://www.city.osaka.lg.jp/shimin/page/0000441439.html）〈2019年11月20日確認〉による。
（12）各区のウェブサイトで保護者向けに公開された2018年度の学校選択制の「希望調査結果」（24区分）を大阪市に対する情報公開請求により取得し、同資料に記載された小・中学校の受け入れ枠を集計した。
（13）2019年7月11日、大阪市港区某中学校で行った校長への聞き取りによる。

引用文献

鯵坂学・中村圭・田中志敬・柴田和子（2011）「都心回帰による大阪市の地域社会構造の変動」『評論・社会科学』（同志社大学）第98号，pp.1-93.
鯵坂学（2015）「都心回帰による大都市都心の地域社会構造の変動─大阪市及び東京都のアッパーミドル層に注目して」『日本都市社会学会年報』第33号．pp.21-38.
久冨善之（2000）「日本型学校選択はどうはじまっているか─東京・足立区三年間の『大幅弾力化』に関する調査から考える」池上洋通・久冨善之・黒沢惟昭編『学校選択の自由化をどう考えるか』大月書店，pp.89-124.
嶺井正也・中川登志男編（2005）『選ばれる学校・選ばれない学校─公立小・中学校の学校選択制は今』八月書館
中西広大（2019）「大阪市における学力テスト結果公開と人口流入：小・中学校における学校選択制の検討から」『都市文化研究』第21号，pp.66-79.
小川寛子（2017）「大阪市における「学校選択制」導入の有益性について：「学校選択制」がコミュニティに与える影響について」『龍谷大学大学院政策学研』第6号，pp.15-33.
大阪維新の会（2011）「大阪秋の陣─市長選マニフェスト」https://oneosaka.jp/pdf/manifest01.pdf〈2019年11月20日確認〉
大阪市教育委員会（2012）「就学制度の改善について」https://www.city.osa

ka.lg.jp/kyoiku/page/0000192199.html〈2019年11月20日確認〉

佐貫浩（2010）『品川の学校で何が起こっているのか—学校選択制・小中一貫校・教育改革フロンティアの実像』花伝社

徳田剛・妻木進吾（2019）「大阪市の「都心回帰」現象の特徴—人口・世帯動態を中心に」鯵坂学編著『さまよえる大都市・大阪—都心回帰とコミュニティ』東信堂，pp.82-105.

八木寛之（2015）「「都心回帰」時代における大都市の人口移動：国勢調査データによる5都市の比較分析」『都市文化研究』第17号，pp.68-88.

（関西学院大学）

V

内外の教育政策・研究動向

［内外の教育政策研究動向 2019］
国内の教育政策研究動向

小野　まどか

　平成最後の年であり、令和元年である2019年は新たな元号を迎えただけでなく様々な面で節目であったといえる。東京オリンピックの開催や平成29（2017）年改訂小学校学習指導要領の全面実施が迫り、2020年に向けた動きが見られた。本稿では2019年に刊行された論文や研究ノート、書籍等を以下4点にまとめ、教育政策研究の動向を紹介していきたい。

1．教育課程行政における政策に関する研究
　最初に述べたように、2019年は新学習指導要領の全面実施が迫り、教育行政においても学校においてもいかに実現させていくかを検討することが重要な時期であったといえる。今回の改訂では、カリキュラム・マネジメントや主体的・対話的で深い学び、プログラミング教育等新たに導入されたものが多く、それらの模索に関する論文や小学校英語の政策過程に関する論文（寺沢 2019）等も見られる。
　中でも今回の改訂で注目すべきことは、カリキュラム・マネジメントが明記されたことを契機として、「日本の教師に、学校の教育課程編成に関心と責任をもつことが求められる時代になった」（松下 2019：iii）といえることである。天笠（2019：3）は「教育内容と教育方法とを一体として捉える発想や手法をもって学習指導要領の見直しを求めた点に改訂の特徴がある」として、教育経営学が問い続けてきた課題（教育内容と条件整備との一体的な把握）に迫る必要性を述べる。一方、これまで教育課程特例校制度によって実施されてきた自治体独自カリキュラムが今回改訂の学習指導要領に導入された事例もあり（小学校段階の外国語教育等）、今後の教育課程特例校制度における自治体独自カリキュラムの対応が迫られることも指摘された（押田 2019：163）。
　学習指導要領をどのように実現していくのかは自治体や学校、教員に委ねら

れているが、その実現に関わるものとして澤田・木場（2019）が行った「授業スタンダード」の研究が挙げられる。澤田・木場は2016～2017年の間に7自治体を調査した結果、各自治体の「授業スタンダード」を「準拠すべき授業スタンダード」と「参考としての授業スタンダード」に分類している。その上で、「授業スタンダード」が上記のどちらに位置づくかによって、指導主事の役割（授業スタンダードの定着状況の確認なのか、授業実践に基づく指導助言なのか）が異なることを明らかにしている。

　学習指導要領の改訂に関わっては、長尾（2019：363）は「はたして誰のいかなる利益や被害と結び付いているのか」を問うべきだとしてカリキュラム・ポリティクスの概念を取り上げ、それを用いた研究の必要性を提起している。また、澤田（2019：88）は1958年に学習指導要領が改訂された経緯を取り上げ、「文部省の主導性を指摘するだけではなく、文部省内の各種研究会や職種ごとの役割に着目して政策形成過程の力学を解明する必要がある」ことを示している。なお、職種ごとの役割に関連して、青木編（2019）は旧文部省と旧科学技術庁の省庁再編による変容を捉えるサーベイを実施している。1950年代に限らず、省庁再編による人事異動の変化が政策形成過程の力学に影響することも可能性として考えられるだろう。以上のような指摘からは、今回の改訂に限らず、学習指導要領がどのようにして改訂されているのかについて、改めて問われ始めているといえる。

　一方、全面実施以降の教育成果についても今後注視していく必要があるだろう。2019年12月にはOECD生徒の学習到達度調査（PISA）の2018年調査結果が公表された（国立教育政策研究所編2019）。その中で、日本の子どもたちの読解力の平均得点が明らかになり、過去の調査と比較して順位が低下していることから「学校における一人一台のコンピュータの実現等のICT環境の整備」[1]が掲げられる等教育政策への影響が生じている。

２．教育財政に関わる研究

　次に、紹介するのが教育財政に関わる研究である。近年、教育財政に関する研究成果が報告されており、すでに本学会年報26号では宮澤（2019）より「高校教育の無償化政策」における無償化やそれに伴う費用負担に関する研究が報告されている。高校教育無償化政策への関心も加わり、義務教育以外の公立学校や私立学校における教育財政への分析の重要性がより増していくと考えられ

る（日本教育制度学会編 2019a 等）。

　このような動向の中、小入羽（2019a：1）は、「高等学校以下の学校に対する私学助成」に着目することで、以下の知見を報告している。それは、「国による財政措置が標準化機能を作り出し、国庫補助金の導入以前の地方交付税の段階であっても県の私学助成政策に影響を与えたこと」、「標準化機能は時期によって強弱が異なること」、「現行の私学助成制度は多くの先行研究で検討されている私立学校振興助成法が成立する前から、様々な制度が積み重なる形で形成されてきた」ことである（小入羽2019a：189-191）。また小入羽（2019b）は教育財政とそれに伴う公共性への影響についても言及している。

　一方、2019年は義務教育に関わる財政の研究も報告された（日本教育制度学会編 2019b 等）。植竹（2019）は群馬県を事例に、二つの改正（1963年公立義務教育諸学校の学級編制及び教職員定数の標準に関する法律の改正と、1964年義務教育費国庫負担法第二条但書の規定に基づき教職員給与等の国庫負担額の最高限度を定める政令の改正）が地方団体にどのように受け入れられたのかを分析している。これによって「教職員給与費総額の枠を遵守するという規範がこの時期の地方団体に受容されることによって、『戦後義務教育財政システム』が最終的に確立した」ことを示している。この他、市教育委員会へ調査したものとして、義務教育に関わる予算措置に関する研究もある（江口 2019）。

　また、伊藤（2019）は1968年教育公務員特例法の一部を改正する法律案の立案過程を分析し、その過程において時間外勤務手当以外の独自の手当の支給について現場教員や地方裁判所、人事院、文部省、自民党等の様々なアクターが参入し、調整が不十分なまま審議未了で廃案となるまでを詳細に描いている。伊藤の研究成果は、その後の1971年公立の義務教育諸学校等の教育職員の給与等に関する特別措置法における教職調整額がどのようにしてアクター間で調整され受け入れられたのかを解明することが課題として残されているが、先行研究において文部省対自民党文教部会の二項対立だけでなく様々な利害関係者が関わり調整が難航したことを明らかにしている。

３．教員評価に関わる研究

　教員評価に関わる研究では藤村（2019：1-2）が挙げられる。藤村は米国の教員政策の中でも植民地時代から現在にかけての「教員評価制度の変遷は、学校教育や教職に対して、社会が何を求めているのかを把握し、教職や教員の特

性を考察するには、格好の分析素材である」とする。その上で、教員評価制度の変遷から「『明確な指標で評価を受け、結果を踏まえて教員に賞罰を与えることで教職の質をコントロールする』という単純な仕組みではなく、『教職の本質的な改善を促すことで教職の質向上を目指す仕組み』として展開されつつある」と言及する（藤村2019：286）。

　教員の専門職性向上の議論に関わって、わが国においても校長及び教員としての資質の向上に関する指標を定めることになり、日本教育行政学会での特別企画においても教員の資質向上における教育委員会と大学の連携について議論されている（日本教育行政学会編 2019）。

4．貧困・子ども支援政策に関わる研究

　最後に、貧困や子ども支援政策に関わる研究を取り上げていきたい。昨年6月に子どもの貧困対策の推進に関する法律の改正、11月に「子供の貧困対策に関する大綱」改訂、また10月の「幼児教育・保育の無償化」に伴い、関連する研究や報告が出されている（荻野 2019等）。

　まず、子どもの貧困対策に関しては、本学会第26号においても議論されているところである（日本教育政策学会編 2019）。その中で指摘されているように「そもそも『子供の貧困』という問題がどのように定義されているのか」「何を達成することが求められているのか」が明確にされておらず、加えて「日本における学校の『貧困対策のプラットフォーム』化に必要な資源は明らかに不十分であり、その結果、学校と福祉関連機関等との連携を進めようとすれば学校の負担増を生じさせているだけでなく、提供されるサービスの質も不安視されている」とする（日本教育政策学会編2019：107-108）。現状では子どもの貧困に焦点を当てると、スクールソーシャルワーカー等の実践に関わる報告の方が見られることを鑑みれば（野村 2019、河野・中村 2019、三好 2019等）、教育政策として求められることは何か、課題は何か等の検討が今後より必要になると考えられる。

　一方、「幼児教育・保育の無償化」に関して、日本教育制度学会での報告が見られる（日本教育制度学会編 2019c、2019d）。どちらの報告も「政治主導」で進められていることに懸念を示していることは共通であろう。他方で、イギリスにおける中央政府から地方行政への強制的介入支援の事例も報告されており（広瀬 2019）、わが国における無償化による効果や問題点を判断するには今

しばらく検討する期間が必要である。

　また、清遠（2019）は病気を抱える子どもが十分な教育を受ける機会を得られていない要因を制度的に分析している。それによれば、現在の学校教育の諸制度が流動的で不安定な病弱教育特有の側面に合っておらず、障壁となっていることを明らかにしている。

　子どもへの支援や子どもの貧困対策についての研究が注目されるようになって久しいが、上記のような報告がなされていることを鑑みれば、これらの研究テーマは実際の教育政策過程において未だ十分な理解を得られていない状況にあるといえる。子どもの福祉的な側面に対して、教育政策としてどのような対応が必要なのか、研究面での深化と現場での理解の浸透の両側面が求められている。

おわりに

　以上、2019年に刊行された論文等のうち、4点について紹介した。紙幅の関係で全ての刊行物を取り上げることができなかったため、網羅的な紹介はできなかったが、学習指導要領改訂や貧困・子ども支援政策に関わるもの、教育政策研究動向の中で注目される教育財政や教員評価について紹介した。いずれのテーマにおいても今後も研究が蓄積され、実社会へ貢献していくことや研究の精緻化が求められている。

　注
（1）国立教育政策研究所HP「萩生田文部科学大臣コメント　令和元年12月3日」（https://www.nier.go.jp/kokusai/pisa/pdf/2018/02_oecd.pdf）2020年1月6日確認。

参考文献
・青木栄一編著（2019）『文部科学省の解剖』東信堂。
・天笠　茂（2019）「カリキュラムの教育経営学の構築とその課題」『日本教育経営学会紀要』第61号、2-12頁。
・伊藤愛莉（2019）「1968年教育公務員特例法の一部を改正する法律案の立案過程」『教育制度学研究』第26号、54-72頁。
・植竹　丘（2019）「戦後義務教育財政システム確立期における地方団体の教育財政・定数管理問題―群馬県を事例として―」『教育制度学研究』第26号、112-131頁。

・江口和美（2019）「教育委員会の予算編成に関する研究─3政令指定都市調査の報告を中心に─」『早稲田大学大学院教育学研究科紀要　別冊』第27号-1、47-57頁。

・荻野亮吾（2019）「子供の貧困対策における官民パートナーシップの可能性」『日本生涯教育学会年報』第40号、25-41頁。

・押田貴久（2019）「独自カリキュラムと新学習指導要領」『教育制度学研究』第26号、162-163頁。

・河野淳子・中村かおり（2019）「生活困窮世帯に対する学習支援の効果と今後の課題─学習支援に参加した学生への調査から─」『大阪人間科学大学紀要』第18号、107-137頁。

・清遠彩華（2019）「病気をかかえる子どもの教育保障における制度的課題─法制度と実態の乖離に焦点をあてて─」『教育制度学研究』第26号、93-111頁。

・国立教育政策研究所編（2019）『生きるための知識と技能7　OECD生徒の学習到達度調査（PISA）』明石書店。

・小入羽秀敬（2019a）『私立学校政策の展開と地方財政─私学助成をめぐる政府間関係』吉田書店。

・小入羽秀敬（2019b）「教育助成の財源構成と公共性」『日本教育行政学会年報』第45号、8-23頁。

・澤田俊也（2019）「文部省内における1958年学習指導要領改訂の基本枠組みの形成過程─基準の示し方、基準の内容、審議機関の運営に着目して─」『教育制度学研究』第26号、73-92頁。

・澤田俊也・木場裕紀（2019）「市区町村教育委員会による『授業スタンダード』施策の現状と課題─位置づけ、内容、活用方法に着目して─」『日本教育政策学会年報』第26号、128-144頁。

・寺沢拓敬（2019）「小学校英語の政策過程（1）：外国語活動必修化をめぐる中教審関係部会の議論の分析」『関西学院大学社会学部紀要』132号、13-30頁。

・長尾彰夫（2019）「第11章　カリキュラム研究の新しい動向─カリキュラム・ポリティクスの概念と可能性─」日本カリキュラム学会編『現代カリキュラム研究の動向と展望』教育出版、356-363頁。

・日本教育行政学会編（2019）「III　大会報告　特別企画　教員の資質向上における教育委員会と大学の連携」『日本教育行政学会年報』第45号、194-207頁。

・日本教育政策学会編（2019）「特集3　自治体教育政策における構造改革と教育的価値の実現」『日本教育政策学会年報』第26号、90-112頁。

・日本教育制度学会編（2019a）「研究大会報告　課題別セッションVI　高校無償化政策の拡大は何をもたらすのか？」『教育制度学研究』第26号、195-198頁。

・日本教育制度学会編（2019b）「大会報告　課題別セッションⅠ　教育財政制度（史）研究の前進」『教育制度学研究』第26号、154-161頁。
・日本教育制度学会編（2019c）「特集　政治主導による教育制度改革を問う」『教育制度学研究』第26号、2-52頁。
・日本教育制度学会編（2019d）「研究大会報告　課題別セッションⅢ　『幼児教育・保育の無償化』を考える」『教育制度学研究』第26号、170-178頁。
・野村ゆかり（2019）「〈教育経営の実践事例〉『子どもの貧困』緩和に向けた学校の役割と課題―スクールソーシャルワーカーを中心としたチームプロジェクトの可能性―」『日本教育経営学会紀要』第61号、2-12頁。
・広瀬裕子（2019）「自律的地方教育行政を維持するための強制的介入支援政策―ロンドン・ハックニーの教育改革手法の子ども福祉領域への汎用化―」『専修大学社会科学研究所　社会科学年報』第53号、165-183頁。
・藤村祐子（2019）『米国公立学校教員評価制度に関する研究―教員評価制度の変遷と運用実態を中心に』風間書房。
・松下佳代（2019）「まえがき」日本カリキュラム学会編『現代カリキュラム研究の動向と展望』教育出版、iii-iv頁。
・三好良子（2019）「子育て支援センター従事者が捉えている子育てと子育て支援に必要な要素：親の主体性と主体性を引き出す支援の視点から」『福井県立大学論集』第51号、1-13頁。
・宮澤孝子（2019）「[内外の教育政策動向2018] 国内の教育政策研究動向」『日本教育政策学会年報』第26号、158-164頁。

（植草学園大学）

［内外の教育政策研究動向 2019］
アメリカにおける学習スタンダードの現在地

木場　裕紀

1．はじめに

　元来、分権的な構造を持つアメリカの教育行政システムにあっては、学区が教育内容を決定する権限を持つ。「ミズーリ川のように広く浅い」（Porter et al., 2009）と言われるアメリカのカリキュラムだが、1990年代以降、各州は州内の学校における児童・生徒の到達目標に共通性を持たせるべく、独自の学習スタンダード[1]の作成を進めてきた。2002年に施行された「どの子も置き去りにしない法（No Child Left Behind Act: NCLB）」は、学習スタンダードの作成とそれに対応したアセスメントの実施を各州に求めたが、「50のスタンダードに基づいた改革」と言われるように、各州が作成したスタンダードが共通性を持つには至らなかった（Polikoff, 2012）。しかしながら、2009年、オバマ政権期に「アメリカ再生・再投資法（American Recovery and Reinvestment Act）」の一環として打ち出された「頂点への競争（Race To The Top: RTTT）」と呼ばれる競争型補助金プログラムへの採択に際して、州間共通コアスタンダード（Common Core State Standards: CCSS）の採択が条件として課されたため、アラスカ州、ネブラスカ州、テキサス州、ヴァージニア州の4州を除いて、各州はこぞって CCSS の採択を決めた。これにより各州間の学習スタンダードの共通化は一気に進んだ。

　ところが、オバマ政権末期に「すべての生徒が成功する法（Every Student Succeeds Act: ESSA）」が成立して以後、CCSS を見直したり、廃止して新しい学習スタンダードを導入したりする州が現れ始めた。目まぐるしく変化する動向に対して、各州や学区ではどのような受けとめ方がなされてきたのであろうか。本稿では先行研究の知見をまとめながら、オバマ政権以後の学習スタンダードに関する動向を整理し、今後の研究課題について言及する。

２．CCSS の学区における受容

　まず、CCSS に対する学区における評価について言及した先行研究を見て
みよう。スタークとコーバー（2014: 6-11）は、2014年９月時点で CCSS を導
入していた43州を対象とした質問紙調査の結果から、学区における CCSS の
受容は概ね好意的なものであったと述べる。すなわち、学区のリーダーの大多
数がそれまで学区で導入されていた学習スタンダードよりも CCSS の方が学
問的に厳密なものになっていると回答しており（数学90％、英語91％）、また、
CCSS が児童・生徒の技能を高めると回答している（数学76％、英語79％）。
一方で、リソースの確保や CCSS に沿った教材の調達、教員研修の実施、
CCSS に沿ったアセスメントの実施などに関して困難を感じていることも報
告されている。また、スミスとゼア（2017: 182）は、カリフォルニア州、ケ
ンタッキー州、オハイオ州、オレゴン州、テネシー州、インディアナ州の46の
学区への聞き取り調査を通して、人的財政的リソースに比較的余裕のある学校
や学区であっても、学習スタンダードを成功裏に実施するためには十分な時間
が必要であると指摘している。さらに、バレット＝テータムとスミス（2018:
398）はサウスカロライナ州、ジョージア州、ノースカロライナ州、テネシー
州の主に農村部の教員に対して行ったサーベイの結果から、教員の多くは過去
の学習スタンダードに比べて CCSS を評価しているものの、CCSS に沿った
カリキュラムを構築するための十分な研修の機会が与えられていない現状を報
告している。ニューヨーク市内の学区における CCSS に付随した改革の実施
状況について調査したホフスタッターら（2016: 174）も、学区ごとの改革の
進展状況のギャップを指摘しており、児童・生徒の学業達成の芳しくない学区
では、カリキュラム改革や教員研修といった様々な改革を同時並行で行うこと
に困難が生じている現状を指摘している。

　これらの指摘から示唆されることは、CCSS への学区や学校からの評価は
概ね好評であったということである。長年に亘り連邦教育政策に携わったジャ
ック・ジェニングス（2018: 178）も CCSS はそれまで各州で独自に開発・導
入されていた学習スタンダードに比べて「より高度な厳格さ」をもたらすもの
であると評価している。一方で CCSS に沿ったカリキュラム構成や教員への
研修などは依然として学区の責任であり、十分な支援や財政的リソースが欠如
している中で、CCSS に沿った教育活動の実施が困難な学区も多く存在して
いた。

3．ESSA 下における学習スタンダード

2015年12月に成立した ESSA 法[2]は連邦政府による紋切り型の学習スタンダード推進策から方向転換し、各州に就職と進学のための準備スタンダード（College and Career Readiness Standards）の採択や要支援校の同定、介入策などについての決定権限を認めるものであった。ESSA 法では州が学習スタンダードを採択することを求めているが（sec. 1111(b)(1)(A)）、同時に ESSA 法の施行以前に州が採択していた学習スタンダードを継続して使用することを認めている（sec. 1111(b)(1)(H)）[3]。すなわち、ESSA 法下では州は独自の学習スタンダードを採択するか、CCSS などのこれまで使用してきた学習スタンダードを継続するかを選択できる。2020年2月現在、CCSS を継続して州の学習スタンダードとして採用している州は22州である[4]。実際には独自のスタンダードの導入を宣言している州でも、CCSS をベースに独自の要素を加味しているため、内容が CCSS とよく似ているケースも見受けられる[5]。一方で、共和党の支持団体や共和党系の知事からの批判を受けて CCSS の見直しや撤退を行う州もある。例えば、フロリダ州知事のロン・デサンティス（Gov. Ron DeSantis、共和党）は2020年1月、CCSS に代わる新しい学習スタンダード（Florida's B. E. S. T. Standards）を採択し、2021-2022年度から実施することを発表した[6]。デサンティス州知事は以前から CCSS の廃止と州独自の学習スタンダードの作成を提唱しており、今回の発表は2019年に出された州知事命令に基づいて、州内でのステークホルダーを巻き込んだ学習スタンダードの作成がなされた結果、行われたものであった[7]。

オバマ政権期から現在にかけての各州の学習スタンダードをめぐる対応は、①一貫して州独自のスタンダードを採択（テキサス州など）、②一貫して CCSS を州の学習スタンダードとして採択（カリフォルニア州、ウィスコンシン州など）、③ CCSS を採択した後に州独自のスタンダードを採択（フロリダ州、オハイオ州など）の概ね三つのパターンに分けることができる。エジャートンとデシモーネ（2019: 604-5）は、州のスタンダードに基づいた政策と学区における受容との対応関係に着目し、テキサス州、ケンタッキー州、オハイオ州の学区、校長、教員の政策受容の州間比較を試みている[8]。教員レベルで見ると、一貫して独自のスタンダードを採択してきたテキサス州の教員はスタンダードに基づいた政策の特定性や安定性に対する評価が、他の州の教員に比べて高い。一方で、政策の一貫性や正統性に対する評価は一貫して

CCSS を採択してきたとされるケンタッキー州の教員の方が、他の州の教員よりも高くなっている⁽⁹⁾。一方でパクとデシモーネ（2019）は、それらの三つの州が学習スタンダードを実施するにあたり、地方教育局や学区がそれぞれのニーズに応じて学校を指導できるよう、モデル・カリキュラムやガイドラインを配布するにとどまり、教授上の詳細な指示を与えることを控えていたと報告している。彼らによると、各州は分散型の教授的リーダーシップを発動させることで、それぞれの地域や学区のリーダーを巻き込み、スタンダードに基づいた政策の特定性と正統性を高めているという。また、ESSA 法は連邦政府の介入を弱め、州や学区の裁量を拡大したが、特にリソースが十分でない学区においてはカリキュラムやテキストの調達、教員研修の実施が重荷となっていることを報告する研究もある（Desimone et al., 2019: 170）。

　ESEA 法が施行されてからまだ日が浅く、今後の研究動向を注視していく必要があるが、各州が採択した学習スタンダードを実質化する役割は依然として学区が担っており、学区が有する人的財政的リソースの多寡によって生じてしまう格差をどのように是正するかがポイント一つになっていることは指摘できるだろう。

4．おわりに

　本稿を結ぶにあたり、今後の研究課題について3点指摘したい。

　まず1点目に、なぜ各州の「CCSS 離れ」が進んだのかを明らかにする必要がある。ソーシャル・メディア等を駆使しながらティー・パーティなどの保守系の政治団体がオバマ政権が主導した CCSS の導入に対して反発し、それに呼応した保守系の知事が CCSS からの撤退を命じたことや（政治的要因）、そもそも連邦政府が州が採択すべき学習スタンダードを規定することができないこと（制度的要因）などが仮説として考えられるが、精緻な検討が必要である。

　2点目に、各州が採択した学習スタンダードの作成過程について検証する必要がある。各州の学習スタンダードを採択するにあたって、誰をどのように巻き込み（buy-in）、合意形成を図っていったのだろうか。学習スタンダードを開発・導入する上での水平的・垂直的ガバナンスの構造解明は、戦後から学習指導要領を導入してきた我が国のカリキュラム行政にも与える示唆が大きいであろう。

　3点目に、各州が学習スタンダードを採択すると同時に、どのように学区に

おける学習スタンダードに沿った教授を保障していったのかを明らかにしていく必要がある。オバマ政権期から現在にかけての州の学習スタンダードをめぐる対応は様々であるが、学区が教育内容を具体化するという構造自体に変化は見られない。これまでの先行研究が明らかにしているように、重要なのは各州が学習スタンダードを導入または変更するにあたって、どのような施策を講じて各学区や学校における学習スタンダードの具体化を支援しているかである。特に人的財政的リソースが不足している学区に対する支援が不十分だと、リソースに余裕のある学区ばかりが学習スタンダードの採択の恩恵を受けて充実した教育活動を行う一方で、そうでない学区では教材や教員の確保すらままならないといった格差構造を強化してしまう恐れすらある。

　学習スタンダードをめぐる動向は、「誰が教育内容を決めるべきか」という根源的な問いを出発点にしながら、アメリカ特有の教育行政構造の中で様々な政治的思惑が絡み合い、複雑な様相を呈している。そのパズルを丁寧に解きほぐして問題を整理し、児童・生徒の学習の保障という、学習スタンダードが本来目指していたはずの目的に沿った改革の成否を判断していく必要があるだろう。

※本稿は JSPS 科研費 JP18H01019（研究代表者：牛渡淳）の助成を受けたものです。

　　註
（1）本稿では児童・生徒が当該学年終了時までに何を知り、何ができるようになるべきかを定めた、州や州間団体が作成した文書を「学習スタンダード」と呼称する。
（2）本稿の射程からは逸れるが、これまで「免除」「義務免除」等と訳されてきた Waiver execution を「特区認可権の行使」とし、大統領が連邦議会と対立し、州知事との協力関係が築けた際に政策変更をするための手段としてそれを利用する、との梅川葉菜（2018）の指摘は興味深い。梅川（2018）によれば、特区認可権の行使は後に連邦議会による立法へと繋がることがあるが、NCLB 法の Waiver execution から ESSA 法の制定は正にその典型例として位置付けられる。
（3）Every Student Succeeds Act of 2015, Pub. L. No. 114-95, §114, Stat. 1177（2015-2016）.
（4）アラバマ州、カリフォルニア州、コネティカット州、デラウェア州、ハワイ州、アイダホ州、イリノイ州、アイオワ州、メーン州、ミシガン州、ミ

ネソタ州（数学のみ）、モンタナ州、ネバダ州、ニューハンプシャー州、ニューメキシコ州、ロードアイランド州、ユタ州、バーモント州、ワシントン州、ウィスコンシン州、ワイオミング州、コロンビア特別州。各州の教育省 web サイトより。

（5）例えばオハイオ州。

（6）Modan, N. (2020). Florida to roll out 'common sense' standards after dropping Common Core. Education Dive. Published on January 28 of 2020. Retrieved from https://www.educationdive.com/news/florida-to-roll-out-common-sense-standards-after-dropping-common-core/571140/. on February 3 of 2020.

（7）Ron DeSantis. January 31 of 2019. Exec. Order No. 19-32. Retrieved from https://www.flgov.com/wp-content/uploads/orders/2019/EO_19-32.pdf. on February 3 of 2020.

（8）ケンタッキー州では2019年に独自のスタンダードを採択しているが、調査が行われたのは2016年の春であり、エジャートンとデシモーネの調査分類では一貫して CCSS を採択した州として位置付けられている。

（9）政策の特定性（specificity）は学習スタンダードの実施にあたり、どのくらい詳細なガイダンスがあったかを問い点数化したもの、正統性（authority）はスタンダードの効果に対する教員の納得度を問い点数化したもの、一貫性（constituency）はカリキュラムやアセスメント、研修、評価が一貫しているかを問い点数化したもの、安定性（stability）は学習スタンダードやアセスメントがどのくらい続くと予想するかを問い点数化したもの（Edgerton & Desimone, 2019: 602-3）。

参考文献

Barrett-Tatum, J., & Smith, M. J. (2018). Questioning reform in the standards movement: professional development and implementation of common core across the rural South. *Teachers and teaching: theory and practice*. vol.24(4). pp.384-412.

Desimone, L. M., Stornaiuolo, A., Flores, N., Pak, K., Edgerton, A., Nichols, T. P., Plummer, E. C., & Porter, A. (2019). Successes and challenges of the "new" college- and career- ready standards: seven implementation trends. in *Educational Researcher*. vol. 48 (3). pp. 167-178.

Edgerton, A. K., & Desimone, L. M. (2019). Mind the gaps: differences in how teachers, principals, and districts experience college- and career- readiness policies. in *American Journal of Education*. vol.125 (4). pp.593-619.

Every Student Succeeds Act of 2015, Pub. L. No. 114-95, §114, Stat. 1177 (2015-2016).

ジャック・ジェニングス. 吉良直・大桃敏行・髙橋哲（訳）.（2018）. アメリカ教育改革のポリティクス　公正を求めた50年の闘い. 東京大学出版会.

Modan, N.（2020）. Florida to roll out 'common sense' standards after dropping Common Core. Education Dive. Published on January 28 of 2020.Retrieved from https://www.educationdive.com/news/florida-to-roll-out-common-sense-standards-after-dropping-common-core/571140/. on February 3 of 2020.

Pak, K., & Desimone, L. M.（2019）. How do states implement college- and career- readiness standards? A distributed leadership analysis of standards-based reform. in *Educational Administration Quarterly*. vol.55(3). pp.447-476.

Polikoff, M. S.（2012）. The association of state policy attributes with teacher's instructional alignment. in *Educational Evaluation and Policy Analysis*. vol.34(3). pp.278-294.

Porter, A. C., Polikoff, M. S., & Smithson, J.（2009）. Is there a de facto national intended curriculum? : evidence from state content standards. in *Educational Evaluation and Policy Analysis*. vol.31(3). pp. 238-268.

Ron DeSantis. January 31 of 2019. Exec. Order No. 19-32. Retrieved from https://www.flgov.com/wp-content/uploads/orders/2019/EO_19-32.pdf. on February 3 of 2020.

Smith, J., & Their, M.（2017）. Challenges to Common Core State Standards implementation: views from six states. *NASSP Bulletin*. vol.101(3). pp. 169-187.

Stark, D. R., & Kober, N.（2014）. *Common Core State Standards in 2014: Districts' perceptions, progress, and challenges.* Center on Education Policy.

梅川葉菜.（2018）. アメリカ大統領と政策革新：連邦制と三権分立制の間で. 東京大学出版会.

Wohlstetter, P., Buck, B., Houston, D. M., & Smith, C. O.（2016）. Common Core, uncommon theory of action. in Daly, A. J. & Finnigan. K. S. ed. *Thinking and acting systematically: improving school districts under pressure.* DC: American Educational Research Association. pp. 147-182.

（大同大学）

［内外の教育政策動向 2019］
政府・文部科学省・中央諸団体の教育政策動向

田中　真秀

はじめに

　本稿は、2019（平成31・令和元）年における政府・文部科学省・中央諸団体の教育政策動向を概観するものである。2019（平成31・令和元）年には「学校教育法」や「公立の義務教育諸学校等の教育職員の給与等に関する特別措置法」の一部改正といった法整備の進展と共に、大学設置基準の見直しや教員の働き方改革の基本的方向性とその実現に向けた骨格を中央教育審議会が答申した。また、新しい時代の初等中等教育の在り方について示された。以上のことから、本稿では、①高等教育改革（大学改革・大学院改革）、②教師の働き方改革、③初等・中等教育の在り方に着目して教育政策動向の概観を整理することとする。

1．高等教育改革の動向

　高等教育改革については、①大学入学試験改革、②大学の在り方、③高等教育における修学支援、④大学院改革や専門職大学等の議論がなされた。

（1）大学入学試験改革

　大学入学試験改革は、センター試験から大学入学共通テストの記述式問題への変更や大学入学者選抜における英語資格・検定試験について議論が行われ、現在も継続審議がなされている。

　このような大学入学選抜試験の改革の背景には、高等学校教育と大学教育を一体的に改革するといった「高大接続改革」が根底にある。

　まず、「大学入学英語試験成績提供システム」は2019（令和元）年6月4日付けの「令和3年度大学入学者選抜に係る大学入試英語成績提供システム運営大綱」[1]により示された。英語試験成績提供に対して指摘された課題[2]は、（1）対象とされた試験であるケンブリッジ大学英語検定機構や TOEFL 等の

試験がすべての都道府県で実施されているわけではないといった地域的事情の対応が不十分であること、（２）①検定料の減額の措置は試験を実施する団体任せであること、②地域によっては、受験をするために宿泊費や高い交通費が必要な場合もあること、そして③提供対象となる試験は高校３年時の４月から12月に受験した試験結果との限定がなされているが、対象時期までに個別に練習受験が可能といったことから、経済的に困難な者への対応が不十分であること、（３）障害のある受験者への対応が不十分であるといった点であった。これらの課題を解決するために、会場の追加、受験検定料の配慮案が模索された。しかし、（４）異なる試験の成績を比較する根拠が乏しいこと、（５）受験の早期化となること、（６）国の民間事業者への関与につながる懸念、（７）そもそも入試制度の変更が周知されていないといった課題も問題視された。これらの点を踏まえ、2019（令和元）年11月１日に萩生田文部科学大臣は英語成績提供システムについては、「準備状況が十分でないため、来年度（2020年度）からの導入を見送り」[3]の決定を行ったことで、2019（令和元）年11月15日「令和３年度大学入学者選抜に係る大学入試英語成績提供システム 運営大綱の廃止について（通知)」[4]が出された。

　次に、記述式問題の導入は、「令和３年度大学入学者選抜に係る大学入学共通テスト実施大綱」[5]により示された。記述式問題を導入することで、①主体的な思考力・判断力の発揮が期待されること、②思考のプロセスを自覚すること、③表現力の発揮につながることを期待したためであった。記述式問題の導入に対する指摘[6]は、①採点者の人数を確保できるのか、②正確な採点ができるのか、③採点結果と自己採点の不一致の解消方法をどうするのか、④採点を外部委託した際の守秘義務の徹底はどうするのか、⑤試験に関わる民間事業者が行う教育事業との関係をどうするのか、⑥障害などがある受験者に対する配慮であった。以上のことの解決ができず2019（令和元）年12月17日に萩生田文部科学大臣は記述式問題の先送りを判断した[7]。

　このように、大学入試改革においては、2019（平成31）年度が始まった当初は、記述式問題の導入と英語の外部試験結果の提供システムが目玉[8]として進められてきたが、2019（令和元）年末には、根本的な見直しが行われ、継続審議がなされている。

（２）大学改革

　2019（令和元）年は大学入学試験改革と共に大学そのものの改革も行われた。

学校教育法の一部を改正では、大学等の教育研究の状況を評価する「認証評価」において大学評価基準に適合しているのか否かの認定を認証評価機関に義務づけ、大学は大学評価基準に適合しているとの認定を受けるための向上を行うことにより、大学の管理運営の改善を図った。

　また、2019（令和元）年には国立大学法人の学長の職務を行う大学総括理事の新設と学校法人の役員の職務及び責任に関する規定の整備が図られた[9]。特に、国立大学法人岐阜大学と国立大学法人名古屋大学が国立大学法人東海国立大学機構を創設し、同機構が岐阜大学と名古屋大学を設置するといった一法人が複数の大学を設置できる制度が国立大学法人制度に導入された。

　また、教員養成を先導する「指定教員養成大学（フラッグシップ大学）」[10]ということが「Society5.0時代に対応した教員養成を先導する『指定教員養成大学（フラッグシップ大学）』の在り方について（最終報告）」によって示された。この「フラッグシップ大学」とは、教員養成の牽引役となり、教員養成ネットワークの中核的役割を担い、学校教育の課題解決への寄与のため政策提言の機能をもつことを意図している。フラッグシップ大学は少数の拠点大学に限定して選定を行うべきとされ、今後は公募・選定が行われる予定である。その際、大学全学の体制等が基準の一つとなることから、現在の大学の体制の見直しが行われることが意図されている。

　同時に、教員養成部会教職課程の基準ワーキンググループ[11]では複数の学科や大学間の共同による教職課程の実施に向けての議論がなされている。この背景には、教職専門科目におけるコアカリキュラムを導入した再課程認定において単独で教職課程を持つことの難しさが生じた大学といった課題や、教育委員会と大学との連携である教員育成協議会等でも議論されている複数免許への対応がある。その他の大学改革では、大学設置基準を改正して、医学部全体の定員増に関する内容についても議論がなされた。

（3）大学等における修学支援に関する法律[12]

　2019（平成31）年1月28日に「大学等における修学の支援に関する法律」が定められ、2020（令和2）年4月1日に施行される予定となっている。この法律は、大学等に修学する際に支援が必要な低所得者層に対し、社会で自立し活躍できる人材の育成のために修学支援を行う。世帯の経済負担を軽減することで、最終的に少子化対策につながると考えられている。なお、学校は大学・短期大学・高等専門学校・専門学校が対象となり、支援対象学生は住民税非課税

世帯及びそれに準ずる世帯の学生である。支援の内容としては、①授業料及び入学金の免除制度の創設、②日本学生支援機構が実施する給付型奨学金（学資支給）の拡充である。2020（令和２）年度の予算は消費税率引き上げによる財源を活用することで4882億円計上された。

（４）大学院改革と新しい高等教育機関の設置

大学院教育[13]においては、リカレント教育についての議論がなされている。今後、日本における社会的状況に大きな変化がある時に、生涯にわたって教育と労働等を交互に行うことで、世代間較差等が解消されることが期待される。教員に対しても教職大学院がその機能を果たしているとみなすことができる。

また、2019（令和元）年から、実践的な職業教育を行う高等教育機関として「専門職大学」「専門職短期大学」「専門職学科」といった専門職大学が創設された[14]。特徴としては、①理論と実践を学び、授業の３分の１は実習・実技であること、②長期の企業内実習や他分野の学問を学ぶことで応用力の育成が図られること、③「学士（専門職）」「短期大学士（専門職）」の学位が授与されることである。

以上の点からも見ても、2019（令和元）年は高等教育の根幹について議論・検討がなされた年である。

２．教員の働き方改革[15]

教員の働き方改革[16]に伴って、2019（令和元）年10月４日の第200回国会における文部科学省提出法律案として「公立義務教育諸学校等の教育職員の給与等に関する特別措置法の一部改正に関する法律」[17]が出された。これは、働き方改革を推進するために、①2021（令和３）年４月１日から教員の一年単位の変形労働時間制を条例により適用（第５条関係）できるようにする、②2020（令和２）年４月１日から文部科学大臣が教育職員の業務量の適切な管理に関する指針を策定・公表できることに適用（第７条関係）することの２点の改正であった。この背景には、教師の働き方が海外と比較としても日本が長時間勤務を行っている実態（１週間当たり、小学校は57時間29分、中学校が63時間20分学内勤務している）、教員の年齢構成の変化とともに、教員の「ブラック労働」という言説により、教員希望者が減少することに対して、教員の働き方そのものを見直すことが重要視されたことがある。つまり、教員の働き方を改善することで、教員志望者も増加させる意図があった。

　一年単位の変形労働時間制は、児童生徒に対して授業等を行い、年度始めの忙しい時期に「上限ガイドライン」である月45時間以上の勤務を認める。一方で、夏休み等の児童生徒が学校にいない長期休業期間において教師の業務時間が学期期間中よりも短くなる傾向が高いことから、長期休業期間中に休みのまとめ取りを行うことができるようにすることである。このことにより年度単位で年360時間等のガイドライン上の勤務時間を守ることを想定している。このことの背景には、一年間の変形労働時間制を規定した労働基準法第32条の4について地方公務員は適用除外されているが（地方公務員法第58条）、公立学校の教員は特別に適用できるように改正したことがある。労働基準法において労使協定により定めることとされる労働者の範囲や対象期間、労働日ごとの労働時間などについては、「勤務条件条例主義」に則り条例に定めることとなった。条例となることは、各都道府県によって、変形労働時間制を導入するのか否かを判断できることにつながる。つまり、都道府県による勤務状況の（時間）「格差」につながる懸念がある。例えば、学期中に長時間労働をしたにも関わらず、長期休業期間で業務内のトラブル等により休みが取れない場合等は、年間通してみても超過勤務を強いられる場合も想定できる。つまり、長時間労働を促すことにつながるとする見方もある。変形労働時間制の導入については2021（令和3）年の適用までに各都道府県で議論がなされることになっている。

　「業務量の適切な管理」については、教師の勤務時間外の業務の多くが超過勤務命令によらないものであることに対する対応であった。教師の健康や福祉の確保の観点から、文部科学大臣により教育職員の業務量の適切な管理に関する指針が定められることとなった。

3．新しい時代の初等・中等教育について

　現在の学校教育は、PISA2015において、数学・科学的リテラシーでトップレベルになり、一時のPISAの結果よりは学力水準が世界の中でも向上している。また、新学習指導要領の実施に際して、Society 5.0時代の到来に生きぬく子どもを育成するために、教育改革・教育内容の改革が行われている。

　例えば、GIGAスクール構想として、「児童生徒1人1台コンピューター」の実現に向けた施策も行われている。具体的には、校内LANや電源キャビネットを整備するといった校内通信ネットワークの整備と児童生徒が使用するPC端末の整備が考えられている。この点については「新しい時代の初等中等

教育の在り方」[18]によると、2020年代は、予測不可能な未来社会を自立的に生き、社会の形成に参画するための資質・能力を育成することを目指している。

上記のような社会変化に対応できる子どもたちを育成することを目的として、義務教育については9年間を見通した学びが求められており、2022（令和4）年度を目途に小学校高学年から教科担任制を導入することを検討している。そのためには教員定数の確保や小中学校の連携についても模索されている。

高等学校教育においては、普通科改革やSTEAM教育の推進等が模索されている。STEAM教育とは、サイエンス（科学）、テクノロジー（技術）、エンジニアリング（工学）、アート（芸術）、マスマティクス（数学）のことである。

「新しい時代の初等中等教育の在り方について」では、中央教育審議会の中で議論する内容として大きく4点を示した[19]。例えば、①新時代に対応した義務教育の在り方としては基礎的な学力や児童生徒の発達段階に合わせた指導体制や教育課程、②新時代に対応した高等学校教育の在り方においては、普通科改革として各学科の在り方や定時制・通信制課程の在り方、③増加する外国人児童生徒への教育の在り方としては、就学機会の確保や指導体制の確保と日本生活や文化に関する教育とともに母語の指導、④これからの時代に応じた教師の在り方や教育環境の整備では、学級担任制を重視する段階と教科担任制を重視する段階に捉え直すことができる教職員配置や教員免許制度の在り方である。

また、2019（平成31）年3月29日には、「小学校、中学校、高等学校及び特別支援支援学校等における児童生徒の学習評価及び指導要録の改善等について」の通知が出された[20]。これは、2019（平成31）年1月21日に中央教育審議会初等中等教育分科会において「児童生徒の学習評価の在り方について」の報告が出されたことによる。新学習指導要領に向けて、①学習評価の基本的な考え方、②学習評価の改善点、③指導要録の改善点、④学習評価の円滑な実施に向けた取り組み、⑤学習評価の改善を受けた高等学校や大学入学選抜試験について示された。

このように、2019（平成31・令和元）年度の教育改革は、次年度に持ち越した課題となったものが多くあるがその基礎となる基盤や方向性が決定・模索された1年であった。今後の課題としては、2019（令和元）年に議論された内容の実現化に向けた具体的方策を整理することにある。

注釈
（1）文部科学省「令和3年度大学入学者選抜に係る大学入試英語成績提供システム運営大綱」（元文科高第106号　文部科学省高等教育局長通知）https://www.mext.go.jp/component/a_menu/education/detail/__icsFiles/afieldfile/2019/06/05/1282953_006_2_1.pdf（2020年2月28日最終閲覧）
（2）文部科学省「大学入学者選抜改革について」https://www.mext.go.jp/a_menu/koutou/koudai/detail/1397731.htm（2020年2月28日最終閲覧）内の資料について参照している。以下、このサイトの資料を元に記載を行っている。
（3）文部科学省「荻生田光一文部科学大臣記者会見録（令和元年11月1日）」https://www.mext.go.jp/b_menu/daijin/detail/1422393.htm（2020年2月28日最終閲覧）
（4）文部科学省「令和3年度大学入学者選抜に係る大学入試英語成績提供システム 運営大綱の廃止について（通知）」（元文科高第669号）https://www.mext.go.jp/component/a_menu/education/micro_detail/__icsFiles/afieldfile/2019/11/15/1397734_19.pdf（2020年2月28日最終閲覧）
（5）文部科学省「令和3年度大学入学者選抜に係る大学入学共通テスト実施大綱」（元文科高第106号　文部科学省高等教育局長通知）https://www.mext.go.jp/component/a_menu/education/detail/__icsFiles/afieldfile/2019/06/05/1282953_006_1_1_1.pdf（2020年5月20日最終閲覧）
（6）上掲、文部科学省「大学入学者選抜改革について」を参照にしている。
（7）文部科学省「令和3年度入学者選抜に係る大学入学共通テスト実施大綱の見直し（通知）」（元文科高第950号）https://www.mext.go.jp/content/20200130-mxt_daigakuc02-100001207_1.pdf（2020年5月20日最終閲覧）により議論はやり直された。
（8）これらの点については、2019（令和元）年12月27日から実施されている「大学入試のあり方に関する検討会議」で引き継がれ、今後の方向性が議論されている。
（9）「学校教育法等の一部を改正する法律の概要」https://www.mext.go.jp/b_menu/houan/kakutei/detail/__icsFiles/afieldfile/2019/05/24/1415449_01.pdf（2020年2月28日最終閲覧）
（10）中等教育審議会初等中等教育分科会教員養成部会「教育養成のフラッグシップ大学検討ワーキンググループ（第7回）会議資料」https://www.mext.go.jp/kaigisiryo/2019/11/1422452_00001.htm（2020年2月28日最終閲覧）や、「Society5.0時代に対応した教員養成を先導する『指定教員養成大学（フラッグシップ大学）』の在り方について（最終報告）」https://www.mext.go.jp/content/1421815_000002.pdf（2020年6月10日最終閲覧）等を参照している。
（11）中央教育審議会初等中等教育分科会教員養成部会「教職課程の基準に関す

るワーキンググループ（第 7 回）会議資料」https://www.mext.go.jp/kaigisiryo/2019/12/mext_00036.html（2020年 2 月28日最終閲覧）の中でも「複数学科間・大学間の共同による教職課程の実施体制について」の素案等が出されている。

(12) 文部科学省「大学等における修学支援に関する法律の概要」：https://www.mext.go.jp/b_menu/houan/kakutei/detail/__icsFiles/afieldfile/2019/05/17/1415448_01.pdf（2020年 2 月28日最終閲覧）

(13) 中央教育審議会大学分科会大学院部会「大学院部会（第95回）配布資料」https://www.mext.go.jp/kaigisiryo/2019/09/1421377.htm（2020年 2 月28日最終閲覧）内資料を参照。

(14) 文部科学省「専門職大学・専門職短期大学・専門職学科」https://www.mext.go.jp/a_menu/koutou/senmon/index_pc.htm（2020年 2 月28日最終閲覧）

(15) 文部科学省「公立の義務教育諸学校等の教育職員の給与等に関する特別措置法の一部を改正する法律の概要」https://www.mext.go.jp/kaigisiryo/content/000029822.pdf（2020年 2 月28日最終閲覧）や文部科学省「学校における働き方改革について」https://www.mext.go.jp/a_menu/shotou/hatarakikata/index.htm（2020年 2 月28日最終閲覧）内の資料を参照している。

(16) 中央教育審議会「新しい時代の教育に向けた持続可能な学校指導・運営体制の構築のための学校における働き方改革に関する総合的な方策について（第213号）」https://www.mext.go.jp/b_menu/shingi/chukyo/chukyo3/079/sonota/1412985.htm（2020年 2 月28日最終閲覧）。

(17) 公立義務教育諸学校等の教育職員の給与等に関する特別措置法の一部改正に関する法律：https://www.mext.go.jp/content/1423039_01.pdf（2020年 2 月28日最終閲覧）

(18) 中央教育審議会初等中等教育分科会「初等中等教育分科会（第124回）配布資料」https://www.mext.go.jp/kaigisiryo/2019/10/1421380_00001.htm（2020年 2 月28日最終閲覧）内の資料を参照している。

(19) 中央教育審議会初等中等教育分科会新しい時代の初等中等教育の在り方特別部会「新しい時代の初等中等教育の在り方特別部会（第 5 回）配布資料」https://www.mext.go.jp/kaigisiryo/2019/11/1422470.htm（2020年 2 月28日最終閲覧）

(20) 文部科学省「小学校、中学校、高等学校及び特別支援学校等における児童生徒の学習評価及び指導要録の改善等について（通知）」（30文科初第1845号）https://www.mext.go.jp/b_menu/hakusho/nc/1415169.htm（2020年 2 月28日最終閲覧）

（大阪教育大学）

［内外の教育政策動向 2019］
地方自治体の教育政策動向

佐久間　邦友

はじめに

　本稿の目的は、2019年における地方自治体による教育政策の動向を概観することである。しかしこの1年間の地方自治体の教育政策を網羅的に記述することは、筆者の能力的にも紙幅的にも困難であるため、いくつかの項目に絞って整理していく。

　具体的には、①「教員の働き方改革」、②外国籍の児童生徒への学習機会の確保、③学校におけるLGBTへの対応、④いじめ、⑤ふるさと納税の活用を中心的に扱う。

　なお、本稿の執筆にあたっては時事通信社「内外教育：2019年1月～12月に掲載された記事を中心に整理しているが、適宜新聞記事などを用いている[1]。

1.「教員の働き方改革」のネクストステージ

　「教員の働き方改革」については、2017年7月の中教審内の特別分科会における議論以降、各地方自治体において様々な取り組みがなされている。具体的な施策については本誌でも、横関（2018）、山沢（2019）が指摘しているが、各自治体において「施設管理の外部委託」「学校閉庁日の設定」「ガイドラインの策定」、「出退勤時間管理のためのICカードやタイムカードの導入」などの施策が取り組まれていることが確認できた。

（1）「教員の働き方改革」に関する政策の概要

　既述した施策に加えて、いくつかの自治体では、学校の時間外電話対応の統一を行なう動きが見られた。例えば兵庫県は、保護者からの問い合わせなど勤務時間外の業務負担を減らし残業を縮減するため、4月より県立中高、特別支援学校全てで留守番電話を導入した。同じく新潟市でも校種ごとに対応時間を統一して教職員の負担の軽減を試みている（5月31日）。また京都市では、市

内小学校長会が主体となって時間外電話対応の統一が開始され、中学校でも導入を検討し始めており（４月12日）、教育委員会主導ではない改革も始まりつつある。

　もちろん、部活動の指導をサポートする「部活動指導員」など教員以外の専門的スタッフの配置の充実も各自治体において行われている。例えば横浜市は、2015年度より試験的に導入していた教員の業務（電話来客対応や授業準備・コピーなど）を補助する非常勤職員「職員室業務アシスタント」を市立の全小中学校に配置し、かつ副校長の負担軽減にもつなげる試みが始まった（１月29日）。

　また石川県では、「働き方改革」を人事評価の視点に盛り込んだ。この対象は県内の小中学校や県立高校の教諭のみならず、校長ら管理職も含まれている。これによって、効率的に業務に当たるよう教職員の意識改革を目指す反面、評価はボーナスの勤勉手当に反映するという（７月30日）。もちろん、働き方への意識改革を促すことを否定するわけではないが、手当に影響を及ぼすことが果たして適切な促進方法なのか疑問が残る。

　福島県いわき市では、市内小中学校の教職員の出退勤をIDカードやスマートフォンで記録するシステムを導入した（５月21日）。その一方で、仙台市は、９月から市立小中学校の教職員に対して、出退勤時間を記録する紙のタイムカードを試行導入した（９月17日）。仙台市の場合、タイムカードの導入は自己管理を促すのが狙いであり、システム改修時期ではないため、これまでのエクセルシートからの変更であった。

　「教員の働き方改革」において「時間管理」という視点に立って多くの自治体では施策が実行されている。しかし、いわき市と仙台市の事例を比較すると、今後「時間管理をする方法」というソフト面やハード面に視野を拡大する必要があるのではないだろうか。

（２）「教員の働き方改革」に関する政策の成果と課題

　「教員の働き方改革」に関する取り組みについて、具体的な成果も明らかにされている。京都府は、2018年度に午後８時までに退勤した教職員の割合が73％（目標値50％）であり、かつ授業準備・教材研究に充てる時間や教員自身の指導力の高まりや児童生徒に対する指導の充実を実感する教員が増加した。その一方、週ごとの時間外勤務は約15分の減少に留まり、多忙感や負担感を覚えた教員は、2017年度の55％から56％に微増し、負担軽減の難しさが浮き彫り

になった（8月2日）。

　静岡県では、2018年度より県立高校などで勤務時間外の電話対応に留守番電話を導入した。しかし教育委員会の調査によれば、導入によって残業時間はほとんど減らなかったものの、ほぼすべての高校で「心理的な安心感を持て、教材研究や生徒対応など本業に集中できるようになった」という（10月18日）。

　このように、各自治体における「教員の働き方改革」に関する施策は、勤務時間に関する「時間管理」において一定程度の成果があったといえるものの、今後「勤務の質」に着目した施策の検討が必要であろう。

2．外国籍の児童生徒の学習支援

　2019年9月、文部科学省の全国調査によって、日本に住む外国籍の小中学生の約12.4万人のうち、約2万人が不就学の可能性であることが明らかになった。特に不就学の可能性がある子は、東京や神奈川、愛知、大阪など都市部に多いという。加えて外国人の子がいる家庭に対して就学案内を送付していない自治体も4割近くあった（『朝日新聞』9月28日）。

　日本語指導が必要な児童生徒数は、年々増加傾向にある。そのため学校現場において指導上、様々な困難が生じており、各自治体においては、それらに対応した施策が講じられている。例えば、島根県出雲市は、子供たちが日本の学校生活にスムーズになじめるよう支援するため、小中学校の入学前に日本語の習得が不十分な外国籍の子供を対象に、日本語やあいさつ、学校のルールなどを教える集中指導教室を開設した（6月11日）。

　また大阪府は、日本語指導が必要な児童が在籍する学校支援するため日本語指導の経験を持つスーパーバイザーを派遣し個別の指導計画作成など指導体制を整える助言を行なう事業を開始した（3月15日）。静岡県では、日本語指導が必要な外国人児童生徒への支援事業として、教員研修をはじめ日本の学校制度を解説したポルトガル語やスペイン語などのリーフレットを作成し当該家庭への配布を実施した（11月5日）。愛知県では外国人児童生徒の学習・就労支援にため教育支援員の配置拡充のほか小型の通訳機の導入を行った（3月15日）。

　また学習機会の確保は、外国籍の児童生徒に限った問題ではない。岡山県津山市では、外国人と不登校や病気などで小中学校において学習が十分にできなかった方々向けに、義務教育の学び直しの支援教室を設置している（9月13

日）。

　そのため今後、学習機会に関する事業については、外国籍の子供たちのみならず、貧困にある子供たち（地域未来塾や公営塾）や不登校の児童生徒（フリースクール）や義務教育の学び直しを求める方々（夜間中学）などに着目した議論が必要となるであろう。

3．LGBT に関する事項

　LGBT の児童生徒への対応は、2004年の性同一性障害特例法施行以降、トランスジェンダーなど性的少数者（LGBT）に対する配慮が各自治体においてなされていることに加え、2015年4月には文部科学省が性的少数者の児童生徒への配慮を求める通知を出したことにより教育現場において、より具体化した施策が求められてきている。

（1）出願書類における性別欄の廃止

　まず、福島県や神奈川県をはじめいくつかの都道府県では、公立高校入試の出願書類等における性別欄の廃止が実施された[2]。具体的には受験生が作成する住所や氏名、生年月日などの記入欄がある出願書類から選択・記入をさせるような性別欄を廃止した。その一方、中学校側が作成して高校に提出する調査書は、クラス分けなどに活用するため、性別欄を残した。

　その起因として、例えば神奈川県は、数年前より性別の記入に抵抗感を示す受験生からの相談があったという（3月12日）。また長野県は、生徒や保護者から県教委に相談はなかったものの、2018年度に教育委員からの指摘によって廃止の検討を始めた（7月30日）。福島県の場合、2018年度に大阪府や福岡県が性別欄を廃止したことから県教委内において検討を開始した（7月2日）。

（2）制服の自由選択という形で取り組む例

　2015年4月、文部科学省は全国の学校に対して生徒が自認する性別の制服着用を認めるなどの配慮を求める通知を出した。これを受け、一部の自治体ではLGBT の児童生徒への対応として、女子生徒の制服をセーラー服から、ブレザータイプに切り替える動きや制服の自由選択という形が広まりつつある。

　東京都中野区では、区内中学校において男子生徒がスラックス、女子生徒はスカートとしていた制服の原則を見直し、女子のスラックス着用も認めると発表した。世田谷区でも区立の全中学校において、新入生に女子用のスラックスも用意し、好きな服を選択する仕組みを順次導入する方針を示している。いず

れも、LGBTを含めた多様な個性を尊重する環境づくりを進めるのが狙いだという（2月8日）。

このように、LGBTの子供たちへの対応として女子の制服にスラックスが追加する対応がなされているものの、男子生徒の制服にスカートを導入することは、いじめのきっかけになることもあるため実施されていない。そのためLGBTの子供たちへの対応策について今後もより深い議論が必要であろう。

（3）教職員対象のLGBT研修実施

千葉県柏市では、市内の小中学校の教職員を対象に、LGBTの児童生徒に関する理解を深めるための研修を実施した。この研修は、2017年の市の「いじめ防止基本方針」改訂時に採り入れられ、教職員にLGBTに関する知識が定着するよう継続的に実施していく方針であるという。また柏市ではLGBT関連図書の購入や事例映像教材の配布など、生徒らがLGBTについて学べる環境整備にも積極的に取り組んでいる（9月10日）。

４．いじめ問題と教育行政

いじめが関係する自殺に関する記事が2019年も見受けられたことはとても残念でならない。いじめ問題については、効果的な対策の必要性が望まれるところであり、いくつかの自治体では、その一助となるべく「スクールロイヤー」の配置を決めている。その一方、神戸市立の小学校では、いじめを防ぎ解決に尽力すべきである教師が同僚をいじめていたという事件も発生した。

（1）「スクールロイヤー」の配置

大阪市は、全市立小・中学校、高等学校や幼稚園を対象に、学校だけでは対応が難しい「いじめ」や「虐待」などに対して専門的な見地から教職員に助言する弁護士「スクールロイヤー」を導入した（3月5日）。また長野県須坂市では、千葉県野田市で小4女児が虐待を受け死亡した事件を踏まえ、教職員が相談しやすい体制を整えるべく「スクールロイヤー」の導入を検討した（3月12日）。そのほかに富山市でも「スクールロイヤー」の導入が報道されている（9月27日）。

これまでも保護者対応の観点より弁護士の協力を仰ぐ事例はいくつか見られたが、昨今の虐待件数の増加や事態の複雑さを鑑みると、学校や教育委員会のみの対応では解決は困難であり、今後、多様な専門スタッフの協働による教育政策が実施されていくのではないかと予想する。

（2）神戸市立小学校で起こった教員間のいじめ問題

　神戸市立の小学校で起こった同僚教師へのいじめ問題は、①教員の情報モラルの低下、②教育政策の世論への迎合、③首長と教育行政の関係性を再提起した事案であった。

　まず、当該事案についてテレビのワイドショーでは、SNSから流出した「激辛カレーを無理やり食べさせられるシーン」がよく放送された。つまり、いじめ行為もさることながら情報モラル等を指導すべき教師自身が、情報リテラシーやモラルが低下していることが露呈されたとも言ってよいのではないだろうか。

　その後、被害教師より被害届が出された。神戸市議会は10月29日、加害教師に対して分限休職の対象拡大し、懲戒処分決定前でも加害教師らへの給与支払いを停止できる条例改正案、適用手続きの厳格化を求める付帯決議案を可決した⁽³⁾。もちろん当該事案において、被害教師には全く非がなく、加害教師にのみ非がある。しかしながら、分限休職を対象拡大までして事をなすべき重大事案であったのだろうか。この点について「世論への迎合による教育政策」という視点より検討していく必要があるだろう。

　最後に、神戸市は、2020年1月1日付でいじめ事件に対応に追われる教育委員会へのサポートとして、市長部局の企画調整局に「教育行政支援課」を設置し、教育委員会事務局には改革特命担当課長を配置するなどの対策をとることを発表した。さらに、教育委員会の負担軽減のため、社会教育部門の文化財、博物館、図書館の業務を市長部局に移管する方針も示しており、これは首長と教育行政の関係性を再検討する契機になったとも推察する。

5．ふるさと納税の活用による教育政策

　「ふるさと納税」制度については、その制度の是非も含め様々な報道がなされている。例えば、愛知県常滑市は、小中学校へのエアコン設置費用の一部を賄うため、ふるさと納税の活用を始めた。市は国の補助金を活用した場合でも設置費は大きな負担であり、財源確保の手段を検討する中で、奈良県生駒市などの例を参考に、ふるさと納税を活用することにしたという（1月11日）。実際には、300件の寄付があり、合計7,205,999円の収入となった⁽⁴⁾。

　また長野県は、2019年度から使い道を明示して寄付金を集めるクラウドファンディング型ふるさと納税の寄付金を活用し、留学で世界に通じる国際的な視

野を身につけ、地域で活躍してもらうことを目的に高校生の海外留学を支援している（4月12日）。

　最後に鹿児島県錦江町では、町内の小学生高学年と中学生が対象に教育機会の地域格差の解消と児童生徒の基礎学力やICTリテラシーの向上を目的にICT技術を活用した学習教室「錦江町MIRAI寺子屋塾」を開設した。システム構築費やタブレット購入費などをふるさと納税寄付金から活用する。きっかけは、2017年にふるさと納税の使い方を決めるコンテストにおいて「子どもたちが学べる塾をつくってほしい」との要望も多かったことに起因する（6月11日）。

おわりに

　2019年の地方自治体における教育政策動向を非常に大雑把ではあるものの概観してきた。最後に項目として取り上げなかった事項をいくつか挙げておく。5月以降関係が悪化した日韓関係は、教育政策にも大きな影響を与え、佐賀、高知両県は、韓国内での中学生の交流事業に関して、韓国側から中止の申し入れにより、生徒らの派遣を取りやめた（8月9日）。加えて2019年末より表面化した中国での新型コロナウィルスの発生・流行は教育政策に大きな影響を及ぼすであろう。

　また、県と市町村の関係性が問われた松江市が求める教職員の人事権の移譲は、議論は打ち切られてしまったものの注目すべき事案であった。（5月14日）。同じく、鳥取県日野郡の江府、日南、日野3町は、2020年4月を目標に高校生対象の公設塾を共同で開設し、学習指導やふるさと教育を実施しようとしている（7月2日）。これ自体、公営塾の新たな役割が期待できる一方、町村などが県立高等学校を支援する意義や問題点を検討すべきであろう。

　最後に地方自治体のみの教育政策の限界を指摘しておきたい。埼玉県北本市では、市立北本中学校の水泳授業を近隣にある民間のスイミングスクールに委託し、生徒の泳力向上と学校プールの維持管理経費の削減を目指すという（6月18日）。これについては栃木県足利市でも同様に取り組む動きがある（1月29日）。まさに学校と民間の連携事例として注目すべき事案であるとともに、「教員の働き方改革」にも繋がっていく可能性を持っている。しかしながら、自治体が教育施設を準備できない。つまり、自治体のみで講ずる教育政策の限界が露呈したのではないだろうか。

注
（1）『内外教育』より引用等しているもののみ、出典を省略し日付のみ記述した。
（2）そのほか、北海道（8月30日）、滋賀県（10月11日）、愛媛県（10月11日）、鳥取県（12月17日）においても性別欄の廃止が報道されている。
（3）それに対して、加害教師から無効の訴えがなされた。
（4）http://urx.red/4wxO

（日本大学）

VI

書評・図書紹介

小入羽　秀敬著
『私立学校政策の展開と地方財政——私学助成をめぐる政府間関係』

阿内　春生

　本書は小入羽（以下、著者）が東京大学大学院教育学研究科に提出した博士論文をもとに出版されたものである。著者が直接本書に関連するテーマを設定したのは「博士課程の半ばを過ぎた頃」（201頁）であったといい、それからの研究活動の成果をまとめたものが本書である。また、本書は近接する研究領域の日本教育行政学会より2019年度の学会賞（第54回大会、於：埼玉大学）を受賞している。

１．本書の概要

　まず、各章の概要を見ていこう。序章においては、本書の分析枠組みと課題設定が述べられ「本来自律的に決定できるはずの県の私学助成額の推移を、国による財源措置と制度的要因によって検討すること」（6頁）を本書の目的として掲げている。その上で、生徒急増期（1965年度）、「地方交付税における人件費の新規計上」期（1970年度及び1971年度）（27頁）、国庫補助金制度導入期（1975年度）、「補助金制度の合理化」（1994年度）（27頁）と「基準財政需要額測定単位の変更」（1999年度）の時期（27頁）の４つの制度変更を課題として取り上げることが宣明される。結論との関連をあらかじめ確認しておくと私学助成金のような、経常的経費に対する地方交付税措置に関しての政府間関係に注目すること（12頁）、その際、行政委員会制度の一つである教育委員会制度を介さない私学行政の特徴を指摘していること（9頁）、など予めこの序章において触れられている。

　第１部は国と県の私学助成をめぐる制度の検討である。第１章では、文部省・文科省の担当部局や交付要項等の検討、第２章では都道府県の私学担当部局や配分制度について検討されている。特に第２章において検討されている担当部局の考察については、教育委員会事務局に移管された場合も私学行政業務が「所管部局に左右されなかった」こと、またそれゆえに、「県の『教育』に

対する姿勢をアピールするための手段の一つとなりうる」(いずれも72頁) ことを指摘している。

　第2部は政府間関係を前掲の4つの時期に分けて検討したものである。まず、第3章は生徒急増期 (1965年度) の都道府県の対応である。生徒急増期に中央政府が、「工業高等学校への措置……(中略) 以外にほとんど補助金を措置しなかった」(99-100頁) こと、「県レベルでの生徒急増対策として、工業高等学校の新増設が相次いだこと」(100頁)、「補助金が措置されないにもかかわらず私立高等学校の新増設が全国的な傾向としてみられ、そのための予算措置が全国で実施されたこと」(100頁) が指摘されている。

　第4章は私学助成に人件費補助が付け加えられた1970年前後の時期である。1965年の臨時私学振興方策調査会答申を契機として、地方交付税による人件費補助が開始された (106-107頁)。この時期の検討を通じて著者は「地方交付税によって私学助成のスタンダードが作られた」(122頁) こと、「地方交付税としての標準化の限界」(123頁)、地方交付税による人件費補助が私立学校の教員給与の上昇を導き、結果として授業料の上昇を抑制したこと (123-124頁) を指摘している。

　第5章では私学振興助成法成立期 (1975年) の検討が行われる。私学経営の健全化を目的として、1975年に成立した私学振興助成法及びそれに伴って開始された国庫補助が地方政府の政策にどのような影響を与えたのかを明らかにするものである。検討の上で国庫補助金制度の導入によって、「各県の私学助成の増額をもたらし、それが全国的に一つの『基準』を作り出した」(144頁) が、「従来高い単価を設定していた県は基準額近くまで下げてしまう傾向を示し助成単価の均一化」(145頁) が起き「意図せざる機能を持った」(145頁) こと、各都道府県により経常費補助金の位置づけに差があり、「私学助成政策の優先順位の違い」(145頁) と見られること、を指摘している。

　第6章は1990年代以降の動向を、特に私立高等学校経常費助成費補助が減額され地方交付税により措置された1994年、及び地方交付税措置の上での算定基準が変更された1999年、に注目して検討している。そのうえで「1994年の国庫補助金削減が東京都以外の全類型の県私学助成に大きな影響を与えなかった」(178頁。なお、「全類型」とは著者が示している4類型 [157頁]) こと、「地方分権改革などの行政的要因もまた、全類型において県私学助成学の決定に影響を及ぼした可能性がある」(178頁) こと、各都道府県の私学政策は「国庫補

金の項目に依存する場合が多（く）」（179頁）いこと、「財政力の低い県では、たとえ私学比率が高くとも国庫補助金の動向や県財政の動向によって私学助成項目や金額の減少をもたらす可能性をはらんでいると考えられる」（179頁）の4点を指摘している。

終章は結論をまとめる章として、「国による財源措置が標準化機能」（189頁）を持ったこと、「標準化機能は時期によって強弱が異なること」（190頁）、「現行の私学助成制度は……（中略）私立学校振興助成法が成立する前から、様々な制度が積み重なる形で形成されてきたこと」（191頁）、を本書の知見として整理している。

２．本書の成果と残された課題

本稿を執筆する上で評者は、政府間関係の観点から本書の研究上の意義を提示することを求められている。この点からみた本書の最大の貢献は、私学助成をめぐる地方交付税・国庫補助金が、地方自治体に対する標準化機能を備えていることを指摘し、その限界点をも提示したことにある。特に地方交付税に関しては、（特定の事業のための経費ではなく）経常的経費に対する補助であっても、標準化傾向を導き出すことを指摘した意義は大きい。また、教育財政（制度）といえば、ともすれば特定の論点（奨学金、就学援助、義務教育費国庫負担金など）に終始しがちな教育学の議論に、私学行政の面から新しい視点を提示した意義も大きいだろう。加えて、地方交付税・国庫補助金制度との関連を明確にし、私学助成を政府間関係の研究に位置づけた論理構成は研究設計としても極めて明瞭である。単発の論文単位ではなく、書籍としてこうした一貫性を備えていることで、研究成果がより際立っており、高く評価されるべきものである。

以上のように本書の意義を確認できるが、本稿は書評であり、本書が残した課題についても言及しなければならない。以下論点を２つに絞って述べる。

まず、地方政府の政策選択についてである。この点に関しては、著者も政府間関係論として政治ルートや政策過程への着目が不足していた、と本書の課題であげている（200頁）。一方で評者が注目したのは、個別の事例研究のあちこちに、深められる政策選択の事例が残されているのではないかということである。例えば第２章においては2000年の秋田県議会においてある県議が質問で私学行政に言及したことが述べられているが、この発言がいかなる影響を持って

のちの補助執行再開につながったのかは十分深められていない。この質問は当時政策課題として私学担当部局の位置づけ（補助執行か否か）が議論されていたことの傍証でもあると考えられ、行政機構改革の中での補助執行再開という政策選択の背景はもっと深められてよかったのではないだろうか。同様に北海道が貸付をベースとした補助を行っていることが、北海道の私学助成の特徴であると何度か示されているが（120頁、136頁など）、なぜ貸付金なのかについての疑問が解決されず、「その額の増加に対応していくために補助金ベースから貸付金ベースの補助金に転換せざるを得なかった」（121-122頁。なお、「その額」は人件費補助）ことが示されているに留まる。評者自身の研究関心がミクロレベルの個別の政策形成に向いていることもあってこうした点に疑問がわいたとも言えるが、事例を深める研究設計によってより議論を精緻化できるのではないだろうか。著者自身が述べているように「メゾレベル─ミクロレベルでの分析」（200頁）を主眼にした研究発展に期待したい。

　次に、事例選択に活用されている変数について若干の疑問を述べたい。中央政府の政策変更の影響を探った第3〜6章においては、それぞれ財政指標分析と事例研究とが組み合わされているが、従属変数（結果）に基づいて事例選択している場合（例えば第4章）、財政指標分析と符合していない場合（別の変数を追加、または違う変数によって選択）（例えば5,6章）などがあり、事例選択に用いた変数に一貫性が見いだせない。こうした設計は、様々な独立変数（原因）の中から恣意的に選んでいるのではないか、他にも考慮すべき独立変数があるのではないか、という印象を与えかねない。もちろん、それぞれが単独の論文として公表された経緯もあり、共通した設計は難しいと理解できる。また、それぞれの章において最適な事例を選んでいれば、必ずしも全ての章が同じ変数に基づいている必要はないとも考えられるものの、よくある「事例選択はどういう理由に基づいているのか」という疑問と異なり、変数選択により「選び方」の点に疑問があるように見えてしまうのは惜しい。

　以上、紙幅の都合もあり論点を絞って提示したが、これらの点が、本書の学術的な価値を何ら損なわないであろうことは、改めて述べておかなければならない。本筋から離れた些末な議論ではあるが、著者と後に続く研究にわずかでも貢献できれば幸いである。

※煩雑になるのを避けるため、本書からの出典表記はページ数のみにとどめた。

　　〔吉田書店、2019年2月発行・本体価格4,300円〕　　　　　　　（福島大学）

書評

濱元　伸彦・原田　琢也編著
『新自由主義的な教育改革と学校文化
──大阪の改革に関する批判的教育研究』

中嶋　哲彦

1．本書の概要：人権・同和教育に根ざした学校文化のレジリエンス

　筆者らは、本書で、大阪維新の会が大阪府・市において展開した新自由主義的教育改革によって「学校現場がどのように変化しつつあるか」を、「『大阪』という独特な学校文化をもつ地域における新自由主義的な教育改革の影響」に焦点を当てて分析している。

　ここで筆者らの言う大阪の「独特な学校文化」とは、「人権・同和教育に根ざした学校文化」、すなわち「社会文化的背景から人権・同和教育を重視し、社会的公正に重きをおいた教育に取り組んできた歴史」を基礎とする「ローカルな学校文化」を意味する（p.4）。そして、筆者らは、「教育社会学における質的調査の手法（インタビューやフィールドでの観察）を用いて」、「学校現場の視点から、大阪府・市の新自由主義的な教育改革の特質を明らかにし、改革下で教育に取り組む学校教員の葛藤を見つめ、その学校文化への影響を検討してい」る（p.5）。

　そのため、本書は次のように構成されている。

序　章　大阪における新自由主義的な教育改革の展開と学校文化（濱元伸彦）

第1章　大阪の高校入試改革と進路保障実践のひずみ（前馬優策）

第2章　チャレンジテストに基づく評定システムは中学校現場に何をもたらしたか──教育制度および実践における公正性と応答性の揺らぎ（濱元伸彦）

第3章　新自由主義は教員たちに何をもたらしたか──改革と現場の間でゆれる教員たちの葛藤とアイデンティティ（中村瑛仁）

第4章　新自由主義的な教育改革と人権・同和教育に根ざしたA校の学校文化──教師のストラテジーと学校文化のレジリエンス（原田琢也）

第5章　「みんながつるくみんなの学校」──大空小学校の挑戦（原田琢也）

終　章　新自由主義的な教育改革下における学校文化の危機と継承への展望
（濱元伸彦・原田琢也）

本書は、第一に、大阪府・市における新自由主義的教育改革が、大阪の教育現場が「人権・同和教育に根ざした学校文化」とそれに基づいた諸実践を「弱体化」させようとするものであると主張する。ここで鍵となる大阪の学校文化について、筆者らは「一枚岩的に共有される一つの学校文化があるとは考えにくい」としつつも、人権・同和教育を「ルーツ」として「他の都道府県と比較した場合、多様な背景・課題を抱える児童生徒に向き合い、その学習を支えようとする固有の取り組みが幅広く存在」する、と言う（p.26）。また、「人権・同和教育に根ざした学校文化」は、「受験学力に象徴される支配的な学校知や競争主義を『批判的に対象化していく』志向性をもつものであり、それは競争主義や成果主義、自己責任論を基調とする新自由主義に対して、本来的に相反するもの」である、と言う（p.30）。さらに、この学校文化は、①「人権の尊重および反差別という視点に基づく社会的公正の追求、すなわち『公正』（justice）」、②「多様な子どもや親、地域の声を受けとめ、それに教育活動を通して答えようとする姿勢、すなわち『応答性』（responsibility）」、③「解放教育運動が、地域と連帯した教員主導による『教育運動』であったことに由来する教員の『主体性』（agency）」を特徴とすると説明している（pp.34-36）。ところが、新自由主義的教育改革の進展につれて、①「『卓越性』を重視する教育改革へ向かうことで『公正性』そのものが重視され」ず、②「学校の様々な『成果』に関するアカウンタビリティの強化が、学校文化における『応答性』」を後退させ、③校長の権限強化や民間人校長の採用などの「旧来とは異なる学校の組織体制がつくられつつある」なかでの「主体性」が「喪失」しつつある、と言う（pp.58-64、pp.210-211）。

しかし、第二に、著者らは、第3章の考察に基づいて「大阪には、今なお『公正性』『応答性』『主体性』を保持している学校が一部ではあるが確実に存在する」とし、これを「学校文化の復元力」（レジリエンス）と整理している。そして、第4章・第5章の考察に基づいて「学校文化の『レジリエンス』が存在する」条件として、①校長の姿勢、②子どもの課題の顕在化、③地域の力、④教育行政機関の「理解」と「それを貫徹するためのストラテジー」、の4つを析出している（pp.213-215）。

2．若干の見解

（1）大阪の学校文化

　筆者らは、①大阪府・市における新自由主義的教育改革が「人権・同和教育に根ざした学校文化」を弱体化させつつあることを指摘し、②その「学校文化」自体が「支配的文化を反映しており、学校文化を身につけた教師の無意識的な慣習的行為の結果、労働者階級やマイノリティの子どもたちは異化され、その教育達成は抑制される」可能性つまり「学校文化の分化（二極化）」（p. 218）に懸念を表明している。しかし、同時に、「学校文化」は「それが向き合う『社会的ニーズ』に深く根ざ」すことによりレジリエンスを保持し続けることができ（p.212）、新自由主義的教育改革に対する「対抗的ヘゲモニー」もまたこの「学校文化」に求められるとする（p.35）。

　国や地方公共団体の公権力が推進する新自由主義的教育改革に対して、その公権力行使の正統性や正当性を問う議論とは別に、教育現場での新自由主義的教育改革の展開過程におけるヘゲモニー的対抗関係に着目する議論は重要である。公教育制度をひとつの国家装置と把握する視点から言えば、公教育制度が肥大化すればするほど、公教育を直接担う教師自身によって被支配層の価値観や文化が国家装置（公教育制度）内部に持ち込まれることになる。ここに、支配層が公権力を介して押し付る教育理念と、対抗的教育理念との、ヘゲモニーをめぐる対抗関係が生まれる客観的根拠がある。これを自覚的・組織的な陣地戦として展開しようというのが、グラムシ的意味での陣地戦論であろう。

　筆者らの言う「人権・同和教育に根ざした学校文化」とは、この対抗関係における一方の柱を指しているのかもしれない。ただ、評者が大阪における同和・人権教育について詳らかに承知していないことを差し引いても、「人権・同和教育に根ざした学校文化」に関する議論を説得力をもって展開するためには、もう少し客観的な論拠を示して議論を展開する必要があったのではないだろうか。各章は教員に対するインタビューをエビデンスとして議論を展開しているが、それらが大阪の教育現場をどの程度代表するものであるのか評者には疑問が残った。

（2）レジリエンスと自発的同意

　筆者らは、学校文化のレジリエンス（復元力）に注目し、大阪の「人権・同和教育に根ざした学校文化」がこれまでどのように担われてきたかを分析し、今後における復元可能性を検討している。

　評者も、国家機構（国・地方公共団体）による政治的統治とは別に、市民社会内部において支配層がいかにしてイデオロギー的ヘゲモニーを確保しているかを明らかにする必要があると考えるので、大阪府・市の新自由主義的教育改革に関する自らの論稿ではこの点を検討対象としてきた。その際、イデオロギー的ヘゲモニー研究の焦点は、非支配層が支配層のヘゲモニーを積極的または消極的に受容し、そのヘゲモニーに同意を与えていくプロセスを明らかにすることにあると考えてきた。本書の筆者らは「人権・同和教育に根ざした学校文化」の弱体化としてこれを捉えているかもしれない。

　新自由主義的教育改革を積極的に受容する市民が少なくないこと、また新自由主義的に改革された教育制度の中での教育実践を通じて教師が新自由主義的イデオロギーを内面化させつつあることは、本書でも紹介されている。大阪には他の都道府県には見られない「人権・同和教育に根ざした学校文化」が存在する（p.27）とするなら、その学校文化の下で育った市民や教師がなぜ新自由主義的教育改革に同意を与えていくのか。

　筆者らは「人権・同和教育に根ざした学校文化」のレジリエンスに、新自由主義的教育改革に対抗する陣地構築の可能性を見出そうとしたのかもしれない。そのためには、敵の陣地がどのように構築されているのかを解明することが必要だったのではないだろうか。筆者らの研究がさらに大きく展開されることを大いに期待している。

（3）「学校文化」のイデオロギー分析

　本書の価値は、教育現場における新自由主義的教育改革をめぐる対抗関係を解明しようとしたところにある。このような研究は大阪をよく知る立場にある研究者でなければなしがたく、評者はこうした研究が登場することを期待していたので、筆者らの努力には多いに敬意を表する。

　ただ、論述の基礎となるインタビューは「人権・同和教育に根ざした学校文化」を担ってきた教師に対して行われたものと思われるが、その教師さえ、新自由主義的教育改革の下で、大阪の学校文化へのアイデンティティが過剰に強化されていることも、逆に無自覚的に変質させていることもあるだろう。とすれば、これら教師らの発言もいったんは対象化し、上記のヘゲモニー分析の対象とすべきだったのではないだろうか。

〔明石書店、2018年12月発行・本体価格3,800円〕　　　　　（愛知工業大学）

書評

興津　妙子・川口　純編著
『教員政策と国際協力──未来を拓く教育をすべての子どもに』

梅澤　収

　本書は、グローバル化時代の途上国における教員政策の状況と課題を7つの事例国と6つの国際協力機関の動向で構成し上梓したものである。

　序章「途上国における教員政策の分析視角」（興津妙子）では、途上国に対する国際協力の潮流が教育とりわけ教員政策に焦点化されてきた経緯を読み解き、今後の課題と展望を提示している。国際協力関係者20名が2部構成で本書の執筆を担当しており、はしがき（興津）とおわりに（川口）でその全体内容を総括している。執筆者の多くは若手研究者であるが、国際協力研究の視点で教員政策を概観することから比較教育研究者だけでなく国際協力の研究者や国際関係機関職員の多くが参加している。

　第Ⅰ部は途上国7か国の教員政策の事例研究である。7か国とは、カンボジア〈荻巣崇世〉・タイ〈牧貴愛〉・インド〈小原優貴〉・マラウイ〈川口純／中和渚〉・南アフリカ〈小野由美子／近森憲助〉・ザンビア〈中井一芳／下田旭美／馬場卓也〉〉・ボリビア〈石坂広樹〉である。第Ⅱ部は国際協力機関6つの教員政策分析である。その6機関とは、国連関係の①ユネスコ〈横関祐見子〉と②ユニセフ〈服部浩幸〉、途上国の金融機関である③世界銀行〈深尾剛司／宮島智美〉、国際NGOである④GPE（教育のためのグローバル・パートナーシップ）〈金澤大介／保坂菜穂子〉、そして支援側の先進国⑤USAID（米国国際開発庁）〈マーク・ギンズバーグ〉と日本の⑥JICA（国際協力機構）〈石原伸一〉である。第Ⅱ部の援助機関の分析は新鮮であり、かつ④や⑤の機関は初見であった。なおJICAについては、書評執筆依頼の受諾後に、萱島信子・黒田一雄（編集）『日本の国際教育協力: 歴史と展望』（東京大学出版会2019年10月）が総勢17名の執筆者（本書の興津・川口・石原が参加）で刊行された。同書は、政府開発援助（ODA）で国際協力を一元的に実施しているJICAについて、70年間（1950年代から現在まで）の資料を駆使し通史的・多角的に振り返り、その全貌を明らかにしている。

　国際協力における教員政策分析を通じて本書が浮き彫りにしたのは、国連・ユネスコの推進するSDGs（持続可能な開発目標）とESD（持続可能な開発〈発展〉のための教育）が、途上国・先進国共通の枠組みとして登場するに至った経緯とその意味である。萱島・黒田（2019）もその経緯とその重要性を導きの糸としてJICAの歴史と展望を考察している。

　ESDは、国連・ユネスコが主導する取組みであり、「ESD10年（DESD: 2005～2014）」「ESDグローバル・アクションプラン（GAP:2015～2019）を経て、2019年には、2020年からの「ESD for 2030」開始を決定し、2050年以降の教育プラン策定にも着手している（2021年に報告書予定）。翻って日本を見ると「日本ユネスコ国内委員会」は、「ユネスコ活動に関する法律」（1952年）により、ユネスコ憲章の「国内協力団体」たる「文部科学省の特別な機関」として、国内ユネスコ活動の助言・企画・連絡及び調査を行う組織である。委員会（文部科学大臣が3年任期で委員任命）は、ユネスコ直属機関ではないがユネスコ「国内協力団体」として、文部科学省国際統括官付に置かれ、同統括官が事務総長を務めている（予算も文科省で別枠作成）。一方、SDGsについては、内閣府設置の推進本部（2016.5）が関連省庁、NPO・民間団体等で構成する円卓会議を参考に「実施指針」や「SDGsアクションプラン」を策定している。内閣府では2019年度からはSDGs関連予算を集約して可視化しており、国・自治体や企業等も具体的な取組みを始めることで、今や日本のSDGs施策は花盛りである。

　さて日本の学校教育においてはどうであろうか。新学習指導要領が「持続可能な社会の創り手（つくりて）」の育成を前文・総則で規定、各教科等の内容にも盛り込んだ。教育振興基本計画（第1期は2008.6閣議決定）や2008年版学習指導要領でも「持続可能な社会づくりの担い手（にないて）」は含まれていたが、中教審答申（2016.12）では「持続可能な開発のための教育（ESD）は次期学習指導要領改訂の全体において基盤となる理念である」と明記し、今後の学校教育で本格的に実践するよう求めている。しかし、今の学校現場へのESDの実践状況は芳しくない。確かにESD推進拠点のユネスコスクールは加盟校が国内1,000校を超えたものの多くの学校には波及していない。なお、OECDのEducation 2030とユネスコEducation 2030は別個で内容も異なる。

　評者は、今の社会・地域及び学校が大きな歴史構造的な転換期にあり、そのシステム転換の必要性を学校・教師が認識し、内発的に実践する枠組み構築に

取組んでいる。本書と萱島・黒田（2019）を通じて、途上国や国際協力機関とも以下の観点で連携・協働ができると確信できた。すなわち、①学校で子どもたちが国・地域に即して「自分ごと」として、持続可能な開発目標に貢献する知識・技能・価値観・態度を学び主体として行動変容を遂げること、また②そのために学校・教師が内発的な改革をできるように枠組みを構築することである。もちろん、この共通課題に取組むには、大学の役割・あり方や教師教育（養成・採用・研修）の役割・あり方を問い直し社会全般のシステム改革へ繋げていくが必要不可欠である。この基本線を教育政策研究者として確認したい。

　以上の観点からは官民協働のオールジャパンで取組む「日本型教育の海外展開推進事業（EDU-Port ニッポン）」も再検討が必要ではないだろうか。「日本の魅力ある教育を海外展開していく」というコンセプトは「日本型教育モデル」を押付け的な支援の性格が漂うので、対等に連携・協働して共通の課題解決に取組むというコンセプトに変更すべきではないだろうか。

　本書を読んで、2008年第1期教育振興基本計画から高等教育政策で進展している「大学の国際化」は、SDGs と ESD の観点で多様なステーク・ホルダーと連携・協働して課題解決に取組むことが核心であることを確信した。

〔明石書店、2018年11月発行・本体価格3,200円〕　　　　　　　　　（静岡大学）

VII

英文摘要

Annual Bulletin of JASEP NO.27 Exploring the Transforming System of School Education: Current Situation(s) and Future Direction(s)

CONTENTS

The Commitment of Senior Specialists for Curriculum and School Inspectors in Revising Course of Studies: Focusing on Elementary Social Studies in 1958
By SAWADA Toshiya
Analysis on the Relationship Between the Utilization of School Choice and the Regional Backgrounds of Each Ward at Osaka City: Focusing on the Change of Number of Pupils under the Demographical Return into Urban Areas
By HAMAMOTO Nobuhiko

V   Education Policy Trends and Research Trends within and outside Japan
⟨Trends in Education Policy Research in 2019⟩
Trends in Education Policy Research in Japan
By ONO Madoka
Trends in Education Policy Research in Foreign Countries
By KOBA Hiroki
⟨Trends in Education Policies in 2019⟩
Trends in Education Policies at the Level of the Japanese Government (Ministry of Education, Science, Sports, Culture and Technology), and Selected Central Organizations
By TANAKA Maho
Trends in Education Policy at the Local Government Level
By SAKUMA Kunitomo

VI   Book Reviews
KONYUBA Hideyuki, Private School Policy and Local Finance
Reviewed by AUCHI Haruo
HAMAMOTO Nobuhiko, HARADA Takuya, Neoliberal Education Reform and School Culture
Reviewed by NAKAJIMA Tetsuhiko
OKITSU Taeko, KAWAGUCHI Jun, Teacher Policies and International Cooperation
Reviewed by UMEZAWA Osamu

VII   English Abstracts

VIII   Information on JASEP

Afterword by OHTA Miyuki

Annual Bulletin of JASEP NO.27 Exploring the Transforming System of School Education: Current Situation(s) and Future Direction(s)

I　Special Papers 1: Exploring the Transforming System of School Education

"Free Tuition" in Higher Education: A Look at the Situation in Germany
By NAGASHIMA Hironori

In Germany, tuition fees in higher education institutions were abolished in 1970. The federal government adopted a policy of expanding higher education, and the number of new and enrolled students continued to increase. From the mid-1980s, against the backdrop of deteriorating educational conditions, a move towards collecting tuition from long-term students began to gain momentum. The federal government revised the Framework Act for Higher Education in 2002 and stipulated the provision of free tuition, but in 2005, the Federal Constitutional Court ruled that it was unconstitutional. Since then, some states have introduced a system that collects tuition from all students, including long-term students. However, it was abolished due to a change of state government and opposition from students, and it has remained so to this day. In light of this situation in Germany, we will examine who should bear the costs of higher education.

Keywords: Germany, higher education, tuition fees, the framework act for higher education, the federal constitutional court

School Education and Homeschooling: Various Systems of Home-based Compulsory Education in the United States
By MIYAGUCHI Seiya

Homeschooling in a broad sense implies not only educational opportunities where parents solely provide formal education for their children who do not go to school at all. In the United States, homeschools and schools are involved in various ways. The article aimed to review such homeschooling systems in the U.S. and to suggest the issues to be explored.

There are some systems or programs, such as dual enrollment and assistance programs, to offer some public support for homeschools run by parents. Schools or public agencies, in some cases, run homeschools by themselves. Through examining these homeschools, I find two theoretical types of homeschooling: one as "exit" from schools, and the other as "extension" of schools.

Both types of homeschools require consideration of measures to evaluate input or outcome. In addition, the "exit" type of homeschools raises the issues of what actors other than schools can properly provide compulsory education and of what tasks these providers undertake. When more than one person or institution provide compulsory education for a child, it should be made clear how they are collectively accountable for education. Finally, I offered some policy recommendations for the revision of compulsory education system in Japan.

Keywords: homeschooling by schools, homeschooling by public agencies, education providers, learning places, accountability system.

A Study of Compulsory Education for Foreign Children in Japan
By Kimiko Nii
Aichi University of Education

As many as 20,000 foreign school-age children of elementary and junior high schools may not be receiving a school education at all in Japan. The foci on educational policies for foreign children are about to change from Japanese language education at elementary and junior high schools to a more comprehensive approach. To reduce the number of out-of-school foreign children, there is a growing debate about implementing measures to help those currently not in the education system to enroll in school. Many experts say that studying at ethnic schools should be recognized as compulsory education.

However, when discussing whether or not to accept studying at ethnic schools as compulsory education, their educational quality is rarely questioned from the perspective of academic achievement. It is necessary to clarify the legal status and the criteria of ethnic schools. In this respect, the criteria which we need are not those required for "ethnic schools" but for "the place where children study." In other words, through the problems of out-of-school foreign children we should rethink fundamental questions about why and what to learn at schools, and why children attend schools.

Keywords: Out-of-school children, Ethnic schools, Compulsory school attendance

What is the 'Critical Point' of School Education?: Thinking from the Viewpoint of ICT, Especially Focusing on the 'Programming Education' and the 'Digital Text'
By Junichi MURAKAMI (Bunkyo University)

The theme of this paper is the 'critical point' of school education, especially from the view point of 'ICT'.

Thinking of the relationship between education and ICT, we usually have two viewpoints. One is 'learning about ICT', and the other is 'learning by ICT'. Concerning the former viewpoint, this paper is focusing on the programming education of elementary school, which becomes the compulsory program from the year 2020 in Japan. This can be an opportunity to review the framework of existing 'subjects'. On the other hand, concerning the latter viewpoint, this paper is focusing on the 'digital text.' By the 'digital text', the concept of teaching materials may change from 'real' objects to 'virtual' objects. And, this paper argues that the 'digital text' may change the concept of 'school' or 'class' from 'the real' to 'the virtual.'

Finally, this paper discusses the argument that, thinking from the viewpoint of ICT, 'education' or 'school education' can become the 'critical point.'

Keywords: 'critical point', ICT, EdTech, programming education, digital text

II Special Papers 2: Considering about the Relationship between the Community and Schools in the Future

Utilizing Local Practices for Educational Activities
  Higashinaruse Village Municipal *Higashinaruse* Junior High School
  By Principal ONUMA Kazuyoshi
  Higashinaruse Junior School has embraced local practices. We have been making use of its features in educational activities as follows. 1. Enhancement of partnerships between primary and junior high schools. This reinforces a co-operative foundation between staff at both schools. 2. Greeting Morning Campaigns. 3. Students' Orchestra. 4. Career internships at institutions within the village. 5. Chorus Contests 6. Poster Sessions. 7. Criticality Contests. 8. English Camps. 9. Study Orientations. 10. Haiku Gathering. The primary foundation of our education is an environment in which students can learn freely, supportively, and co-operatively for their prospective development. Our target is to maximize the potential of all students by creating an environment where they can accept the faults of others with harmony and unity. The central focus of school management is to create a systematic education with a smooth linkage from primary school to junior high school for students' mental and physical development as well as their educational accomplishments.
  Keywords: partnership between primary and junior high school, local education, experience of home village, problem solving learning, advanced learning

The Collaboration of Schools and Local Communities
  Gojome Town Municipal *Gojome* Primary School
  By Principal MATSUNO Shinichi
  In Gojome primary school, the collaboration between school, family, and community has taken a great role in effective educational activities. This has been achieved by not only the collaboration of local firms and people but also by the enhancements of all educational levels from nurseries to junior-high schools. Also, we have introduced school assessment and disclosed school information for better management. Volunteers from local communities have been engaging in holistic activities such as teaching rice farming, reading picture books, supporting school lunches, and miscellaneous school maintenance. From the aspects of regional revitalizations, students have been participating in regional events like sannai-bangaku, local rituals; bon dance events; tanabata edourou festival; and setting up booths at morning markets. Children today are surrounded by video games and multimedia at home like the children in urban areas. We believe that it is a school responsibility to create opportunities to link them to the local communities. We expect that these opportunities will deepen children's knowledge and understanding of their local society, hence, these activities would develop their local identity so that they can reminisce about their hometown after graduating from school and becoming adults.
  Keywords: morning market, community collaboration, educational resources, local people, regional revitalization

The Current Status and Issues of Local Communities in Akita Prefecture

By ISHIZAWA Maki

The population is aging globally, Japan is number one in the world as of 2010. The National Institute of Population and Social Security Research estimates that Japan will have an aging rate of about 40% in 2060. In Japan, which is an advanced aging country, Akita Prefecture stands out as having an especially high aging rate. It is called an aged advanced area.

The Tohoku region used to contain a relatively large number of third-generation households. However, The Social life statistics index since 1990 makes it clear that the number of elderly single households is increasing in Akita Prefecture. This means that there is a wide range of changes in the family, and it must be considered as a rapid social change.

In this paper, we consider issues concerning the relationship between the community, schools, and children, based on the current situation of local communities, families, and schools in Akita Prefecture, taking an example of the process of rehabilitation activities and maintenance of an aged small hamlet: "a marginal hamlet".

Keywords: Akita prefecture, local community, marginal hamlets, school

Thinking about regional/school reform from an ESD perspective: Asking about the role of the university

By Osamu Umezawa (Shizuoka University)

After the Akita case report, we first report the current situation and issues of the relationship between the Shizuoka area and its schools. Next, with the possibility of the extinction of the region, we will consider what to do with the future region and schools, and what kind of practice the teachers should do from the perspective of ESD.

Based on my experience and reflections, I propose the "Basic Framework for Intrinsic Practice of Schools and Teachers (ESD × PLC)". PLC is understood as "in-service teacher education" in Japan, but it is a concept (idea) to be reconstructed with the role of ESD and future universities in mind. The "basic framework" is a framework in which schools and teachers practice internally, but the "ecological teacher agency" is used as the basic theory by taking advantage of the OECD key concept of "teacher agency".

Keywords: regional/school reform, ESD (education for sustainable development), professional learning community (PLC), ecological teacher agency, role of university

III   Special Papers 3: Issues and Prospects of Education Policy on Ensuring of Education and Welfare

'Special educational needs' is not only for special group, and is the intention of policy concept of "Every Child Matters"

By IWAHASHI Norio

In the neoliberalism since Thatcher, measures for education and welfare were reduced, the gap of wealth and poverty was expanded, and poverty increased. And the humane solidarity in society was torn up, and our collaboration decreased. Blair of the new Labour Party positioned social equity as one of the foundational policies, and tackled poverty etc., positively. However, as the important core of Blair's policies, the 'Workfare' idea always pierces through. That is, it is "welfare-to-work", and is the breakaway from welfare dependency. Therefore, as a result, the incentive function to labor surpasses the original idea of "Every Child Matters". And the idea changes its function into digging up persons able to work. "Every Child Matters" valued considering the needs of the individual person as a special thing. In order for this policy idea to be effective, formal school education needs to be improved notionally simultaneously and a competition principle must be overcome. The "extended school" is one of these important attempts.

Key words: neoliberalism, "welfare-to-work", "Every Child Matters", extended school, special education needs

Policy Issues of Youth Education from the Viewpoint of Education Welfare: Giving Attention to the "Transition from School to Society" of People with Handicaps

By TSUJI Yutaka

The aim of this paper is to study education reform, making a study of education welfare, giving attention to the "transition from school to society" of people with handicaps. First, I explain the relationship between education reform and education welfare. Second, I introduce the policy of the Ministry of Education, Science and Culture about lifelong-education for people with handicaps. Third, I consider subjects for "transition from school to society". On the whole, I explain that education welfare is related to education policy by the creation of new educational value, not only equality of opportunity.

Key words: education welfare, people with handicaps, youth education, transition from school to society

IV Research Papers

Could Japan Teachers' Union influence "Law for the Special Regulations Concerning Educational Public Service Personnel" enactment?

By TAKAGI Kanae

The Purpose of this paper is to consider whether the Japan teachers' Union could have had an influence on the Law for the Special Regulations Concerning Educational Public Service Personnel (LEPS) when it was being enacted. To approach this question, I used the JTU's internal records.

To analyze this question, I took three analytic views (section 2): (1) what the JTU thought of the relationship between the National Public Service Act and the LEPS; (2) whether the JTU was able to find a route that would reflect its opinion about the LEPS; (3) whether the JTU was able to obtain information on the Law for the LEPS. In this way, I summarize how the JTU fought for the LEPS (section3 and 4).

I found that the JTU did not have as much impact on the LEPS as the JTU expected. But the JTU could gain an effective means for future struggles, by building connections with parliamentarians through this fight.

Keywords: Law for the Special Regulations Concerning Educational Public Service Personnel, National Public Service Act, Japan Teachers' Union (JTU), impact

The Commitment of Senior Specialists for Curriculum and School Inspectors in Revising Course of Studies: Focusing on elementary social studies in 1958

By SAWADA Toshiya (Osaka Institute of Technology)

The purpose of this paper is to examine the commitment of Senior Specialists for Curriculum and School Inspectors in revising Course of Studies, focusing on elementary social studies in 1958. Previous studies indicate the existence of Senior Specialists for Curriculum and School Inspectors, but don't reveal their concrete involvement in revising Course of Studies.

The findings of this study are as follows. First, it is clear that School Inspectors submitted a draft revision independently of the Senior Specialists for Curriculum and took a strong initiative in revising Course of Studies as needed. Second, this paper indicates that the Senior Specialists for Curriculum and School Inspectors committed the revision process with not only their specialties but also their interests and preferences. Regarding their interests, it is clear that they resisted the abolition of their own subjects making full use of their specialties in order to avoid losing their jurisdictions. About their preferences, it is revealed that they justified their validity using their specialties in discussing concrete contents of the draft revision.

Keywords: Senior Specialist for Curriculum, School Inspector, Course of Study, Revising Process, Social Studies

Analysis on the Relationship between the Utilization of School Choice and the Regional Backgrounds of Each Ward at Osaka City: Focusing on the Change of Number of Pupils under the Demographical Return into Urban Areas

By HAMAMOTO Nobuhiko

The school choice policy of Osaka City introduced in 2014 has gotten attention as a large-sized implementation case of school choice in a government-designated city. While the demographical return into the urban areas is increasing the gap of the number of pupils among the wards, this article examined the influence of such regional contexts on the rates of utilization of school choice.

The analysis shows how the tendency of pupil decrease of each ward influences the utilization of school choice. Especially, the wards with have a steep decline in the number of pupils could have many "acceptance spaces" for school choice, and so this situation activated the utilization of choice. On the other hand, in the ward with a large increase in the number of pupils in the urban central area, the school choice was not functioning effectively because they couldn't prepare enough "acceptance spaces."

Also, the wards with a large pupil decrease are the socioeconomically disadvantaged ones. So, the active utilization of school choice in such wards implies that the school choice can impose large negative influence on the management of the schools in these wards.

Keywords: school choice, socioeconomic background, demography, demographical return to urban areas, accountability

VIII

学会記事

第26回学会大会記事

大会テーマ：これからの地域と学校の関係性を考える
　　　　　　—秋田での取り組みを踏まえながら—
日時：2019年7月6日（土）〜7日（日）
会場：秋田大学　手形キャンパス

【公開シンポジウム】
テーマ：これからの地域と学校の関係性を考える
　　　　　　—秋田での取り組みを踏まえながら
コーディネーター・司会：佐藤　修司（秋田大学）
スピーカー：

　大沼一義（東成瀬村立東成瀬中学校長）　東成瀬中学校における取り組み
　松野紳一（五城目町立五城目小学校長）　五城目小学校における取り組み
　石沢真貴（秋田大学）　秋田県における地域コミュニティの現状と課題
　梅澤　収（静岡大学）　地域・学校づくりを ESD for SDGs の観点で考える
　　　　　　　　　　　　—大学の役割を問いながら—

【課題研究】
テーマ：教育と福祉の統一的保障をめぐる教育政策の課題と展望
コーディネーター：中嶋哲彦（名古屋大学）　勝野正章（東京大学）
報告1：岩橋法雄（第一工業大学）
　特別な教育ニーズは一部特殊なグループだけではないという志向（Every
　Child Matters）と拡張学校の役割：戦後イギリスにおける学校欠席への取
　り組みと競争主義的学校教育の見直し
報告2：辻　浩（名古屋大学）
　教育福祉から考える青年期教育の政策課題：障害のある人の「学校から社会
　への移行」を題材に

【自由研究発表　分科会1】

司会：荒井文昭（首都大学東京）　谷　雅泰（福島大学）

報告1：佐々木織恵（東京大学）

　幼稚園、保育所における自己評価の政策内容と実践に関する比較研究

報告2：高木加奈絵（東京大学大学院生）

　教育公務員特例法（1949年）に関する日教組の路線選択

報告3：佐貫　浩（法政大学名誉教授）

　道徳の「教科化」の問題点と道徳性の教育の構造

報告4：竹中司郎（青森中央学院大学）

　過去ログを踏まえた平成の全国学力テスの成果と課題

【自由研究発表　分科会2】

司会：貞広斎子（千葉大学）　武者一弘（中部大学）

報告1：押田貴久（兵庫教育大学）

　指導教諭制度の現状と課題―都道府県・政令指定都市への質問紙調査をもと
　に―

報告2：松田香南（名古屋大学大学院生）

　教師の資質能力及び授業のスタンダード化と教師の自律性―島根県の教員研
　修計画分析を中心に―

報告3：池田考司（北海道教育大学）

　自主サークルにおける非プログラム的な教師の成長

報告4：青木純一（日本女子体育大学）　前原健二（東京学芸大学）

　教職キャリアの多様化を見据えた「中途入職教員」活用に関する教育行政施
　策の研究（第1報）

【自由研究発表　分科会3】

司会：新井秀明（横浜国立大学）　角谷昌則（東洋大学）

報告1：王　佳寧（北海道大学大学院生）

　現代中国における「無償師範生」政策の意図の再検討―採用・配置の実態を
　踏まえて―

報告2：王　婷（北海道大学大学院生）
　教員免許制度における助教諭の身分と任用実態
報告3：永井栄俊（立正大学非常勤）
　首都圏の教員不足の状況と教育政策の問題点
報告4：野田紘史（北海道大学大学院生）
　市町村の財政力と高校教育関連政策内容の差異
報告5：光本　滋（北海道大学）
　大学政策に対する市民的自由論の可能性―1970年代の大学改革論の検討を手
　がかりに―

『第26回大会プログラム』より作成

日本教育政策学会会則

（名称）
第1条　本学会は、日本教育政策学会（The Japan Academic Society for Educational Policy）という。

（目的）
第2条　本学会は、学問の自由を尊重し、教育に関する政策（以下、「教育政策」という。）の研究の発展に寄与することを目的とする。

（事業）
第3条　本学会は、前条の目的を達成するため、次の各号の事業を行う。
　一　教育政策に関する研究活動の推進
　二　研究集会等の開催
　三　研究委員会の設置
　四　国際研究交流
　五　他の学会等との研究交流
　六　学会誌、学会ニュース、その他の出版物の編集・刊行
　七　その他、本学会の目的を達成するために必要な事業

（会員）
第4条　本学会の会員は、本学会の目的に賛同し、教育政策又はこれに関係のある学問の研究に従事する者及び教育政策の研究に関心を有する者で、会員の推薦を受けた者とする。
　2　会員は、会費を納めなければならない。

（役員および職務）
第5条　本学会の事業を運営するために次の各号の役員をおく。
　一　会長
　二　理事　30名以内
　三　常任理事若干名
　四　監査2名
　2　会長は、本会を代表し、理事会を主宰する。会長に事故ある時は、理事会の推薦により常任理事の一人がその職務を代行する。

（役員の選挙及び任期）
第6条　会長及び理事は、会員の投票により会員から選出される。
　2　常任理事は、理事の互選により選出し、総会の承認を受ける。
　3　監査は、会長が会員より推薦し、総会の承認を受けて委嘱する。監査は、会計監査を行い、総会にその結果を報告するものとする。
　4　役員の任期は3年とする。

5　役員の再任は妨げない。ただし会長は連続して３期を務めることはできない。

6　理事に欠員が生じた場合、対応する選出区分における次点者をもって繰り上げる。この場合の任期は前任者の残任期間とし、一期と数える。

（事務局）

第７条　本学会に事務局をおく。

2　本学会の事務を遂行するため、事務局長１名、幹事及び書記各若干名をおく。

3　事務局長は、理事のなかから理事会が選任する。

4　幹事及び書記は、理事会が選任する。

（総会）

第８条　総会は会員をもって構成し、本学会の事業及び運営に関する重要事項を審議決定する。

2　定例総会は毎年１回開催し、会長が招集する。

（会計）

第９条　本学会の経費は会費、入会金、寄附金、その他の収入をもって充てる。

2　会費（学会誌講読費を含む）は年間8000円（学生・院生は5000円）とする。

3　入会金は2000円とする。

4　本学会の会計年度は４月１日から翌年３月31日までとする。

（会則の改正）

第10条　本会則の改正には総会において出席会員の３分の２以上の賛成を必要とする。

（規程の制定）

第11条　本会則の実施に必要な規程は理事会が定める。

附則

1　本会則は1993年６月26日より施行する。

2　第６条の規定にかかわらず、本学会創立時の役員は総会で選出する。

附則

本会則は2000年７月１日から施行する。

附則

本会則は2002年４月１日から施行する。

附則

本会則は2014年４月１日から施行する。

日本教育政策学会会長及び理事選出規程

（目的）
第1条　本規程は、日本教育政策学会会則第6条に基づき、本学会の会長及び
　理事の選出方法について定める。
（会長及び理事の定数）
第2条　会長及び理事の定数は次の通りとする。
　　会長　　　　　　　　　1名
　　理事・全国区　　　　　4名
　　理事・地方区　　　16名
　　　北海道・東北2名、関東8名、甲信・東海・北陸2名、
　　　近畿2名、中国・四国・九州・沖縄2名
（会長及び理事の選出方法）
第3条　会長及び理事の選出は、会員の無記名郵便投票により行う。会長につ
　いては1名を記入する。全国区理事については4名、所属地方区理事につい
　ては定数名を連記する。ただし、定数以下の連記も有効とする。
　2　会長及び理事当選者は票数順とし、同順位の場合は選挙管理委員会の行
　う抽選により決定する。
　3　全国区と地方区の両方の当選者は、全国区の当選者とし、その場合、当
　該地方区の次点者を繰り上げ当選とする。
（理事の任期）
第4条　会長及び理事の任期は、会長及び理事選出直後の大会終了の翌日より
　3年後の大会終了日までとする。
（選挙管理委員会）
第5条　第3条に規定する会長及び理事選出事務を執行するため、会長は会員
　中より選挙管理委員会の委員3名を指名する。
　2　選挙管理委員会は互選により委員長1名を決定する。
（選挙権者及び被選挙権者の確定等）
第6条　事務局長は、常任理事会の承認を受けて、会長及び理事選出の選挙権
　者及び被選挙権者（ともに投票前年度までの会費を選挙管理委員会設置前日
　までに納めている者）の名簿を調製しなければならない。
　2　事務局長は、選挙管理委員会の承認を受けて、選挙説明書その他必要な
　文書を配布することができる。
（細則の委任）
第7条　本学会の会長及び理事選出に関する細則は、常任理事会の定めるとこ
　ろによる。

附則

　この規程は、制定の日から施行する。

附則

　この規程は、2001年7月2日より施行する。（2001年6月30日　第9回理事会決定）

附則

　この規程は、2002年4月1日より施行する。（2002年3月26日　第44回常任理事会決定）

附則

　この規程は、2005年4月1日より施行する。（2005年2月3日　第59回常任理事会決定）

附則

　この規程は、2011年4月1日より施行する。ただし、第2条は、2011年4月に執行される会長及び理事選挙より適用する。（2010年7月10日　第18回理事会決定）

日本教育政策学会年報編集委員会規程

第1条　日本教育政策学会年報編集委員会（以下、「委員会」という。）は、学会誌『日本教育政策学会年報』の編集及び発行に関する事務を行う。

第2条　委員は、常任理事会が会員の中から選出し、理事会の承認を得る。

　2　委員の定数は10名以上12名以下とする。ただし、うち、少なくとも2名は常任理事から選出する。

第3条　委員長及び副委員長は、常任理事会が、委員に選出された常任理事の中から選出し、理事会の承認を得る。

第4条　委員会の互選により常任委員若干名を選出する。

　2　委員長、副委員長及び常任委員は、常任編集委員会を構成し、常時、編集実務に当たる。

第5条　委員の任期は3年とし、交代時期は毎年度の総会時とする。ただし、理事から選ばれた委員の任期は、理事の任期と同じものとする。

第6条　委員会は、毎年1回以上全員が出席する会議を開き、編集方針その他について協議するものとする。

第7条　編集に関する規定及び投稿に関する要領は別に定める。

第8条　編集及び頒布に関わる会計は、本学会事務局において処理し、理事会及び総会の承認を求めるものとする。

第9条　委員会は、その事務を担当する幹事若干名を置くことができる。幹事は、委員会の議を経て委員長が委嘱する。

第10条　委員会に事務局を置く。

第11条　本規定の改廃は、常任理事会が発議し、理事会で決定する。

附則

　1　この規程は1993年6月26日より施行する。（1993年6月26日、第1回理事会決定）

　2　第3条第1項の規定にかかわらず、改正規程施行最初の委員については、その半数の委員の任期は2年とする。（1999年6月26日改正）

附則

　この規定は2018年7月7日より施行する。（2018年7月7日第25回大会総会にて一部改正）

日本教育政策学会年報編集規程

　1　日本数育政策学会年報（以下「年報」という）は、日本教育政策学会の機関誌であり、原則として年1回発行する。

　2　年報は、本学会会員の研究論文、評論、書評、資料、学会記事、その他会員の研究活動に関する記事を編集・掲載する。

　3　年報に論文等を投稿しようとする会員は、投稿・執筆要領に従い、その年度の編集委員会事務局に送付するものとする。

　4　投稿原稿の採否は編集委員会の会議で決定する。その場合、編集委員会以外の会員に論文の審査を依頼することができる。

　5　掲載予定原稿について、編集委員会は若干の変更を行うことができる。ただし内容の変更の場合は執筆者との協議による。

　6　編集委員会は、特定の個人叉は団体に原稿を依頼することができる。

　7　原稿は原則として返還しない。

　8　写真・図版等で特定の費用を要する場合、執筆者の負担とすることがある。

　9　その他執筆及び構成については執筆要領を確認する。

　10　抜き刷りについては入稿時に50部を単位として編集委員会に申し出る。費用は個人負担とする。

日本教育政策学会年報投稿・執筆要領

2017年3月4日編集委員会決定

1　投稿論文及び研究ノートの投稿資格

　本学会会員であること。

2　論稿の種類

　論稿は投稿論文及び研究ノートとする。論稿は、未発表のオリジナルのものに限る。二重投稿は認めない。ただし口頭発表及びその配付資料はこの限りではない。研究ノートは、投稿論文と並立するもので、（1）研究動向等を展望し研究上の提言をおこなったもの、（2）学術的価値のある資料紹介に重点をおきつつ考察を加えたもの、（3）その他の萌芽的研究を記すなど、提示された知見が挑戦的で新鮮さがある論述をさす。

3　投稿論文及び研究ノートの投稿手続き

（1）投稿論文及び研究ノートの投稿申し込み期限は9月30日必着とする。投稿申し込みの方法についてはその年度毎に Web および会報（News Letter）に掲載する。

（2）投稿論文及び研究ノートの原稿締め切りは11月30日とする。期限までにその年度の編集委員会事務局宛郵送する。遅延した場合は理由の如何を問わず掲載しない。

（3）論稿の送付にあたっては、次のものを全て同封する。サイズはA4版とする。投稿者は同封物のコピーを必ず保存する。

a）投稿者情報1枚

　次の事項を記載する。①投稿者所属　②投稿者氏名　③投稿論文・研究ノートの別、④論稿題目　⑤連絡先住所　⑥電話番号　⑦FAX 番号　⑧e-mail アドレス

b）論稿原稿

　原稿4部。原稿には投稿者氏名その他投稿者が特定される情報は記さない。

c）和文アブストラクト1枚

　論稿題目、アブストラクト（400字以内）、キーワード（5語以内）を記載する。投稿者氏名は記載しない。

d）英文アブストラクト1枚

　投稿者氏名、論稿題目、アブストラクト（200語以内）、キーワード（5語以内）を記載する。

（4）投稿する論稿が既発表または投稿中の論文等のタイトルや内容と多く重複する場合は、そのコピーを1部添付する。

（5）第2次査読の対象になった投稿者は、指定された期日までに修正原稿

を電子ファイルで送付する。

（6）掲載決定した投稿者は、速やかに最終原稿（Ａ４版サイズ）及びテキスト形式の電子ファイルを提出する。

4　執筆の要領

（1）論稿の形式

ａ）投稿論文は、横書き35字×32行のフォーマットで14枚以内とする。

ｂ）研究ノートは、横書き35字×32行のフォーマットで10枚以内とする。

（2）執筆上の注意

ａ）引用文献、注は、体裁を整えて文末に一括して並べる。脚注は用いない。

ｂ）図表は本文中に適切なスペースを確保して挿入、または挿入箇所を明示して添付する。

（3）注、引用文献等の記載に関する凡例

　引用文献の記載方法は、注方式、引用文献一覧方式のいずれでもよい。ただし、注方式の場合には、引用文献一覧を論文に付すこと。

ａ）注方式

　文献等を引用あるいは参照した箇所に注番号を入れ、論稿の最後に対応する注番号をつけて文献等の書誌情報（著者名、『書名』、出版社、出版年、該当ページなど）を示す。なお、web サイトからの引用は、著者あるいは所有者名、タイトル、URL アドレス、確認日時を記す。

ｂ）引用文献一覧方式

　文献等を引用あるいは参照した箇所に、括弧でくくって著者名、発行年、参照ページなどを記し、引用、参照文献の書誌情報（著者名、発行年、『書名』、出版社など）は論稿の最後に著者名のアイウエオ順またはアルファベット順に一括して記す。

5　CiNii 登載の承認

　年報はその全部を CiNii 及び J-STAGE に登載することを、執筆者は認めたものとする。

6　その他

（1）著者校正は初稿のみとする。校正は最小限の字句の添削にとどめる。

（2）抜刷を希望する場合は、校正時に直接出版社に申し出る。

（3）執筆に関わる事項で不明の点はその年度の編集委員会事務局に問い合わせる。

日本教育政策学会申し合わせ事項

Ⅰ　日本教育政策学会の会費納入に関する申し合わせ

2008年6月21日　第16回理事会一部改正

1　会員は、当該年度の大会開催時までに当該年度の会費を納入するものとする。

2　大会における自由研究発表及び課題研究等の発表者は、発表申し込み時までに、当該年度までの会費を完納するものとする。

3　会長及び理事選挙における有権者または被選挙権者は、選挙前年度までの会費を前年度末までに完納している会員でなければならない。

4　会員が4月末日までに大会を届出た場合には、理事会の承認により、前年度末をもって入会を認めるものとする。

Ⅱ　長期会費未納会員に関する申し合わせ

2000年7月1日　第8回理事会決定

1　会費未納者に対しては、その未納会費の年度に対応する年報が送られない。

2　会費が3年以上未納となっている会員は、次の手続により退会したものとみなす。

ⅰ）未納3年目の会計年度終了に先立つ相当な時期と学会事務局が認める時期において、当該会費未納会員に対し、相当の期間を定めて、会費未納状況を解消することを催告し、かつ期限内に納入されない場合には退会したものとして取り扱う。

ⅱ）学会事務局は、前項督促期間内に会費を納入しなかった会員の名簿を調製し、理事会の議を経て退会を決定する。

Ⅲ　常任理事の退任にともなう取り扱いに関する申し合わせ

2013年7月20日　第21回理事会削除決定

Ⅳ　会長及び理事選挙における被選挙権辞退に関する申し合わせ

2006年7月1日　第14回理事会決定
2019年7月7日　第27回理事会一部改正

1　会長及び理事選挙の行われる年度内に、満70歳を迎える会員、または70歳以上の会員は、被選挙権を辞退することができる。

2　直近2期以上連続で理事をつとめた会員は、次の選挙で被選挙権を辞退することができる。

Ⅴ　常任理事が任期を残して退任した場合の取り扱いに関する申し合わせ

2013 年 7 月20日　第21回理事会決定

　常任理事会は、常任理事が任期を残して退任し、その補充が必要と認められる場合には、理事会にその旨を提案することができる。この申し合わせは第8期常任理事から適用する。

Ⅵ　常任理事等の旅費補助に関する申し合わせ

2017年 7 月 1 日　第25回理事会決定

　常任理事等の旅費補助に関しては、以下の 1 から 8 の要領で行う。

　1　旅費補助は総会で議決された予算額の範囲内で支給する。

　2　旅費補助の対象となるのは正規の会合に参加した遠隔地に所属する常任理事及び年報編集委員とする

　3　「遠隔地」とは、役員選挙における地方区の所属において、会合の開催された地区以外の地区をさす。

　4　「旅費」には交通費及び宿泊費を含み、日当は含まない。

　5　遠隔地から正規の会合に参加した常任理事及び年報編集委員は、旅費実費を超えない金額を、会計年度末までに事務局長に請求することができる。

　6　請求を受けた事務局長は、会合への出席状況と旅費実費を精査した上で補助金額を決定し、支給し、常任理事会に報告する。

　7　複数人から請求された金額の合計が予算を上回る場合には、請求額に応じて按分して支給することを原則とする。

　8　本学会大会開催時に行われる理事会及び編集委員会については旅費補助の対象としない。

　9　常任理事会の合議により、臨時に上記と異なる措置をとることができる。

日本教育政策学会第９期役員一覧（2017年大会〜2020年大会）

会長　広瀬裕子

理事◎大桃敏行（全国）
　　　荻原克男（全国）
　　◎勝野正章（全国）
　　◎中嶋哲彦（全国）
　　　姉崎洋一（北海道東北）
　　　横井敏郎（北海道東北）
　　◎荒井文昭（関東）
　　◎喜多明人（関東）
　　◎蔵原清人（関東）
　　◎貞広斎子（関東・年報編集委員会委員長）
　　◎佐貫　浩（関東）
　　　澤野由紀子（関東）
　　◎広井多鶴子（関東・事務局長）
　　◎村上祐介（関東）
　　　坪井由実（甲信・東海・北陸）
　　　武者一弘（甲信・東海・北陸）
　　　浪本勝年（近畿）　＊2019年の大会で就任
　　　押田貴久（近畿）
　　　岡本　徹（中国・四国・九州・沖縄）
　　　柳林信彦（中国・四国・九州・沖縄）
　　　　　　　　　　　　（◎常任理事）

監査　青木研作
　　　高橋　望

事務局幹事　町支大祐
事務局書記　荒井英治郎

年報編集委員会

委員長	◎貞広斎子（担当理事）	＊2019年の大会で就任
副委員長	◎太田美幸	＊2019年の大会で就任
	◎新井秀明	
	◎太田美幸	
	◎長島啓記	
	◎白川優治	
	◎仲田康一	
	押田貴久（担当理事）	
	佐藤修司	
	柳林信彦（担当理事）	
	横井敏郎（担当理事）	
	日永龍彦	
	尾崎公子	
	（◎常任委員）	

英文校閲	Robert Aspinall
編集幹事	山沢智樹

編集後記

　年明け早々からのCOVID-19の脅威は、本年報の編集作業が佳境に入る頃には世界中を大混乱に陥れるほどになり、4月7日には日本政府から緊急事態宣言が発令されるに至りました。困難な状況にある多くの方々に心よりお見舞いを申し上げます。収束の気配が見えないなかで、年報第27号を無事にお届けできることに一抹の安堵を覚える次第です。

　本号では「学校制度の臨界を見極める」と題した特集を組みました。変化を続ける学校現場の状況が学校制度の枠組みをどのように揺さぶり、政策や制度を問い直す議論が現場にどのような影響を与えてきたのかを検討する特集です。奇しくもCOVID-19への対応で世界中の多くの学校が休校を余儀なくされ、オンライン授業が粛々と進められている現状とも呼応するものとなりました。

　また、今回は投稿論文14件の投稿申し込みがあり、そのうち実際に投稿されたのは論文11件、研究ノート1件でした。査読の結果、論文3本が本号に掲載されることとなりました。掲載数は前号とほぼ同程度です。

　本号の編集にあたっては、web会議システムを大いに活用しました。未曾有の事態に際して情報技術革新の恩恵を実感する一方で、対面でのリアルな議論を通じて得られるものの大きさにも思いを馳せながらの編集過程となりました。

　一日も早く平穏な日常が戻ることを祈りつつ、第27号の執筆および編集を担当してくださいましたみなさまに、厚く御礼申し上げます。引き続き会員のみなさまからの投稿をお待ちしております。

年報編集委員会　委員　太田　美幸

日本教育政策学会年報　第27号
Annual Bulletin of the Japan Academic Society for Educational Policy No.27
学校制度の臨界を見極める

発行日　2020年7月4日
編　集　日本教育政策学会年報編集委員会
　　　　委員長　貞広　斎子
発行者　日本教育政策学会 ©
　　　　会長　広瀬　裕子
　　　　学会事務局
　　　　実践女子大学　人間社会学部　広井多鶴子研究室気付
　　　　〒150-8538　東京都渋谷区東1-1-49
　　　　TEL & FAX: 03-6450-6910
　　　　MAIL: kyoikuseisaku@gmail.com
発売所　学事出版株式会社
　　　　〒101-0021　東京都千代田区外神田2-2-3
　　　　TEL 03-3255-5471 FAX 03-3255-0248
装　幀　精文堂印刷デザイン室　内炭篤詞
印刷所　精文堂印刷株式会社

ISBN978-4-7619-2648-9　C3037　　　　　　　　2020　Printed in Japan